化学基本观念教学概论

HUAXUE JIBEN GUANNIAN
JIAOXUE GAILUN

毕华林　著

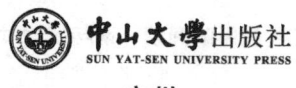

·广州·

版权所有　翻印必究

图书在版编目（CIP）数据

化学基本观念教学概论／毕华林著． --广州：中山大学出版社，2025．2． --ISBN 978-7-306-08368-5

Ⅰ．G633.82

中国国家版本馆 CIP 数据核字第 2025UC0083 号

出版人：	郭　瑞
策划编辑：	曾育林
责任编辑：	曾育林
封面设计：	曾　斌
责任校对：	刘　婷　陈生宇
责任技编：	靳晓虹
出版发行：	中山大学出版社
电　　话：	编辑部 020-84113349，84110776，84111997，84110779，84110283
	发行部 020-84111998，84111981，84111160
地　　址：	广州市新港西路 135 号
邮　　编：	510275　传　真：020-84036565
网　　址：	http://www.zsup.com.cn　　E-mail：zdcbs@mail.sysu.edu.cn
印　刷　者：	广东虎彩云印刷有限公司
规　　格：	787mm×1092mm　1/16　17.25 印张　290 千字
版次印次：	2025 年 2 月第 1 版　2025 年 12 月第 3 次印刷
定　　价：	78.00 元

如发现本书因印装质量影响阅读，请与出版社发行部联系调换

国家社科基金后期资助项目
出版说明

　　后期资助项目是国家社科基金设立的一类重要项目，旨在鼓励广大社科研究者潜心治学，支持基础研究多出优秀成果。它是经过严格评审，从接近完成的科研成果中遴选立项的。为扩大后期资助项目的影响，更好地推动学术发展，促成成果转化，全国哲学社会科学工作办公室按照"统一设计、统一标识、统一版式、形成系列"的总体要求，组织出版国家社科基金后期资助项目成果。

全国哲学社会科学工作办公室

教育所给予人们的无非是当一切已学过的东西都忘记后所剩下来的东西。
　　　　　　——德国物理学家、诺贝尔奖获得者
　　　　　　　　　马克斯·冯·劳厄
　　　　　（Max von Laue，1879～1960）

目　录

前言　从"知识本位"走向"观念建构" ………………………… 1

第一编　化学基本观念概述

第一章　化学基本观念的内涵与特征 ……………………… 7
第一节　化学基本观念的内涵 ………………………………… 7
第二节　化学基本观念的特征 ………………………………… 13

第二章　化学基本观念的内容体系 ………………………… 20
第一节　化学基本观念内容体系的确定 …………………… 20
第二节　化学基本观念的具体内容 ………………………… 24

第三章　化学基本观念的形成过程 ………………………… 34
第一节　化学基本观念与具体知识的关系 ………………… 34
第二节　化学基本观念的形成过程 ………………………… 40
第三节　影响化学基本观念形成的因素 …………………… 47

第二编　化学基本观念的发展进阶

第四章　元素观的发展进阶及教学建议 …………………… 61
第一节　元素观的发展进阶 ………………………………… 61
第二节　促进元素观发展的教学建议 ……………………… 68

第五章　微粒观的发展进阶及教学建议 …………………… 72
第一节　微粒观的发展进阶 ………………………………… 72
第二节　促进微粒观发展的教学建议 ……………………… 79

第六章　结构观的发展进阶及教学建议 ……………………… 83
第一节　结构观的发展进阶 …………………………………… 83
第二节　促进结构观发展的教学建议 ………………………… 88

第七章　变化观的发展进阶及教学建议 ……………………… 90
第一节　变化观的发展进阶 …………………………………… 90
第二节　促进变化观发展的教学建议 ………………………… 98

第八章　分类观的发展进阶及教学建议 ……………………… 102
第一节　分类观的发展进阶 …………………………………… 102
第二节　促进分类观发展的教学建议 ………………………… 104

第九章　实验观的发展进阶及教学建议 ……………………… 107
第一节　实验观的发展进阶 …………………………………… 107
第二节　促进实验观发展的教学建议 ………………………… 109

第十章　化学价值观的发展进阶及教学建议 ………………… 113
第一节　化学价值观的发展进阶 ……………………………… 113
第二节　促进化学价值观发展的教学建议 …………………… 115

第三编　促进"观念建构"的化学教学

第十一章　化学"观念建构"教学的理论基础 ……………… 121
第一节　化学"观念建构"教学的内涵与价值 ……………… 121
第二节　化学"观念建构"教学的理论基础 ………………… 128

第十二章　促进"观念建构"的化学教学设计 ……………… 149
第一节　促进"观念建构"的化学教学设计思路 …………… 149
第二节　促进"观念建构"的化学教学策略 ………………… 156

第十三章　促进"观念建构"的化学教学实践 ……………… 164
第一节　促进"观念建构"的化学新授课教学 ……………… 164
第二节　促进"观念建构"的化学复习课教学 ……………… 186

第十四章　化学基本观念评价的理论与技术 ………………… 199
第一节　化学基本观念评价的学理分析 ……………………… 199
第二节　化学基本观念评价框架的构建 ……………………… 203
第三节　化学基本观念评价工具的设计 ……………………… 209

第四节　化学基本观念评价工具设计示例…………………… 214

附录………………………………………………………………… 224
　化学基本观念：内涵分析与教学建构…………………………… 224
　中美科学教育标准中化学核心观念的表述分析………………… 239
　基于大概念促进学生化学观念的建构…………………………… 253

后记………………………………………………………………… 262

前　言

从"知识本位"走向"观念建构"

教育是培养人的社会活动。"培养什么人、怎样培养人、为谁培养人"是教育的根本问题。新时代我国基础教育全面落实"立德树人"的根本任务，着力培养有理想、有本领、有担当的时代新人。作为一门中心的、实用的和创造性的科学，化学是现代科学技术创新的重要基础，它在促进人类文明进步、推动人类可持续发展等方面发挥着不可替代的作用。在基础教育阶段开设化学课程，既是实现学生科学素养发展的基本要求，更是社会发展对未来公民素质的必然需求。面对培育时代新人的目标要求，必须要深入思考中学化学课程应以何育人，如何育人。归根结底，就是回答中学化学课程究竟要教给学生什么以及如何教的问题。

德国物理学家、诺贝尔奖获得者冯·劳厄（M. von Laue，1879~1960）曾说过，教育所给予人们的无非是当一切已学过的东西都忘记后所剩下来的东西。事实性知识量的积累会随着时间流逝被逐渐淡化甚至遗忘，而那些蕴含在知识背后的思想观点、思维方式和科学方法等却会稳固地扎根在学习者的头脑中，引领学生认识和解决实践问题的方向。我们认为，中学化学课程给予学生的不应是孤立的、浅层的事实和技能，而应超越碎片化的知识学习和孤立的技能训练，以培养思维、发展观念为价值追求，帮助学生在深入理解化学学科特征的基础上获得对化学的总观性认识，即化学基本观念，具体表现为个体主动运用化学思想方法认识身边事物和处理问题的自觉意识或思维习惯。中学化学教学要从"知识本位"转向"观念建构"，将促进学生化学基本观念发展作为核心目标，以具体化学知识为载体，引导学生通过高水平的思维活动，建构化学基本观念，进而为发展学生的核心素养奠定基础。

本书是我承担的国家社科基金后期资助项目的最终成果。全书从理论和实践两方面对化学基本观念及其教学建构进行了系统研究，为中学化学实施"观念建构"的教学改革提供了较完整的、可操作性强的理论方法。全书共三编十四章，主要内容如下。

一、整体构建化学基本观念的理论基础

培养学生化学基本观念是中学化学课程教学最有意义的价值追求。但长期以来人们对于"什么是化学基本观念""中学化学要培养学生哪些化学基本观念""化学基本观念的形成过程是怎样的"等基本问题缺乏深刻、系统的研究。这使得化学基本观念仅仅作为一种理念或目标予以倡导，而难以有效地落实在教学实践中。为此，本书第一编"化学基本观念概述"从理论层面对上述问题进行了剖析，整体构建起了化学基本观念的理论基础。第一章，基于"观念""科学观念""化学观念"等概念的内涵澄清，着力阐明了化学基本观念的内涵及特征。第二章，从化学学科本质特征和中学生化学学习实际的分析出发，明确提出化学基本观念的内容体系应包括元素观、微粒观、结构观、变化观、实验观、分类观和化学价值观，并深入阐释了每一化学基本观念的具体内涵。第三章，立足化学基本观念与具体化学知识关系的分析，科学论述了化学基本观念形成的四个阶段，即具体知识的选择、核心概念的理解、认知结构的完善、基本观念的形成，在此基础上进一步探讨了影响化学基本观念发展的因素，为"观念建构"教学的理论架构和实践探索奠定了坚实基础。

二、系统确立化学基本观念的发展进阶

化学基本观念不是空中楼阁，它来源于具体的化学知识，是化学知识在学生头脑中的概括、提炼与升华。因此，化学基本观念的内涵会随着学生化学知识的学习而不断丰富，其发展必然是一个由浅入深、由低级到高级的逐步进阶的过程。本书第二编"化学基本观念的发展进阶"系统论述了元素观、微粒观、结构观、变化观、实验观、分类观及化学价值观的内容进阶，阐明每一化学基本观念的发展阶段，以及每一阶段化学基本观念是借助于哪些知识揭示出来的，即化学基本观念是如何随知识教学的推进而逐步发展深化的。在此基础上，结合具体知识内容的

特点及相关教学案例,为每一个阶段都提供了丰富而实用的教学建议,为在教学过程中围绕观念建构这一目标有针对性地选择和使用具体化学知识提供有效指导,从而真正发挥出具体知识在观念建构过程中的工具和载体作用。

三、具体论述促进"观念建构"的化学教学策略

教学是通过一定的组织形式,旨在引起教师、学生、教学内容以及教学手段等诸要素互感互动并有所生成的系统活动。对化学基本观念内容体系及发展进阶的学理分析为"观念建构"教学提供了理论支撑,但如何将其一以贯之地落实到教学设计、教学实施、教学评价等诸多环节中,仍有待从实践层面进一步探索和检验。本书第三编"促进'观念建构'的化学教学"坚持理论与实践相结合的原则,紧紧围绕化学基本观念形成的规律及相关教育教学理论,对"观念建构"教学的设计思路、教学策略、教学案例及学习评价等进行了系统论述,为"观念建构"化学教学的开展及学生化学基本观念的培养提供了思想引领和方法指导。第十一章,首先阐释了"观念建构"教学的内涵与价值,然后在此基础上分别论述了建构主义理论、学科结构理论和学习进阶理论的主要观点,及其对"观念建构"教学设计和实施的启示。第十二章,依据化学基本观念的形成过程和特点,进一步明确了促进"观念建构"的化学教学设计的5个环节,包括明确基本观念、形成基本理解、转化为驱动性问题、设计学习情境和探究活动、反思评价促进观念建构,并针对性地提出了相应的教学策略。第十三章,根据中学化学教学实际和观念建构教学的特点,提供了促进"观念建构"的化学新授课教学和复习课教学案例,具体分析了概念原理类教学和元素化合物类教学、单元复习和专题复习等不同类型的"观念建构"教学是如何实施的、实施的效果如何等,为教师提供了具有借鉴意义和可操作性的实践指导。第十四章,聚焦化学基本观念的评价研究,从化学基本观念评价的可行性分析入手,围绕评价框架的构架、评价工具的开发并结合具体案例进行了深入论述,形成了系统、完善的化学基本观念评价体系,有效帮助教师在实践中开展化学基本观念的评价。

"育人"是教育的本质和初心,是教育永恒的价值追求。核心素养

是学科育人价值的集中体现,是学生通过课程学习而逐步形成的适应个人终身发展和社会发展所需要的正确价值观、必备品格和关键能力。化学学科对学生发展的重要价值之一是帮助学生建构起对物质及其变化整体认识的化学基本观念[①],本成果是对化学学科育人的积极探索,围绕化学基本观念及"观念建构"的教学进行了一系列理论和实践创新。教学实践表明,实施"观念建构"的化学教学能够促进学生学习方式的转变,激发学生深刻的思维活动和积极的情感体验,增进学生对化学知识的深度理解,实现核心素养的全面发展。

让我们从"知识本位"走向"观念建构",以化学基本观念为指引变革课堂教学,追寻化学教育的本真,回应"立德树人"的时代呼唤!

---

① 毕华林:《对高中化学学科核心素养的认识和理解》,《化学教学》2021年第1期,第3-9页。

第一编 化学基本观念概述

化学作为一门中心的、实用的和创造性的科学，对促进社会发展和提高人们生活质量发挥着日益重要的作用。在基础教育阶段开设化学课程，既是社会发展对未来公民素质的基本要求，又是促进学生科学素养全面发展的必然需求。为实现这一目标，中学化学课程究竟要教给学生什么？也就是说，中学生通过化学课程的学习是要记忆更多的化学知识，还是要通过对具体知识的学习，掌握从化学的视角认识世界、解释世界的思想方法？我们认为，学习不是事实性知识的量的积累，而是思维能力的提升，中学化学教学必须超越对具体知识本身的追求，从记忆事实、掌握知识转变为思考事实、发展观念，即要从"知识为本"的教学转向"观念建构"的教学。培养中学生的化学基本观念应当成为中学化学教学最有意义的价值追求。

那么，什么是化学基本观念？化学基本观念与具体知识是什么关系？中学化学要培养学生哪些化学基本观念？化学基本观念的形成过程是怎样的？影响化学基本观念形成的因素有哪些？第一编"化学基本观念概述"将围绕上述问题对化学基本观念的内涵、特征、内容体系、形成过程等进行系统阐述，为"观念建构"教学的理论架构和实践探索奠定基础。

第一章 化学基本观念的内涵与特征

讨论"观念建构"教学之前,首先得对"什么是化学基本观念"这一基本问题进行阐释。要回答这一问题必然涉及澄清和界定与之相关的核心概念,例如"观念""科学观念""化学观念""基本观念"等。界定这些概念不是为了给出所谓的标准定义,也不是力图毫无遗漏地展现这些概念的全部意义,而是意在探寻这些概念的思想来源,说明其在本研究中的用法及不同概念之间的联系和区别,剖析化学基本观念的特征,进而为更好地认识和理解化学基本观念及"观念建构"教学提供支持。

第一节 化学基本观念的内涵

如何理解"化学基本观念"从根本上关涉到对"观念"的认识。"观念"是现代汉语中一个常用的词汇。不同的情境下、不同人谈到"观念"时所要表达的意义不尽相同。因此,要对"观念"进行界定并不是件容易的事情。我们尝试从词源学、哲学等角度探寻这一概念的内涵及其发展过程,以此获得对"观念"的几点基本认识。在此基础上,进一步对"科学观念""化学基本观念"等概念的内涵进行澄清。

一、观念

"观念"一词源自希腊词 ειδος 和 ιδεα,与动词 ιδεῖν(看)及 εἶδος(形式)同根,字根义是目力所及的事物的外在形象,后引申为表示内在于事物的能被人所"看到"(通过心灵的"眼睛")的形式和本质。从词源分析可以看出,"观念"一词代表了个体对周围事物的存在形式和本质的感知，是一种主观体验。英语中的"观念"（idea）是希腊语的音译，近代经由日本人翻译而来，随后中国人将其引进改造成现代汉语的外来词。①

在哲学史上，"观念"也是一个久为人知的词汇，可以说整个西方哲学史就是一部观念史。虽然"观念"在哲学著述中的界定尚不清晰，但在哲学领域内对"观念"的关注历史悠久且理解深刻。西方哲学史上可查考的使用这一词汇最早也最著名的是柏拉图，"观念"成为一个名副其实的哲学术语是与柏拉图的本体学说息息相关的。② 在柏拉图哲学中，"观念"（或译作"理念"）是超越感性的、永恒不变的、普遍的和绝对的实在。中世纪哲学的代表人物奥古斯丁等受柏拉图的影响，认为"观念"（理念）是现象世界的完善的模型。经过近千年的发展，笛卡尔彻底抛弃了"观念"的本体论概念，使其回归到认识论的术语，他提出"我思故我在"，将"观念"定义为表达或表象。可惜的是，笛卡尔认为观念是由上帝植入灵魂之中，相信"天赋观念"，这又与认识的规律背道而驰。英国经验论代表人物洛克提出"精神可以在自身中观察到的一切，或是感觉、思想、理智最直接的对象，我都称之为观念"③，他反对"天赋观念"，认为心灵原是一张白纸，心灵的"观念"来源于两类不同的经验，分别为外在的感官知觉和内在的自我知觉，后者关系到思想、意志、信仰等行动。

18 世纪，德国思想家康德对"观念"另有一番见解，他认为"观念"是来自概念的概念，即理性的概念；"人类所有的认识都是以观察为起点，然后成了概念，最后以观念作为终站"④；观念的职能在于对经验事实的联合与整合，只有理性的"观念"才能将经验事实整合到完善的境界；"观念"是知识理想形态即最高形态的综合体现。黑格尔进一步发展和完善了康德的看法，认为观念是"主观与客观的绝对统一"，是表达真理的客观形式。近代美国实用主义哲学家杜威继承了康

---

① 高名凯、刘正埮：《现代汉语外来词研究》，北京，文字改革出版社，1958 年，第 482 页。
② 季国清：《观念论》，《求实学刊》1987 年第 3 期，第 28～34 页。
③ 〔德〕彼得·昆兹曼，〔德〕法兰兹－彼得·布卡特，〔德〕法兰兹魏德曼等：《哲学百科》，黄添盛译，南宁，广西人民出版社，2011 年，第 119 页。
④ 〔德〕彼得·昆兹曼，〔德〕法兰兹－彼得·布卡特，〔德〕法兰兹魏德曼等：《哲学百科》，黄添盛译，南宁，广西人民出版社，2011 年，第 137 页。

德的思想，同时赋予观念以工具主义色彩，认为"观念是指导我们行为的工具，它对感觉做出反应，而不是感觉本身"。马克思主义哲学从正确解决物质和意识、思维与存在的哲学基本问题出发，认为"观念"是客观存在在人脑中的反映。马克思指出"观念的东西不外是移入人脑并在人脑中改造过的物质的东西而已"，"观念不仅反映客观现实，而且还能根据客观现实的反映为实践创造观念的对象，以作为实践的目的"。①

以上从词源学和哲学的角度对"观念"的发展及含义做了简要梳理，从论述中可以看出人们对"观念"的认识经历了从本体论到认识论的认知转换，最终落脚于辩证唯物主义认识论。我们可以从中具体形成对"观念"的以下几点认识：

（1）观念是客观事物在人脑中的反映，但它绝不是一般意义上的概念，是概念的概念。

（2）观念的形成是一个过程，是对经验事实的联合与整合，在个体认知发展过程中，观念与客观事物的本质特征和发展规律日趋一致。

（3）观念反映客观事物，同时又反作用于客观事物，即观念具有预测、指导、改造客观存在的强大反作用力。

二、科学观念

一个人倘若不懂得游戏规则，即使置身于游戏当中，也无法充分享受到游戏的乐趣。无论何种体育赛事，只有了解其中的规则，才能体会到比赛过程是如何跌宕起伏、扣人心弦的，领略其中的力量、速度和智慧之美。同样地，一个熟知大自然规则的人，会比其他人更能欣赏到大自然的美妙。例如，当你了解了光的原理，你看蓝天、白云、彩虹乃至海市蜃楼的方式就会改变；当你拥有了元素、原子、分子、离子、化学键以及物质变化的相关知识，你就会发现原本纷繁芜杂的物质世界其实是多样性与规律性的完美统一；当你领悟了支配物质变化的规则，你就会发现化学家所从事的工作其实和儿童搭建积木一样，都是在一定思想

---

① 〔德〕马克思、〔德〕恩格斯：《马克思恩格斯选集：第二卷》，北京，人民出版社，1972年，第217页。

的支配下,将有限的基本材料设计成理想中的愿景,其间的差别只是在于是微观还是宏观层面的操作而已。丰富生命的方法,不仅在于用宽广的视野来看世界,还在于对事实现象的洞察。洞察大自然运作的规则,就能丰富我们看待世界的方式。

科学是对大自然运作规律的洞察。在早期,科学寄居于哲学的母体之中,称为自然哲学。如1687年,牛顿出版的伟大著作题为《自然哲学的数学原理》。随着人类对物质世界认识的不断深化,科学逐渐从哲学中分离出来,成为独立的知识体系,许多科学学科也随之诞生,如物理学、化学、生物学等。科学拓宽了人类对大自然探索和想象的空间,赋予人类认识自然、改造自然、利用自然的强大力量。这种力量不仅仅来自一系列具有强大解释力的科学概念、规律和理论,更关键的是其内在所蕴含的解释世界、指导实践的思想方法和思维方式,也就是科学知识体系中最深层、最本质的东西——科学观念。

从本体论的角度来看,科学观念是作为一种客观实在而存在的。它既可以是宏观的,也可以是与某一具体学科知识相关的[1]。前者指对物质世界运动规律最为本质的概括解释,是科学知识发展的最高层次,也是辩证唯物主义哲学观点在自然科学领域内的反映;后者则植根于物理学、化学、生物学等某一具体学科知识之中,是对该学科研究对象的本质特征和内在规律做出的抽象概括。如"世界是物质的,物质处于运动之中,运动的物质具有能量,不同的运动形式对应不同的能量形式,运动形式的转化表现为能量形式的转化"这句话是科学领域对自然界运动规律做出的最为本质的抽象概括之一。具体到物理学科中,它可以体现为"运动是物质的固有属性和存在方式""力是物体运动状态改变的原因""任何过程中的全部参与者的总能量在此过程中始终保持不变,而总熵则一定不减少"[2]等物理观念;具体到化学学科中,可以体现为"宏观物质是由不同层次的微观粒子构成的,微观粒子是不断运动的""化学变化伴随着能量变化""通过化学变化可以储存或释放能量"等化学观念;而具体到生物学科中,又可以体现为"生物体具有

---

[1] 郭思乐:《论科学观念教育在学科教育中的地位》,《教育研究》1995年第4期,第66~69页。

[2] 冯华:《以物理观念统领物理教学》,《课程·教材·教法》2014年第8期,第70~73页。

一定的结构层次""生物体的各项生命活动总在进行物质和能量转移"等生物观念。由此可见，物理观念、化学观念、生物观念等都是科学观念的重要组成部分，是从不同的学科视角对科学观念体系的丰富和发展。

从认识论的角度来看，这种客观实在蕴含于具体科学知识当中，需要学习者自己发现并有所领悟，是作为一种思维抽象的产物存在于人的主观意识当中，和人已有的知识经验、生活态度联系在一起并发挥作用的，这样它就是一种主观性的东西。因此，如果从教学结果来阐述，科学观念就是学生在深入理解自然科学基本特征的基础上所形成的对物质世界的基本看法和态度，常表现为学习者自觉从自然科学的视角认识和解决问题的思维习惯。

科学观念引领着科学研究的发展方向，使科学研究不断向着揭示世界本真的方向发展，不断充实、丰富着人类共同的哲学思想宝库。同时，它作为一种观念性认识，又在为学习者如何使用科学知识解决实际问题提供思想方法指导，为科学研究以及与科学有关的实践活动设定"道德伦理"的界限，框定人们对方法、技术的选择和目标的定位，维护人与社会、人与自然的和谐。选择一些重要的科学观念，用恰当的、生动的教育方法，帮助学习者建立一个完整的对世界的理解，初步形成科学态度，掌握科学方法，了解科学精神，构建一个人健康协调发展的基础[①]，是科学教育追求的重要目标。

三、化学基本观念

化学是自然科学的一门分支学科，是反映物质组成、结构、性质及其变化规律的知识体系。早在远古时代人类祖先学会用火之时，化学实践活动便开始了。此后漫长的时间里，人们对物质及其变化的认识主要是基于观察和反复试验所积累的经验描述。直至17世纪中叶之后，借助于科学实验、归纳与演绎、分析与综合等方法，化学进入快速发展阶段。拉瓦锡建立的氧化学说揭开了燃烧现象的本质，原子学说、分子学

---

① 〔英〕温·哈伦：《科学教育的原则和大概念》，韦钰译，北京，科学普及出版社，2011年，中文版序。

说的相继提出以及元素周期律的发现推动了人们对物质及其变化的深入认识。进入20世纪，化学科学的发展势头愈发迅猛，并呈现出从宏观向微观、从定性向定量、从静态向动态不断深入的趋势。化学科学的知识体系已然从池塘扩展到湖泊，再扩展到信息海洋，并继续飞速增长着。

  德国物理学家、诺贝尔奖获得者马克斯·冯·劳厄（Max von Laue）曾经说过，教育所给予人们的无非是当一切已学过的东西都忘记后所剩下来的东西。不可否认，随着时间的流逝，我们在学校所学习的大量的化学知识都将逐渐淡化甚至被遗忘。那么，当知识的养分落定之后，"剩下来的东西"是什么呢？对基础化学课程教学来说，就是通过对具体知识的学习掌握从化学学科视角看待问题、处理问题的思维方式和思想方法，也就是植根于学生头脑中的化学基本观念。

  因此，我们将"化学基本观念"界定为：学生通过化学课程的学习，在深入理解化学学科特征的基础上所获得的对化学的总观性认识，具体表现为个体主动运用化学思想方法认识身边事物和处理问题的自觉意识或思维习惯。

  化学基本观念中的"基本"二字主要体现在以下三个方面：

  第一，从学科角度来看，化学基本观念是化学学科观念体系中最基础、最本质的，它反映了化学学科的基本特征和规律，个体具备这些基本观念，可以初步形成对化学学科的概括性认识。任何力图从整体上对化学做出描述的教材，不论是面向初中生、高中生还是大学生，都需要围绕这些基本观念来选择、组织知识，其间的差别只是知识的深浅、观念层次的高低而已。

  第二，从学生发展以及社会对公民科学素养要求来看，这些观念是具有中等文化程度的公民必须具备的。只有具备这些基本观念，才能切实有效地开展化学认识和实践活动，从而表现出一个现代公民所应有的化学科学素养。

  第三，从科学世界观的形成来看，这些基本观念涵盖了化学学科认识物质世界的基本思想方法以及处理问题的基本思维方式，它们是辩证唯物主义世界观和方法论在化学学科领域内的具体体现，对它们的深入认识应贯穿于整个中学化学教学始终，以此来丰富并加深中学生对物质世界的认识，促进学生科学世界观的形成和发展。

化学基本观念不是以结论的形式直接呈现的，而是内隐于课程教材知识体系当中并随知识层次的推进而发展深化的，它是中学化学学科知识体系的灵魂。化学基本观念也不是通过别人灌输而被接受的，而是学生主动建构的，是事实、概念、原理等具体化学知识经思维加工后在学习者身上所积淀下来的一种学识素养。这种素养一旦形成，就会支配和影响着学生在获取知识、解决问题时的思维方式和方法选择。

第二节 化学基本观念的特征

化学基本观念是中学生在化学学习过程中所形成的关于物质世界的观念性认识。这些观念性认识也是化学科学从物质的组成、结构、性质和变化规律方面对物质世界做出的基本解释，它们从学科角度论证了世界是物质的、物质是变化的、物质具有不同层次的结构等辩证唯物主义哲学观点。因此，从认识论高度上来看，化学基本观念是属于观念范畴的，它应当具备观念的一般特征：概括性、客观性、层次性、能动性和稳定性。

一、概括性

人类与生俱来的好奇心和求知欲使人们不满足于对客观事物的感性认识。理性思维使人类倾向以一种简洁明了的方式来把握客观事物，凭借理性在思维中构建对客观事物的观念性认识。这种观念性认识是以概括、简约的形式反映实际物质的，但它超越了具体的、客观的物质，是以深入揭示对象的本质和必然性的方式来把握物质世界的。从一定意义上讲，各门科学所不懈追求的，就是对自己领域研究对象的本质特征和内在规律的简明扼要的把握。爱因斯坦认为科学追求的就是简单而深刻地表述世界，他的质能方程 $E = mc^2$ 一直被人们看作最具有简约之美的表述形式。

化学作为一门自然科学，在长期的发展过程中形成了具有学科特征的认识物质世界的思维方式，当化学学习者对形形色色的宏观现象与变化进行微观层面的思考时，就会得到这样的概括性认识：世界上的物质都是由微观粒子构成的，微观粒子处于永不停息的运动之中，粒子之间存在着间隔和相互作用力，物质变化就是微观粒子之间的结合方式和相互作用的变化。这些基本认识不像具体化学知识那样着眼于对某一物质或变化做出具体描述，而是从观念的高度对宏观物质与微观粒子之间的辩证关系做出的最为本质的概括。它在表达形式上简洁明了，但在内涵上却意义深刻而丰富，个体如果没有对相关知识的深入理解，没有一定的抽象概括能力，是难以达到这种认识高度的。

我们知道，中学生化学学习过程就是对物质及其变化的本质特征和内在规律的认识不断加深的过程，就是通过日益加深的知识学习把前人积累下来的关于物质世界的概括性认识转化为自己的化学学科观念的过程，也就是追求简单而深刻地把握、认识物质世界的过程，这个认识过程是通过学生深刻的抽象思维来实现的。化学基本观念作为思维抽象的产物，它来源于具体知识，但不拘泥于具体知识。化学基本观念是以具体化学知识为素材，经抽象概括后得到的关于物质及其变化的总括性认识。这表明，化学基本观念有着最大的抽象概括性，它本身绝不是教材中的事实、概念、原理的简单组合，而是中学生基于已有的知识经验和生活经历对化学学科体系中最具学科特征的概念、原理和事实进行提炼、概括后所得到的基本认识。就观念的抽象概括程度而言，可以说化学基本观念是化学概念的概念，是对化学研究对象的本质特征和内在规律的概括反映。它不仅仅适用于解决某个特定问题或某一类问题，有时甚至可以超出学科界限指导问题的解决。化学基本观念的这种普遍适用性就源自其自身高度的概括性。

例如，元素观并不是元素化合物知识的集合，它是中学生在学习了大量元素化合物、物质化学变化的特征与规律以及元素周期表、周期律知识后，将获得的理论事实与感性经验运用理性思维进行一番去粗取精、去伪存真、由此及彼、由表及里的改造与反思，从中抽象概括出的具有普遍适用性的认识。这种概括性认识真实反映了庞大的物质世界和有限的元素种类之间的内在联系，减轻了形形色色的物质给人类带来的认识上的压力，便于人们以一种简洁明了的方式来把握物质世界，体现了人们在物质的多样性中寻找统一性的思想。

二、客观性

化学基本观念形成所需要的素材来自化学学科大厦中最能体现学科思想和学科特征的基本概念、基本原理和具体事实。它们不仅是实践发展的产物，同时也是科学抽象的结果，是人类实践活动和方法智慧的结晶。这些经过实践检验的化学理论和事实，总在一定范围内反映了物质组成、结构、性质和变化规律的客观真理，成为指导人们深入认识物质、改造物质和应用物质的方法和工具。而化学基本观念是以这些被人们普遍接受了的化学理论和事实为基础发展起来的，即化学基本观念的形成素材是化学领域内经得起检验的科学事实和科学理论，这是化学基本观念客观性的基本前提。

从化学基本观念的形成过程来看，化学基本观念是学习者活动体验和深层思维的共同结果。学习者以自己的知识经验和生活经历为基础，对化学学科知识体系中那些曾经对人类的认识产生重大影响、极具学科特征的知识点进行心理重演，在积极的思维活动和深刻的内心体验中把人类千百年来在认识物质、改造物质、利用物质的过程中积累起来的知识经验、方法观念转化为自己思想观念体系的一部分。作为深层思维活动结果的化学基本观念，是和学习者已有的经验、情感态度、价值观念融合在一起的，带有个人主观性。但这种主观性只体现在观念建构的方式、途径和快慢因人而异，以及个体在观念的指导下处理问题方式的差别而已。观念在其内容上却是具体的、客观的，可以转化为基本理解，以语言文字的形式表达出来供教师评价，也就是说，不同的学生从相同的学习材料中所获得的关于物质及其变化的基本认识应该是大致相同的。

化学基本观念具有现实客观性，可以成为师生视野中的客观实在，这也是"观念建构"教学能够付诸实践行动的前提保证。

三、层次性

化学基本观念作为一种认识成果，其发展层次是和学习者的认知水平、知识经验相适应的。建构主义学习观认为，每个人都以自己的知识经验为背景来建构新的学习意义，学习者的知识经验越丰富，认知水平越高，则他从学习材料中建构的学习意义就越全面而深刻。

化学基本观念是随学习者认知水平和知识经验的发展而不断完善的，其发展的层次性主要体现在两个方面。第一个方面是指不同化学观念之间形成的先后顺序是不同的，即学生在不同的学习阶段所要形成的化学观念是有所侧重的，这主要与化学学科特点和教材知识编排顺序等因素有关。中学生在初中阶段的化学课程学习中，需要对化学学科特征、化学基本思想方法、化学思维方式等内容做出初步认识，以便尽快形成从化学视角认识周围物质的性质和变化规律的思维习惯，因此，元素观、微粒观、变化观、分类观是在初中阶段的化学课程学习中要形成的基本观念。这些基本观念在整个化学观念体系中处于基础地位，是深入认识物质性质和变化规律以及形成更高层次化学基本观念的前提和基础。到了高中化学课程阶段，随着知识深度的推进和学生认知能力的提高，对物质性质和变化规律的认识需要深入物质内部微粒之间相互作用和空间排布的层次上，因此高中生需要在初中化学学习阶段所形成的这些基本观念的基础上，进一步形成有关物质内部微粒间相互作用、物质结构与性质、化学反应的方向与限度等的观念性认识。

第二个方面是指同一化学观念在不同的学习阶段，由于学习者所拥有的知识经验的不同，其内涵的丰富程度也是不同的。也就是说，同一化学基本观念的内涵可以按照与学生认知发展相适应的形式分为不同的层次，是与学生的发展、成长并行前进的，处于不断地发展完善之中。例如，初中生的微粒观的内涵主要体现在"物质是由原子、分子、离子等微观粒子构成的，微粒很小很小，微粒处于永不停息的运动之中，微粒之间存在间隔"这几个方面。这些基本认识是通过对教材及日常生活中一些现象和事实的观察与思考而形成的，是一些浅层次的事实性认识，只能对物质常见的一些宏观现象与变化在微观层面做出简单的解释，难以深入揭示物质变化的本质与规律。进入高中阶段之后，学生通过对物质结构的层次性、化学键与分子间作用力、物质的聚集状态与性质等知识的学习，认识到构成物质的微粒之间存在着强烈的相互作用，而且这种相互作用的方式和强弱是物质性质和变化规律的根本原因。对高中生而言，微粒观的内涵就提升到从构成物质的微粒之间的相互作用方式和强弱的角度理解和认识物质及其变化规律。

四、能动性

观念是外部经验内化的产物，存在于人的思想意识当中，主导并维持着个体有目的地开展各种活动，提高了人们认识、改造客观现实的积极性和主动性。化学基本观念同任何一种观念一样也具有能动性。化学基本观念是对化学研究对象的本质、规律的概括反映，存在于学生的思想观念体系中，无论是对化学科学自身的发展还是对学生认识、实践活动的开展都具有积极的推动作用。

首先，化学基本观念能够为新的化学认识与实践指明思维方向。这是因为，化学基本观念的形成使得中学生对化学物质世界的图景有了日渐清晰的认识和把握，这种认识和把握表现为学习者把物质的组成、结构、性质和变化规律变为思维中的具体，不但能正确反映化学研究对象的本质与规律，还能对化学研究对象和化学理论的发展、变化趋势做出正确预测。当学习者进行新的化学认识与实践活动时，会产生一种化学思维意识，自觉把物质纷繁复杂的宏观现象与物质的微观组成和结构联系起来，从原子、分子层次上寻找问题的答案。这是一种从根本上，而不是就事论事地从事化学学习与问题解决活动的思维方式。这种思维方式使学生自觉地把他所遇到的化学新问题和新现象与化学的本质和规律联系起来，从而可以快速地找到问题解决的思维切入点，为活动确定正确的思维方向。一旦确定了正确的思维方向，化学基本观念又可转化为更为具体的原理和方法，推动认识与实践活动的有效展开。

其次，化学基本观念为化学科学的发展奠定了思想方法基础，能够引导化学科学自身的充实与发展。化学科学的每一项新发现、新发明都是在原有认识的基础上通过一定化学思想方法的运用来实现的。化学发展史表明，在对物质及其变化的认识进程中，最初人们就意识到物质是无限可分的，物质的性质与其组成成分之间存在关联，形成了从物质组成结构认识物质性质的思想。秉持这种认识思想，人们在研究物质组成结构的过程中提出了原子学说、分子学说，在此基础上形成了原子—分子—宏观物质的三层次物质结构图景，随后又深入原子、原子核等更深的物质结构层次。同样也是基于这一思想，化学今天已发展到可以操纵原子、分子设计的水平，材料化学领域新型功能材料的诞生，药物化学领域有效药物分子改性、合成与筛选，生物化学领域 DNA 分子结构遗传密码的破译，也都是在物质组成结构决定物质性质的思想引导下做出的新发现和新探索。

五、稳定性

观念是主体对客体认识的最高层次，是对客体高度概括、简明的反映，稳固地存在于主体的思想意识层面并发挥作用。

从学习者角度来看，化学基本观念不是靠记忆的方式储存在大脑中，而是与学生已有的经验和观念融合在一起，成为学习者的一种态度、一种面对问题情境时的自觉意识。化学基本观念是中学生化学认识的最高层次，它的形成是以学习者展开积极的思维活动、付出大量的心智努力为基础的，反复的思维抽象把中学生对化学的认识提高到观念性认识的高度，这也是化学基本观念具有稳定性的原因。作为一种认识结果，化学基本观念已经与学生已有的经验、经历、价值判断融为一体，稳固地存在于思想意识层面并发挥作用，即使不是有意识地去应用它，它也稳固存在并支配着个体在问题情境中做出的选择与判断，不会像具体知识那样随时间推移而慢慢从记忆中消失。例如，中学生在中学阶段建立起的有关物质变化的观念性认识对其今后工作和学习将会产生持久影响。若干年后学生可能不记得焓、熵、自由能、活化能等与化学反应有关的具体概念，但是有关物质变化的观念性认识"变化的方向是高能向低能、有序向无序，变化的本质是原子水平上的分子的分解与化合"，仍在主导并维系着他分析、看待问题的方式和态度。

从学科角度来看，化学基本观念的稳定性是相对于具体知识的发展、变化性而言的。由于化学基本观念是对化学研究领域内最有代表性的事实、概念、原理的抽象概括，在内容上反映了化学科学自身发展的一般规律。因此，它在一定时期内能够稳定存在并发挥观念对现实的指导作用，除非它涵盖的化学事实、概念和原理都被推翻。从化学科学的发展进程来看，尽管新的学说、理论会层出不穷，但变化的只是一些具体的事实而不是观念，长期以来形成的化学观念反而随新理论、新发现的出现而更加证明了其先见性。例如，人们对原子结构的认识是不断深化的，从汤姆生的"葡萄干布丁"模型到卢瑟福的核式模型，从波尔的层式结构模型再到现代量子力学模型以及当代的层子模型和夸克模型，尽管人们对原子内部结构的描述发生了变化，但一开始建立起来的物质无限可分、具有不同的层次结构的观念并没有发生改变，反而随着新理论、新发现的出现而彰显出它对认识与实践发展的理论指导功能，以及对化学未来的预见功能。

第二章 化学基本观念的内容体系

化学基本观念不仅是实践发展的产物，同时也是抽象思维的结果。它是学生通过化学课程的学习，在深入理解化学学科特征的基础上所获得的对化学的总观性认识；是学生在实践应用和反思体验中，将蕴含于具体知识中的具有恒久价值的化学思想方法、科学精神和科学态度转化为自己分析和解决问题的自觉意识和思维习惯。学生牢固地、准确地，哪怕是定性地建立起基本的化学观念，应当是中学化学教学的第一目标。[1] 那么，中学化学课程应帮助学生建构起哪些化学基本观念？这涉及如何确定化学基本观念内容体系的问题。

第一节 化学基本观念内容体系的确定

人们看待事物的角度不同，得到的认识结果就会不一样。要明确化学基本观念的内容体系，首先需要思考确立的标准或依据是什么。化学基本观念是从具体化学知识中抽象概括出来的观念性认识，在形式上是抽象的、主观的，但在内容上则是具体的、客观的，是化学研究对象的本质与规律在学生头脑中整体的概括性反映。因此，化学基本观念内容体系的确立必须要兼顾两个方面：一方面，要从学科本体出发，选择那些体现化学学科本质特征和规律的思想、观点和方法，以确保学生所形成的化学基本观念的完整性、统领性和科学性，这是化学基本观念内容体系确立的基础；另一方面，从学生建构化学基本观念的过程出发，应充分考虑学生的化学学习活动及其对所学内容的反思内化，这是学生

---

[1] 宋心琦、胡美玲：《对中学化学的主要任务专论和教材改革的看法》，《化学教育》2001年第9期，第9~13页。

化学基本观念得以顺利形成的前提。

一、体现化学学科的本质特征

化学学科的本质特征是什么？有学者认为，化学学科具有以下五个基本特点：第一，化学学科是实验性较强的学科之一；第二，化学学科使用特定的概念、定律和理论；第三，化学学科有自己的一套学科语言；第四，化学学科具有较强的经验性；第五，化学学科与工农业生产联系比较密切。[①] 但是仔细分析，这些特点似乎同样适用于物理学、生物学等其他自然学科。要弄清楚化学有别于其他自然学科的本质特征是什么，有必要从化学学科的研究对象、研究方法、研究目的等方面进行系统思考。

世界是物质的，一切宏观物质都是大量微观粒子的集合体，物质世界的所有宏观现象与变化几乎都可以归结为原子、分子层面上微观粒子相互作用的结果。化学正是在原子、分子水平上，主要是在分子水平上，研究物质的组成、结构、性质和变化的一门自然学科。这一定义指明了化学学科研究视角主要建立在分子水平上，研究对象包含物质的组成、结构、性质和变化。其中，化学变化是化学学科研究的核心内容，而从分子、原子等微观视角去解释和预测物质的宏观性质与变化，则是化学与其他自然学科的本质区别，也是化学学科构建自己知识体系的核心和灵魂。宏观与微观相联系是化学家认识和改造物质世界的独特思维方式。

科学不仅包含有关世界的知识，还包括有关获得这些知识的过程的知识。[②] 从研究方法来看，化学学科的发展离不开实验、分类、归纳、演绎、假说、模型等一系列方法的运用。其中，最基本、最核心的当属实验法。化学实验是化学学科研究的基本方法和途径，离开实验，就不可能有化学的发展。[③] 与此同时，分类是化学家认识物质的

---

① 唐敖庆、卢嘉锡、徐光宪：《化学哲学基础》，北京，科学出版社，1986年，第16页。
② 〔英〕温·哈伦：《科学教育的原则和大概念》，北京，科学普及出版社，2011年，第21页。
③ 唐敖庆、卢嘉锡、徐光宪：《化学哲学基础》，北京，科学出版社，1986年，第331页。

一种重要思维方法和手段。正是借助分类的方法，化学家才能在纷繁复杂的物质世界中把握诸多物质性质和变化的共性与差异性，化学学科研究所依赖的重要理论基础——元素周期律，其发现实际上也得益于分类方法的运用。因而，实验法和分类法也是化学学科本质特征的一种体现。

从研究目的来看，化学作为一门中心的、实用的、创造性的学科，通过科学地改造物质、应用物质，实现自然与社会的可持续、和谐发展是化学学科的终极目的。这也反映出化学学科的独特价值和意义。因而，对化学学科价值的认识也应属于化学基本观念所包含的内容。

所以，从学科本体出发，化学基本观念必须要体现化学在长期发展过程中所形成的认识和改造物质世界的思想方法、思维方式与价值取向，包括有关物质的组成、变化规律以及微观本质等方面的内容，有关化学科学研究方法以及有关化学科学价值的内容。

二、符合学生的化学学习实际

杜威曾说："没有思想、观念可能从一个人传递给另一个人。当观念被告诉的时候，对被告诉的人而言，它已不再是观念，而只是另一个给定的事实。"[①] 化学基本观念不是凭空想象的产物，也不是从别人那里接受的经验总结，它是学习者在学习实践中，对蕴含于具体知识中的化学思想、观点和方法的深刻理解，是对化学学科内容深入思考和反思体验的结果。如果仅从化学学科本体的视角去确定观念体系，它们所赖以形成的知识基础可能会超出中学生化学学习的范围，从而导致其变得过于抽象而难以与物质变化的现象和规律联系起来，更难以被学生所理解和建构。因此，化学基本观念内容体系的确定必须考虑学生的认知发展水平和化学学习实际，即中学生能够反思内化的化学学科内容包括哪些方面，确保其能够被学生理解体验并转化为自身头脑中的观念。

---

① Dewey, J. *The Middle Works*, *1899 – 1924*. Vol. 9. Southern Illinois University Press, 1980.

第一编 化学基本观念概述

化学基本观念建构的主体是受过系统化学教育，拥有大致相同的化学知识经验和化学思维方式的中学生。一般来说，中学生在学校教学里对化学学科内容的反思主要包括三个方面：一是对化学学科知识的反思概括，主要形成知识类的化学基本观念，包括对于物质的组成、结构和变化规律的概括性认识；二是对化学探究过程和学习方法的反思，主要形成化学方法类的基本观念，包括对化学实验的认识、对分类方法和分类思想的认识；三是对化学科学本质及其在社会发展中作用的认识和反思，主要形成化学情意类的基本观念，即化学价值观。

学校教育的任务之一就是将人类积累的最具典型性和价值意义的科学文化知识在较短时间内传授给学生。中学化学课程中，贯穿内容体系的必然是一些反映学科本质特征与规律的核心内容，与化学学科本体视角下的观念体系相比，差异主要在所涵盖的知识范围及抽象概括的程度不同。亦如布鲁纳所言，孩子们在教室里的所为和科学家在实验室里的所为没有本质区别，只是程度不同而已。此外，值得一提的是，尽管学生的知识经验和学习方式各不相同，形成化学基本观念的知识素材是丰富多彩的，但这并不意味着化学基本观念的内容体系应因人而异。因为任一化学基本观念都需不同类型和不同层次的知识素材按照由模糊到清晰、由低级到高级的顺序逐步建构起来。不同学生在建构化学基本观念过程中的差别只是在于观念建构的快慢、观念表现的具体形式而已。也就是说，同一学习阶段学生要形成的化学基本观念应是统一的，否则化学基本观念对一个学习群体而言就失去了建构的意义。

综上分析，我们认为通过中学化学课程学习，学生应建构的化学基本观念内容体系主要包括以下三类：

（1）知识类的基本观念，主要包括元素观、微粒观、结构观、变化观。

（2）方法类的基本观念，主要包括分类观、实验观。

（3）情意类的基本观念，主要是化学价值观。

它们之间相互影响、共同作用，构成化学基本观念这一有机整体，如图 2-1 所示。

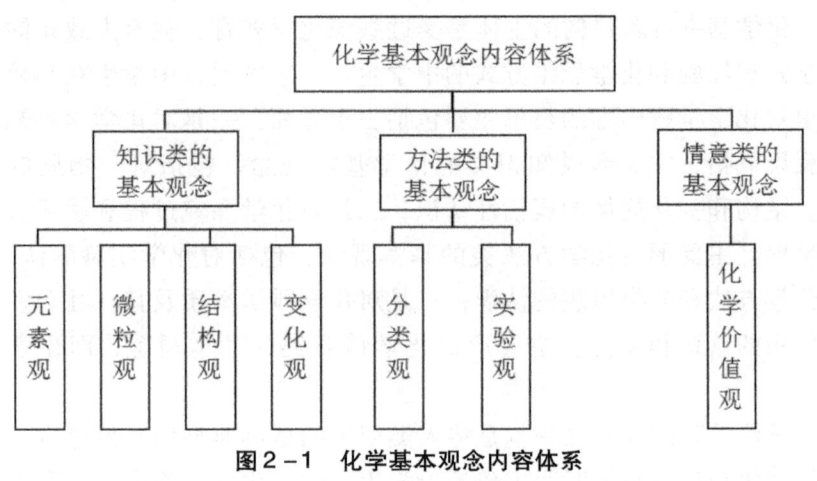

图 2-1 化学基本观念内容体系

第二节 化学基本观念的具体内容

每一化学基本观念都是对其涵盖的事实、概念和原理等具体化学知识做出的高度概括，都有其具体的内涵。这些具体内涵以书面语言的形式表达出来，我们称之为"基本理解"，它把原本处于意识的形态的化学基本观念从字面意义上揭示出来，以知识的形态成为学习者理解的对象。正是因为化学基本观念可以通过基本理解表达出来并以知识形态存在，成为师生视野中的实在之物，促进化学基本观念建构的教学实践才成为可能。

一、元素观

元素是人们在探索"世界上万物到底是由什么组成的？"这一问题的过程中所提出的概念。早期人们对"元素"的认识还处于宏观水平，将构成世界的基本成分归于某几种具体的物质，如古希腊提出的"水、火、土、气"四元素论，中国的先人在战国时期提出的"金、木、水、火、土"五行论。随着对物质组成与结构探索的不断深入，分子、原子、电子等逐渐被发现和提出，科学的元素概念便形成了。如今，元素这一概念用于描述一类具有相同质子数的原子，已发现的一百多种元素组成了世界上上亿种物质。元素组成被认为是反映宏观物质内化学元素的质与量的范畴，是人们认识化学结构和化学反应的出发点。

元素观是中学生对宏观物质与其基本组成成分之间内在关系所持有的看法，反映了中学生从元素组成方面来认识物质性质和变化规律的思维倾向。科学元素观的建立，有助于人们理解庞大的物质世界和种类有限的元素之间的内在联系，自觉地从物质的元素组成上认识物质的类别和性质，这是学习和研究化学的基础。

中学生通过对中学化学课程中元素及其化合物和元素周期律知识的学习，可获得下列有关元素观的基本理解：

（1）自然界的物质都是由最基本的成分——化学元素组成的，每种元素都有自己特定的符号和名称，种类有限的元素之间的相互组合构成了庞大的物质世界。

（2）一种元素就是同一种类原子的集合，元素的性质取决于其原子的内部结构。

（3）元素之间存在相互联系，元素之间内在联系的规律性表现为元素周期律，元素周期律是元素原子内部组成结构规律性变化的结果。

（4）物质在发生化学变化时元素种类保持不变，一种物质转化为另一种物质只是元素之间的重新组合。

（5）元素在组成物质时不是任意组合的，而是按照一定的规则和确定的数量关系进行组合。

（6）物质的性质（主要是化学性质）首先取决于其元素组成，其次取决于元素原子间的相互作用方式，元素组成是物质最常用的分类依据。

二、微粒观

一切宏观物质都是大量微观粒子的集合体，所有宏观现象与变化都是由构成物质的微观粒子的行为和相互作用方式的改变所造成的。由于原子、分子、离子非常微小，因此人们难以直接看见它们，主要是通过对宏观现象的观察、思考，然后运用推理、想象去认识它们。

微粒观是中学生对宏观物质微粒性的基本认识，表现为个体自觉从原子、分子、离子的微观视角认识一切宏观现象与变化的思维倾向。微粒观反映了人们对宏观物质的微观结构的空间想象能力,这种想象不是凭空臆测,而是根据已有的科学理论、事实以及观察到的现象在思维层面做出科学推论。

中学化学教学的重要任务就是使学生建立起对宏观物质的微粒性的认识,能从微观的角度认识自然界物质变化的现象,形成对物质性质及其变化的科学认识。微粒观的基本理解主要包括:

(1) 物质是由原子、分子、离子等微观粒子构成的。

(2) 构成物质的粒子是极其微小的。

(3) 微粒处于永不停息的无规则运动中。

(4) 微粒之间存在一定的间隔。

(5) 微粒之间存在相互作用,大量微观粒子通过相互作用聚集成宏观物质。

(6) 不同微粒间的相互作用有强弱之分,化学变化就是微粒间强的相互作用代替弱的相互作用的结果。

前四点主要是在初中化学课程学习中所建构起的关于物质微粒性的基本理解,它们常与物质的物理性质联系在一起,学生可以通过对现实生活中一些常见的物理变化现象的分析来把握微观粒子的性质和行为。高中化学课程则需要在微粒之间存在相互作用的层面展开更深入的学习,以此来推动对物质化学变化以及物质结构与性质关系的实质性理解。

三、结构观

科学元素观的建立使得人们把五彩缤纷、千变万化的物质世界和有限的元素种类联系起来,引导人们走上了分析物质的组成成分,并用化学组成成分解释物质性质的认识发展道路。随着人们对物质结构层次认识的不断深入,人们发现微观粒子在构成物质时结合其他微粒的数目以及微粒之间相互作用的方式都会影响宏观物质的性质,特别是同素异形、同分异构现象的出现,促使人们从分析物质的化学元素组成向认识物质的化学结构方向转变。物质的微观结构与宏观性质之间关系的问题,成为化学学科研究的核心内容之一。

物质的化学结构是反映物质内部原子、分子的连接方式,空间排布和顺序的范畴，是深入认识和学习物质化学性质与化学反应规律的基础。若对构成物质的微观粒子做空间排布的考察，则得到关于分子或晶胞几何形状的认识，也就是获得关于物质微观结构外在表现形式的认识。若对构成物质的微观粒子之间的相互作用进行考察，则获得关于化学键的认识，也就是获得关于物质微观结构内在本质的认识，从而可以说明物质分子之所以具备一定空间几何分布并能稳定存在的本质原因。①

所谓结构观，就是指中学生对物质的微观结构与其宏观现象和变化之间关系的根本看法，表现为中学生自觉从物质的微观结构来认识物质宏观性质的思维倾向。

结合中学化学课程内容，我们认为中学生对物质结构与性质关系的认识应该达到以下基本理解：

（1）物质的结构是有层次的，依据尺度大小可分为原子核和电子、原子、分子、分子聚集态等层次。

（2）原子的结构是由原子核和电子的相互作用决定的；分子或晶体的结构是由原子或阴离子、阳离子间的相互作用决定的。

（3）原子的结构决定原子的性质，物质的分子或晶体的结构决定其典型的化学和物理性质，而原子、分子的化学性质在一定程度上又可反映出其内部结构的相关信息。

（4）物质的化学结构不仅包括原子在空间的排列次序，还包括原子之间的相互作用，即化学键，这两者对物质性质都有影响，但前者对物质性质的影响是通过后者来实现的。

（5）原子的空间排列方式，决定了分子的几何形状及其所具有的宏观性质，这是原子间相互吸引、排斥作用平衡的结果。

（6）键能、键长、键角既可以定量描述分子的空间几何形状以及分子内原子间相互作用的强弱，又可以据此推断物质分子的性质。

需要强调的是，结构观的建构是在微粒观的引领下进行的，学生结构观的建构过程就是对"微粒之间存在相互作用"的认识不断深化的过程。特别是在高中阶段，学生的逻辑思维能力得到进一步发展，宏观与微观相联系的化学思维方式已经初步形成，学生已不再满足于对物质

---

① 廖正衡：《化学学导论》，沈阳，辽宁教育出版社，1992年，第171~172页。

的性质和变化现象的一般规律性认识，而是力图深入物质的内部结构，从微观层面揭示物质的性质及其变化规律的根本原因。因此，更需要加强对微粒之间的相互作用和物质结构与性质的观念性认识，把结构观的建构贯穿整个高中化学课程教学始终，统领具体知识教学的开展。

四、变化观

变化是自然界中最普遍的现象。正是物质的万千变化，成就了多姿多彩的物质世界。按物质变化的特点，一般将其分为两种类型。一种是不产生新物质，只是改变了物质状态的变化，称为物理变化；另一种变化表现为一些物质转化为性质不同的另一些物质，称为化学变化。在化学变化过程中，物质的组成和结构一般都会发生改变，生成与原物质具有不同物理、化学性质的新物质。我们通常所说的物质变化主要是指后一种类型的变化，即化学变化。

从物质化学变化的具体过程来看，各种不同类型的化学反应，有着各种不同的反应过程，每个化学反应也都有各自的具体过程。但是，当我们从原子、分子水平上进行概括时，就会发现丰富多彩的化学变化都基于这样一个事实：参加反应的各种物质通过原子间的重新组合，实现物质间的转化和能量的分配。所以原子是化学变化的基本单位。也就是说，化学变化是物质内部微粒间相互作用的变化，是通过化学键的断裂与生成来实现的。这可以看作形形色色的物质变化的本质特征。

所谓变化观，就是指中学生在深入理解物质内部微粒间相互作用的基础上所形成的对日常生活中各种宏观变化现象的基本看法和态度，表现为自觉从原子、分子水平上考察一切宏观现象与变化的思维习惯和意识。科学变化观的形成，不但可以帮助人们正确认识自然界物质转化的本质与规律，消除一些不常见的变化现象的神秘感，而且还可以提高人们认识、驾驭物质变化的能力，对于解决当今面临的环境保护、新材料研制、资源能源开发等社会问题，促进人与自然、社会的和谐与可持续发展具有积极的指导意义。

我们期望中学生在对一些典型化学变化、物质合成与制备、化学反应原理等化学课程内容深入学习的基础上，对物质变化形成以下基本理解：

（1）物质是不断变化的，变化是物质运动的一种形式。

（2）物质变化是在一定的体系和条件下发生的，体系和条件不同，物质发生的变化不同。

（3）物质的变化有快慢之分，这与物质的本性以及所处的环境有关。

（4）物质的变化是有方向和限度的。物质的变化具有自发向混乱度增加、能量降低方向发生的趋势，物质的变化往往是不彻底的。

（5）化学变化遵守质量守恒定律。

（6）化学变化的本质是微粒间作用力的改变。

（7）化学变化通常都伴随着能量变化。

（8）通过化学变化人们可以获得或消耗物质，可以储存或释放能量。

五、分类观

分类是一种最基本、最普遍的科学方法和认知形式。社会实践中，人们以具体物质为认识对象，利用分类的方法，可以将数量庞大的物质归纳、整理为一个个有内在关联性的物质家族，不仅极大地减轻了庞大的物质世界给人们所带来的认识压力，而且还便于人们把握物质之间的本质区别与联系，加深对物质及其变化的本质与规律的认识。

对物质进行分类，并不是化学特有的认识方法，社会其他领域也对物质进行分类。但是，化学是以物质的组成、结构、性质和变化规律为研究对象，这决定了它与其他领域不同的物质分类标准。在化学上，人们对物质分类的标准是随着对物质性质认识的加深而变化的。自然界中的一切物质都是由元素组成的，因此，从物质元素组成的角度来认识物质性质并对物质加以分类是最基本的物质认识方法。但是，物质的元素组成并不能完全折射出物质的本质属性，同素异形体、同分异构体的存在，说明物质的性质在更大程度上取决于其微观结构，因此，根据物质的性质和结构对物质进行分类是一种更为贴近本质的物质分类方式。此外，物质的聚集状态也对物质的性质产生一定的影响，纳米材料的特殊性质、胶体具有的丁达尔现象都说明物质在不同的尺度下具有不同层次的结构，进而表现出不同的性质，这可以看作对物质组成、结构、性质分类方式的补充。可以看出,化学上的物质分类就是从宏观与微观相联系的视角,根据物质组成、结构和性质之间的辩证关系来分门别类地认识众多物质的手段。

因此,分类观就是指中学生在认识常见物质的组成、结构和性质的基础上所形成的对自然界万千物质的归属的基本看法,通常表现为学生自觉依据物质的组成、结构、性质等认识标准对物质进行系统归类的思维倾向。科学的物质分类观的基本理解如下:

(1) 分类是一种科学的思维方法,是人们认识事物的一种重要手段。

(2) 分类所依据的标准不同,分类结果就不一样,通过分类可以更好地认识和把握同类事物的本质。

(3) 根据物质组成元素的不同可以将物质分为单质和化合物两大类别。

(4) 根据化合物中的元素类别可以将化合物分为氧化物、酸、碱、盐等种类。

(5) 根据分散质微粒直径的大小可将混合物分为溶液、浊液(悬浊液、乳浊液)和胶体。

(6) 根据化合物分子中原子之间相互作用(化学键)的方式可将化合物分为共价化合物和离子化合物。

(7) 根据物质内部微粒的种类以及微粒之间的相互作用方式可将物质分为离子晶体、分子晶体、原子晶体、金属晶体和等离子体。

(8) 根据有机物中碳原子的联结方式和官能团的类型可将有机物分为烃、卤代烃、醇、醛、酚、酮、醚、酯等种类。

对物质进行分类的能力体现了中学生对物质的性质与其组成、结构之间辩证关系的认识水平。因此,在中学化学教学中不能把分类观建构的意义仅仅定位于可以减轻物质纷繁复杂性给学生所带来的记忆压力,更要以此来推进学生化学思维方式的深化,使学生增强对物质的组成、结构与性质的联系的认识,逐步引导学生从现象分类发展到本质分类,从而避免物质分类的表面化和形式化。要注意的是,分类只是一种手段,而不是学习和研究的目的。许多同一标准下的不同类别之间并不存在截然的界限,如离子化合物和共价化合物、金属和非金属、溶液和胶体等。

六、实验观

化学是一门以实验为基础的学科，化学的诞生和发展始终离不开实验。大量的化学概念、原理都建立在观察和测量到的实验事实的基础之上。化学实验是化学家为认识、改造和利用物质，有目的、有计划、遵循一定的化学原理、按照一定的程序和方法而开展的科学实践活动。化学实验不仅关注对实验事实的观察、收集与记录，还强调对归纳、演绎、推理、建模等科学方法的运用；不仅注重实验操作的科学性、规范性，更重视实验结果的真实性，追求严谨求实的科学态度和批判质疑、勇于创新的科学精神；不仅重视实验用品的安全、环保和节约，还高度关注人身安全及环境安全，强调具备良好的实验工作习惯和实验安全意识。从本质上讲，中学生所进行的化学实验与化学家在实验室中所做的科学实验一样，都是对未知物质世界的探索，只是探索的对象和认识程度不同而已。

所谓实验观，就是中学生在实验探究过程中伴随化学知识和化学实验技能的运用所形成的情感态度和思维方式，是化学实验活动本身对实验者认知、情感、思维及行为习惯所带来的持久影响。它根植于具体的实验活动，但又不同于一般的化学知识和实验技能，是实验者在有目的、有计划的实验探究活动中情感体验和思维升华的产物，它可以通过具体的化学实验活动反映出来，表现为为完成某项实验任务而进行的各种智力活动和操作活动。化学实验观的基本理解如下：

（1）实验是人类探求未知、发现规律、验证推测的重要实践活动。

（2）化学实验是人类认识物质、改造和应用物质，推动化学科学不断发展的主要手段。

（3）实事求是、不畏艰辛、持之以恒是对待实验工作的科学态度。

（4）科学严谨、系统设计、安全环保是进行化学实验的基本保障。

（5）全面地观察、记录实验现象，科学地分析、解释实验结果，将观察与思维紧密结合是完成化学实验必需的基本方法。

（6）技术的进步促进了实验手段的更新，从而极大地推进了化学科学的发展。

七、化学价值观

化学作为一门伴随人类的认识、实践活动而发展起来的自然学科，它不但能满足人们物质生存的需要，还能满足人们建构精神家园的需要。因此，化学的价值主要体现在两个方面：一是化学的实用价值，二是化学的精神价值。化学与化工生产相结合可以转化为现实生产力，推动了现代社会中材料、环境、能源、信息、航空航天领域的快速发展，化学对社会发展的推动作用是化学理论物化的表现，也是化学的社会实践价值所在。化学有自己完善的知识体系和独特的认识世界、解释世界的思想方法和思维方式，是无数前人实践经验的积累与结晶，对于今天人们认识物质以及如何控制并有效利用物质具有方法借鉴和思维启迪作用，同时知识发现的曲折历程所折射出的人类的执着信念和价值追求对学习者也具有情感熏陶作用，这是人类知识素养和精神素养的重要源泉。

价值观指认识主体通过社会实践，在认识和改造客观事物时，对认识客体所具有的效益意义的一种判断。化学价值观就是指中学生通过对化学的深入学习以及对化学在社会实践中应用情况的了解，在反思化学科学与自然、社会、个人的意义关系的基础上所作出的价值判断。简单地说，就是中学生对化学科学所持有的信念和态度，它用于回答化学能够做什么和不能够做什么等问题。

长期以来，化学的"公共形象"似乎不够理想，环境污染、生态失衡、食品污染、水质恶化等问题常常让人们"谈化学色变"。这其中尽管有化学科学自身不够完善的因素，但主要还是对化学知识利用不当等人为因素造成的。若将以上问题完全归咎于化学科学自身，这不是一个有科学素养的公民应有的态度。化学价值观的教育旨在通过具体知识的教学，使学生认识到化学是一门中心的、实用的、创造性的学科，增强学习化学和应用化学的热情和兴趣，树立科学的化学价值观。科学的化学价值观不但可以使学生对化学抱有积极的信念和态度，辩证地看待化学科学的价值与局限性，同时还是推动学生深入学习化学科学的信念与动力。

我们期望中学生通过对化学课程的学习以及对每天都接触到的与化

学有关的社会生活问题的思考，逐步建立起科学的化学价值观，增强学习化学、应用化学的积极性和主动性。科学的化学价值观应包括以下基本理解：

（1）化学从原子、分子水平上解释了"世界是物质的，物质是变化的"这一哲学观点，有利于增强学生的辩证唯物主义意识。

（2）化学可以给人们以情感的熏陶和智慧的启迪，使人们的精神世界得到充实和完善。

（3）化学是推动人类文明不断向前发展的重要因素，在增产粮食、开发新型能源、合成功能材料、改善生态环境、裨益健康等方面发挥着积极作用。

（4）所有物质都是化学物质，都具有正、反两面性，关键在于使用量的控制和使用场合的选择。

（5）化学是手段，而不是问题。人类面临的环境污染、能源紧张、资源短缺等问题，只有以化学为技术手段才能得以根本解决。

（6）绿色化学、原子经济性，是化学化工生产领域的新思路、新追求，是实现可持续发展的必由之路。

上述内容是对各个化学基本观念及其内涵的具体阐述，它们不是脱离具体化学知识而单独存在的科学结论，而是随着知识教学的推进从化学课程知识中抽象概括出来的关于物质及其变化的一些基本理解，是化学基本观念在认知层面的具体表达，是期望学生在学习活动中逐步形成的基本认识。正是基于化学基本观念可以转化为基本理解外显出来，化学基本观念才可以作为一种具体教学目标来追求。

因此，"观念建构"的教学从实质上讲，就是促使学生通过深刻思维对相关化学事实、概念和原理有深入理解的教学。把原本内隐于化学课程当中属于思想意识层面的化学基本观念用具体的语言文字揭示出来，转化为具有认识功能和教学功能的基本理解，这样化学基本观念不再是虚无缥缈、只可意会不可言传的"遥远星空"，而是可以被认知的，能够进入师生视野中的实在之物，从而为"观念建构"的化学教学提供了具体的目标和基本的依据。

第三章 化学基本观念的形成过程

化学基本观念来源于具体知识但又不同于具体知识，无论在抽象概括程度还是适用范围上，二者都不在一个层面上。探讨化学基本观念的形成过程就是要厘清如何从化学知识上升到化学基本观念，其内在机制和影响因素是什么。而这不可回避地要回答化学基本观念与具体知识的关系问题。

第一节 化学基本观念与具体知识的关系

现代心理学研究表明，认知是情感态度的前提，价值观则是知识内化上升为信念的结果。化学基本观念作为具体化学知识抽象、概括的结果，从逻辑顺序来看，化学基本观念与具体化学知识之间是一种目的与手段的关系。这表明，在促进观念建构的教学实践中，化学知识是作为工具和载体来使用的，而不是作为目的来追求的。化学基本观念的建构过程，就是深入分析挖掘知识的内涵和价值，创造知识与学生"全面对话"的过程，就是引导学生思维超越具体事实向思想观念层次递进的过程。我们可以从以下方面来认识化学基本观念与具体化学知识之间的关系。

一、化学知识是建构化学基本观念的工具和载体

首先，这是由化学知识的内涵决定的。我们知道，知识都是基于人类一定的目的和需要而产生的，都与特定的文化背景和人的价值需求紧密联系。对于任何具体知识而言，它所承载的意义绝不仅限于字面所表达的含义，更有在发现知识的过程中人的理智和精神付出，这正是知识

的丰富内涵所在。化学知识作为人类认识物质及其变化规律的智慧结晶,在事实上,是对具体事实材料的概括反映;在思想方法上,化学知识的发现过程就是思想方法的运用与产生过程;在情感态度与价值观上,化学知识的发现过程是人类智慧与情感的付出和价值追求的过程。因此,化学知识本身就体现着化学科学认识物质世界的思想方法和思维方式,即化学知识本身具有提升思维、发展观念的功能和价值。

比如,对"分子"概念的学习,"分子是保持物质化学性质的最小微粒",这是分子这一概念字面表达出来的现实涵义,学生对这一现实涵义进行稍加拓展和延伸,从中都会得到这样的认识:物质的化学性质与构成它的分子的性质有关,物质是大量分子的集合体,分子与其他微粒的区别在于它能保持物质的化学性质,化学变化是分子的变化。这些属于事实层面的认识对师生来说比较具体直观,可以直接看到它们的有用性,能够直接应用于问题的解答,因此,比较容易受到师生的关注。

相对而言,"分子"知识点的潜在涵义就显得不那么直观具体了,只有将"分子"知识点还原到产生它的历史背景中,让学生在心理上经历"分子"这一概念产生、发展的具体过程,才能在上述认识的基础上产生一些思想方法和情感态度层面的认识:分子是人类对物质层次性的认识发展历程中的一座丰碑,凝聚着人类探索物质内部构成奥秘的执着信念和方法智慧,分子学说的提出与普及揭开了人类从定量、微观角度认识物质组成、结构和变化的序幕。这一层次的认识回答了为什么要提出分子学说,分子学说是如何提出的,以及分子学说对当今人们认识物质世界有什么借鉴和指导意义等知识与人的意义关系的问题,不仅使"分子"这一知识点获得了更加广阔的应用空间,而且对个体精神世界的充实、价值观念的提升具有积极的促进作用。

其次,这是由化学知识与学生的意义关系决定的。知识与学生是教师在教学过程中的两个基本对象,教师应传授知识并用知识培养人,这是不证自明的事实。这一基本事实确定了知识与学生的意义关系:知识是促进人发展的手段,是为人的发展服务的;人的发展是借助于对知识的学习来实现的。学生在知识学习中的发展程度并不取决于知识获得的多少,关键看在知识获得过程中的经历、感受和体验,以及知识与学生的情感和意义世界的关联程度。只有把具体化学知识当作工具和载体来使用,才能保障学生在学习过程中的主体地位和主观能动性的发挥,才不会出现知识"驾驭"人的局面。此外，也只有把具体化学知识当作工具和载体来使用，而不是作为目的来追求时，才能保障知识与学生的全面相遇，才能消除因过度追求知识"占有"而对学习者造成的精神蒙蔽，学生与知识之间才会由对立走向对话，知识完整而丰富的内涵才会向学生全面敞开，步入与学生意义关联的经验世界和情感世界，真正成为促进学生观念发展的有效工具。

二、化学基本观念是化学知识的提炼和升华

从学习过程来看，化学基本观念的建构过程就是深入学习具体化学知识的过程，但这并不是一个单纯追求知识结论的过程，而是一个从了解具体事实到领会概念原理再到产生基本理解的思维发展过程。就化学学习的一般规律而言，学生首先接触到的是物质及其变化的具体事实和现象，而产生这种事实和现象的原因需要从理论高度作出解释，于是在对具体事实和现象进行提炼概括的基础上产生了对概念、原理的认识，而概念、原理往往又是化学思想方法和观念的外化，因此在对概念、原理性知识进行提炼、概括的基础上又会得到一些有关化学思想方法和思维方式的观念性认识，也就是对某一章节或某一单元教学主题达到了基本理解。这也是我们平常所说的课本由"厚"变"薄"的知识学习过程，是对具体知识进行提炼和浓缩，使知识承载的思想方法和观念得以显现的过程。

化学学科对物质及其变化的观念性认识往往是借助于大量学科知识揭示出来的。化学基本观念的形成过程就是相关知识结构化、概括化的过程，知识的结构化和概括化是通过教学单元中的核心概念来实现的。化学核心概念是教学单元中概括程度高、统摄能力强的基本概念和基本原理，具有整合具体知识、突出单元教学主题、引导思维方向的作用。如元素、原子、分子、质量守恒定律、化学反应与能量变化、元素周期律、物质结构、化学键、同分异构体、官能团等知识，就是各教学单元中的核心概念。它们能够统整本单元具体知识，在促进知识网络化、结构化的同时凸显出本单元的主题，因为知识的结构化、概括化水平越高，越有利于学生从中获得概念性理解，也就是在大量具体事实的基础上产生深层的、可迁移的基本理解。基本理解是对化学基本观念内涵的

具体表述，是一些思想方法、观点的有机组合，在内容上已看不到具体知识的影子，是具体化学知识经提炼、概括、升华后的产物。

下面我们借助于一段教材分析来认识这一过程。

水的天然循环

下雨了，掬一把雨水，想一想，这些水分子是从哪里来的？当然，现在它们来自于你头顶上的那片乌云，可是去年，兴许它们还凝固在黄河源头的冰川里，抑或流淌在滚滚不息的长江里呢！

降雨，只是水天然循环中的一个环节，大自然中的水究竟是怎样循环的？

水的天然循环是通过其三态变化实现的。太阳为水分子提供能量，使其运动加快，达到一定程度后，一些水分子便克服分子之间的相互作用，变成水蒸气，扩散到空气里，在高空中遇冷凝结成云。云随风飘移，再遇冷又转变成雨或雪，降落到地面，汇入江河湖海，渗进山川土地。大自然就是通过水分子的运动，既实现了水的自身净化，又完成了水资源的重新分配，周而复始、源源不断地为地球上的生物补充淡水资源。

以上是山东教育出版社出版的《义务教育教科书·化学（九年级上册）》第二单元"探秘水世界"中的一段教材内容。①这段教材内容表面上阐述了这样一个事实：水通过三态变化，实现自身的天然循环；水的天然循环既实现了水的自身净化，又完成了水资源的重新分配。这是任何一名学生在阅读教材后都可以得到的直观性认识，如果学习到此为止，那么这段教材内容就失去了化学学习的价值和意义。

在上述事实性认识的基础上，我们再稍微作进一步思考：水是如何实现三态变化的？学生就会发现有一个叫作"水分子"的概念在教材内容中处于核心地位，它对教材的学习与深入理解起引导作用，学生通过对不同温度下水分子运动的微观想象，自己就会得出水的三态变化就是通过水分子的运动来实现的，水分子就是构成水这种宏观物质的最小微粒的基本认识。也就是说，这段教材内容的根本出发点就是以水分子

---

① 毕华林、卢巍：《义务教育教科书·化学（九年级上册）》，济南，山东教育出版社，2012年，第24-25页。

的运动为思维视角，通过对水的三态变化及水在自然界中的循环这一宏观现象展开微观想象，达到培养学生宏观与微观相联系的化学学科思维方式，加深对物质微粒性认识的目的。基于此，我们来看看上述教材内容是如何提炼和升华的。

事实性认识：水通过三态变化，实现自身的天然循环；水的天然循环既实现了水的自身净化，又完成了水资源的重新分配。这是直接从教材中得到的，和个人经验没有发生联系的外在事实结论。

核心概念：水分子。它对深入理解教材内容起引导作用，是事实性认识向观念性认识转变的思维驱动器，需要学生深入理解。

思想方法：宏观与微观相联系的化学思维方式，是在深入揭示物质变化的思维过程中所形成的思维方式，可以对宏观现象与变化有更为本质的认识。思想方法具有可迁移性，是学生在以后的化学学习和问题解决中所表现出的思维习惯。

观念性认识：宏观物质都是由微观粒子构成的，微观粒子处于永不停息的运动中。这是在对学习材料所提供的具体事实以及相关生活现象深入思考的基础上所产生的观念性认识。对物质微粒性的认识，深化了学生对物质世界变化规律的认识和理解。

总之，化学基本观念在内容上不是具体化学知识的简单组合，而是从具体化学知识中抽象概括出的化学科学对物质世界的基本认识以及产生这些基本认识的思想方法和思维方式的系统整合。

三、化学基本观念与化学知识相互依存、相互促进

化学知识通过化学基本观念的建构使自身价值得以充分展现。化学知识作为人类优秀文化的重要组成部分，其丰富内涵，对学生而言，不仅具有解决问题、获取新知识的实用性价值，而且具有启迪思维、陶冶情操，使人受到良好化学思想方法训练，使人变得更聪明、更有智慧、更具有社会责任感的精神性价值。化学知识的实用性价值和精神性价值都是通过对化学基本观念的建构来实现的，这是因为化学基本观念的形成来自对具体化学知识的深入理解，只有把具体化学知识作为工具和载体来使用而不是作为目的来追求时，才能更加充分地显示出其应有价值。在以具体化学知识作为工具和载体的教学中，知识内涵的敞开程度

决定了知识自身价值的实现程度，知识自身价值的实现程度决定了它与学生经验和情感世界的意义关联程度，进而决定了观念建构的层次。反过来，观念建构的层次又反映出知识内涵的开发程度和学习者对知识的理解程度。

化学基本观念对具体知识的应用与获取具有自上而下的指导作用。首先，它赋予具体知识一定的能动性和灵活性。这是因为化学基本观念可以为化学知识的应用起到引领和调控作用，能够加强知识与能力之间的联结，最大限度地创造化学知识的应用空间。若缺乏化学基本观念的引领，化学知识就难以发生有效的迁移和应用，其价值是有限的。其次，它使新知识的学习变得更为容易。化学基本观念的形成意味着学生的认知在概括化、系统化水平上实现了知识、方法和经验的一体化，形成了稳定的经验网络结构，化学基本观念就是形成这个结构体系并维持其不断发展完善的灵魂，在其中具有吸纳、固着新知识作用的就是一些化学思想方法，当这种经验结构外化作用于新的学习活动时，就具有较高水平的调节控制作用。

综上所述，化学基本观念与具体化学知识是紧密联系在一起的，前者是后者的升华，后者是前者的载体。由具体化学知识到化学基本观念的建构过程就是对具体化学知识进行提炼、概括的思维加工过程，也就是知识升华的过程，在这个过程中化学知识发挥着工具和载体作用；由化学基本观念到具体化学知识则是化学基本观念外化的过程，在这个过程中化学基本观念对具体化学知识的学习与应用具有指导作用，同时还有统帅化学知识和加强知识之间逻辑联系的作用。图3-1展示出化学基本观念和化学知识之间的相互关系。

可以看出，化学基本观念来源于具体化学知识，却又不同于具体化学知识，它是具体化学知识在学生头脑中的提炼与升华。中学化学课程中的核心概念及其所涵盖的具体知识在充实、发展着化学基本观念的内涵，它们是形成基本观念的基础和源泉，离开具体化学知识，化学基本观念就会成为"空中楼阁"。具体化学知识依附于化学基本观念而存在，是化学基本观念的外显和物化。化学基本观念是渗透于具体化学知识当中并借助于不同层次的化学知识揭示出来的，隐藏在具体知识背后的化学基本观念加强了知识之间的联结，把其涵盖的具体知识纳入一个结构严谨的体系当中，每个知识点都处于相互联系之中，为知识的进一

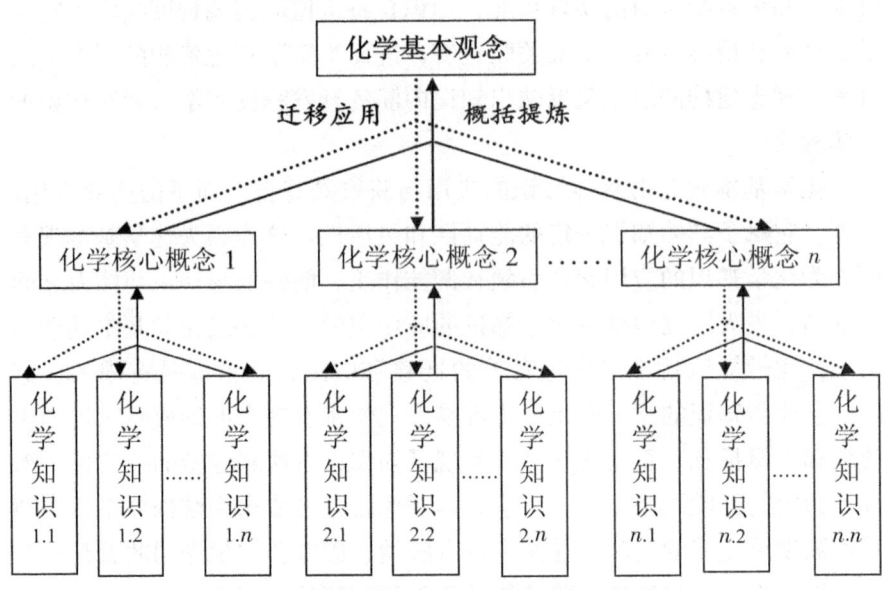

图 3-1　化学基本观念与化学知识之间的相互关系

步生发、拓展提供了条件。可以说，没有化学知识或者轻视化学知识的学习就不会有化学基本观念的形成，但若缺乏化学基本观念的引领，也就没有化学知识的进一步生发与拓展，两者是相互依存、相互促进的。

第二节　化学基本观念的形成过程

化学基本观念是学生通过化学课程的学习，在深刻理解化学学科特征及其本质规律的基础上形成的对化学科学的总观性认识。因此，化学基本观念的形成过程就其本质来说，应当是有意识地为促进观念建构而进行的探究性教学的过程。这里所指的探究性教学，是相对于把知识作为静态结论传授与"占有"的"知识本位"的教学而言的。教师在有意识地为促进观念建构而进行的知识教学中不再把知识以静态结论的形式传授给学生，而是把具体知识作为观念建构的工具和载体，通过问题和活动引导学生对当前学习内容展开深入探究和思考，在对具体知识实现深刻理解的基础上逐步形成可迁移的观念性认识。

从学生在观念建构教学中的认知行为来看，学生并不是对具体知识进行简单的记忆和应用，也不是被动地接受教师讲授的内容，而是基于已有的知识经验，以积极主动的态度，对教学单元中那些对化学基本观念起支撑作用的典型事实、概念和原理进行深入思考，在探究知识的形成、发展的过程中以及运用知识解决问题的实践活动中，经过交流讨论和反思体验，发现知识之间的内在联系和隐藏在具体事实背后的思想和观点，最终建构起基于自己深刻的思维活动和独特的内心体验感悟而形成的有关物质及其变化的观念性认识。

因此，化学基本观念的形成过程就是一个学习者主动探究、积极思考，对物质及其变化的认识不断深化的过程，也就是学习者的认知结构经过不断地同化与顺应，逐步扩大与完善的过程。在这个过程中，学习者通过对精心选择的典型事实和核心概念的深入思考，发现不同层次知识之间的内在联系，经过对知识之间内在联系的提炼概括，使思维超越学习材料所提供的表面信息，达到深层的、可迁移的基本理解。基本理解的价值在于可以为学习者提供比具体知识更加灵活宽广的认识视野，学习者在应用基本理解解释问题的过程中可以体验到化学学科特有的认识世界、解释世界的思想方法并形成化学思维方式，而化学思想方法和思维方式的形成又可以使学生在新的学习活动中较容易地对知识建构新的基本理解。化学思想方法是认知结构中具有吸附、固着功能的要素，它不仅具有组织、调整、巩固已有化学知识和经验的作用，还有指导化学认识与实践的作用，它的形成使学习者的化学认知结构不断丰富完善起来，为进一步获得更高层次的认识奠定了知识、方法和思维的基础。

化学认知结构是一个动态、开放的系统，在同外界相互作用的过程中，学习者结合实际情况对经过个人观察和思考产生的基本理解进行反思、修正，并经过进一步的抽象和概括使之上升到观念的层次，此时个人对化学的认识和看法超出了具体事实和概念的局限，而是指向物质及其变化的最普遍、最一般的本质与规律，只在思想意识的层面上再现具体事实与原理。这个过程可以用图3-2来表示。

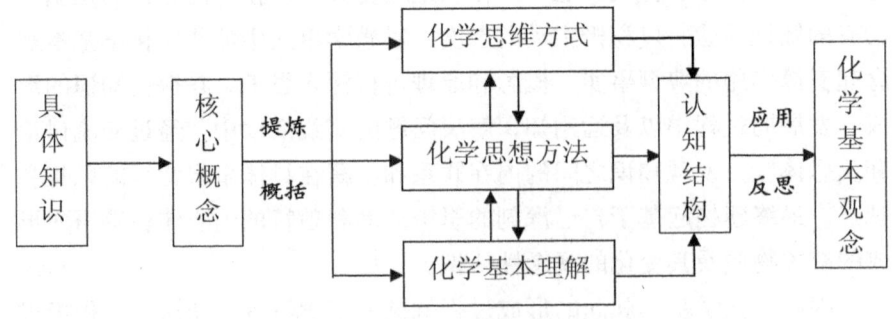

图 3-2 化学基本观念的形成过程

一、具体知识的选择

化学基本观念是蕴含在具体化学知识当中并通过它们揭示出来的。因此，具体化学知识的选择与学习是化学基本观念形成的基础。学生的化学知识主要从教科书中获得，进入教科书的知识一般都是经过编写者精心选择的、被认为是最能代表化学学科基础与发展趋势的知识，也是最能体现化学学科特征和思维方式的知识，这些具体知识对学生化学基本观念的形成具有积极的促进作用。但不可否认，不同内容属性的知识对化学基本观念的建构价值不同，而且教材编写者选择知识素材时具有主观倾向性，这使得教材提供的具体知识未必完全适合学生观念建构的需要，此时，学生需要对教学单元中具体知识的认知价值进行分析与做出选择。

一般来说，每个教学单元都有一个确定的主题，围绕并突出这个主题的是各种类型的知识，有事实性知识、概念原理性知识以及过程方法性知识，它们内含的思想、观念和方法是不一样的。事实性知识可以使学习者获得具体的感性认识，侧重于为观念的建构提供事实依据，对这类知识的学习只需要达到了解记忆的程度就可以；而概念原理性知识和过程方法性知识在于对支撑观念建构的具体事实作出理论阐述和方法引领，侧重于为观念的建构提供思想方法的支持，这类知识的学习有助于深化学生的思维活动和提升认识能力，是学生需要深入理解和重点转化吸收的内容。因此，学生在面对新的学习内容时并不应该对教材提供的知识不加选择、不分重点地一概吸收，而应该根据自己的实际需要和认知发展水平，把教材中的甚至是社会生活中的，凡是有助于培养科学世界观和方法论、有助于养成科学态度的知识都作为自己建构化学基本观念的重要载体和工具。

学生通过对单元知识的梳理与选择，获得了对本单元整体框架的初步认识，只是这种认识是建立在对具体知识了解记忆的基础上，而不是对不同知识之间内在联系深入理解的基础上。在随后对选择的具体知识进行深入理解的过程中，学生将进一步获得对不同知识间内在联系的认识，把思维引向单元中的核心概念，进而深入理解教学单元的主题。对选择的具体知识进行深入学习的过程，也就是学生通过阅读自学、听讲、合作探究、问题解决、交流讨论等方式将教材中以语言、文字、符号形式存在的知识转化为头脑中以命题形式存在的个人知识的过程。在这个过程中，学生通常只是对教材中的化学知识做出字面意义的理解，仅限于获得学习材料在当前语境中的确切涵义，是一些孤立的、不系统的、难以超越知识原来背景进行迁移应用的认识。要想在单元知识之间建立起广泛的联系，扩大知识的迁移应用范围，必须进入对核心概念的深入理解阶段。

二、核心概念的理解

随着知识量的积累和丰富，学生对物质及其变化的认识由点到线、由线到面地铺开，他们就会发现许多知识都是在不同方面、不同层次对同一事物或现象作出的阐述，它们具有相同的指向性，学生会意识到需要把这些知识整合起来，以便对某一类现象或事物有全面而又深刻的认识。学生通过寻找知识之间的关联性，把相关信息按逻辑关系和层次结构整合在一起，形成对教学单元主题的整体认识。

在对离散的知识进行整合、组织的过程中，核心概念的聚合作用就凸显出来。核心概念是学科基本结构的主要内容，是化学课程中最能体现化学学科特征的基本概念和基本原理，在教学单元中具有整合具体知识、突出单元主题的作用，对它的深入理解有助于实现对教学单元主题的整体认识与把握。学生在应用所学知识解决问题时会发现，只有将具体事实性知识与核心概念联系起来，才能对问题进行深刻的分析、解释与推理判断。核心概念比具体事实和一般知识具有更高的抽象性和概括性，自然也具有更宽广的适用性，只有对核心概念进行深入理解，才能使个人对事物的认识超越具体事实，达到对事物本质特征和内在规律的认识。

核心概念是在对单元知识进行整合，寻找知识之间内在联系的过程中发现的。它的作用不仅是把相关知识联结起来，形成具有内在联系的知识网络，便于学生将所学的知识结构化和系统化；更重要的是在学习内容和观念目标之间建立起联系，促使学生的思维从对知识字面意义的理解向深层的可迁移的基本理解发展，使学生尽快地掌握学科的基本思想和方法，以便在更大范围内灵活运用所学知识。

为了让学生对核心概念获得真正的理解，而不是形成一种结论性的认识，教学中需要围绕核心概念设计多种实践活动和问题组合，引导学生积极参与对驱动性问题的探究与思考。学生在对核心概念展开深入学习的过程中，需要对那些对核心概念起支撑作用的具体性知识进行新的审视，原本孤立的、零散的、认识并不深刻的具体性知识会被重新激活，在核心概念的架构下，知识之间的内在联系会得到进一步的加强，知识所承载的认识价值会得到极大的发挥。当然，更为根本的是学生通过在不同情境中的问题解决和自我反思，使自己的思维逐步走向深刻、丰富和灵活，使自己的认识逐步向脱离具体事实的观念性高度发展。在单元知识学习过程中，若缺乏核心概念的引领，学生的学习就会停留在背诵、记忆具体知识的低层次认知水平上，只能获得一些孤立的事实和结论，而难以达到观念的高度。

例如，在"物质结构与性质"模块中的"物质的聚集状态与物质性质"单元的学习中，学生在对该单元中晶体的结构与性质、金属晶体、离子晶体、原子晶体、分子晶体、液晶、等离子体等典型的事实性知识逐一进行学习后，会发现它们都表达出一种同样的信息，那就是物质的性质和聚集状态与物质内部微观粒子间的相互作用密切相关，学生就会自觉地把"化学键""分子间作用力"等作为核心概念来关联各种事实性知识并对其有深入理解。这样，学生就无须为认识物质的性质而去逐一记忆各种事实和具体知识，因为物质所表现出的性质和聚集状态都是其内部微观粒子之间相互作用的宏观表现，化学键的类型以及分子间作用力为学生进行高水平的思考指明了方向，学生只需在围绕"化学键与分子间作用力"创设的学习情境和问题解决活动中进行超越具体事实的思考，就可以从中抽象、概括出可迁移的基本理解，实现对单元主题的整体掌握。

三、认知结构的完善

学生对核心概念的深入理解是在教材和教师有意识的引导下，依靠个人积极而深刻的思维活动来完成的。学生在以核心概念为主要认识对象的探究活动中，通过自学、听讲、联想、质疑、反思等方式，会对学习材料形成自己的认识和看法，再经过和同学之间的交流、讨论，这些看法就会变得更为全面、合理和深刻。这些基于个人思考产生的认识和看法就是对核心概念的基本理解，是一种基于具体事实而又超越具体事实的理性认识，它具有较高的抽象性和概括性，可以看作化学基本观念内涵的具体表达。

需要强调的是，既然化学基本观念的内涵可以外化为基本理解，也就是原本处于思想意识层面的化学基本观念可以以直观的知识形态存在，那么是否可以像教授具体知识那样把化学基本观念的具体内涵直接传授给学生，并通过练习来巩固和强化这种观念性认识？答案是否定的，因为知识学习的意义绝不仅仅在于获得静态的结论，知识发现过程中所凝聚的思想方法和情感态度与价值观，其认识价值远远大于知识本身。任何结论的获得都必须经历引向该结论的发现过程，作为化学基本观念具体内涵表达的基本理解也不例外。认知心理学研究表明，探究以及问题解决活动不仅仅是知识结构化、系统化的认知过程，还是一个情感、意志、态度等非认知因素积极参与的过程。在这个过程中学习者出于探索事物内部的本质规律、提高自己认识能力的需要，自觉运用已有的化学思想和化学方法进行化学思维活动，获得新的认识、新的体验，所以基本理解是学生认知、情感、态度等综合作用的产物，绝不是被动接受或简单记忆的结果。

基本理解的产生使学生的思维达到较高的抽象概括水平，接下来学生在运用基本理解解释周围常见的物质变化和现象时，又会产生一些关于化学思想和化学方法的认识。化学思想和化学方法是人们认识物质及其变化的经验总结和智慧结晶，是化学学科基本结构的核心。学生只有体会到具体知识中化学思想方法的存在，才会对具体知识产生真正意义上的理解。基本理解之所以具有迁移应用价值，就是因为其中蕴含着化学认识世界、解释世界的思想和方法。

化学思想是化学学科中研究问题的基本观点与指导思路，是对物质及其变化的本质与规律的高度概括。化学方法较化学思想更为具体，更具有实践意义，是在化学思想指导下用于解决具体化学问题的思维工具。学生在应用化学思想和化学方法解决与化学有关的问题和现象的活动中会进一步加深对它们的认识，并通过个人的体验、领悟，将其内化为化学学科思维方式。化学思维方式是学生主动运用化学思想方法考察物质及其变化的认识方式，它的形成提高了学生的化学思维水平和认识能力，有助于推动化学探究活动的深入开展。

从认知发展的角度来看，学生学习的结果表现为其认知结构的改变。对核心概念的深入理解和学科思想方法的形成过程就是学生认知结构不断得到改造和完善的过程。化学认知结构就是学生化学观念的全部内容及其组织，不仅包括由化学基本概念和基本原理组成的知识结构，还包括化学思想方法和科学态度。基本理解的形成、化学思想和化学方法的掌握，使学生的化学认知结构在组织形式和内容实质方面都发生了深刻变化，增强了学生认识、分析、解决问题的能力。这是因为化学思想和化学方法是化学认知结构中起组织作用的因素，可以加强化学知识之间的联结，使知识结构层次性、组织性更强，增强了化学认知结构的稳固性、可辨别性以及可利用性；同时化学思想方法还是学生进行化学思考的工具，是化学认知结构中起认知策略作用的因素，在遇到新的问题情境时，能自动组织已有知识和经验以适应当前的学习任务。化学认知结构的丰富完善，增强了学生对知识的选择、分析与综合能力，可以使学生在以后的学习和实践活动中表现出更高的自主性和灵活性，为个人形成化学领域中具有世界观与方法论意义的化学基本观念奠定了基础。

四、基本观念的形成

基本理解是在深入学习核心概念和相关知识的基础上产生的抽象概括，是化学基本观念具体内涵在认知层面的具体表达，它受到所概括、统摄的具体知识和核心概念的制约，没能超越各种具体事实的限制，还不能够广泛地反映物质存在及其变化的本质规律。基本理解和化学基本观念之间仍然存在认识层次上的差别，需要经过不断丰富的知识学习和学习者的自我反思与内省，才能上升为具有世界观、方法论功能的化学基本观念。这个过程可以看作由化学思想方法和化学思维升华而形成观念的过程。

不断的实践与反思是使个人理解上升为基本观念的主要渠道。基本理解是对事物的本质和规律的认识与把握，理解总是在个人已有经验的基础上产生的，因此，在解决具体问题的过程中产生的基本理解不可避免地带有个人主观性，其内容的真理性有待于实践的检验。将基本理解运用于实践活动，又是一个应用化学思想和化学方法进行化学思维活动的过程。与以前不同的是，这次不是以解决某一具体化学问题为目的，而是以找到支持应用这一化学思想和化学方法的依据为目的。在这个过程中，个体通过化学实践活动将头脑中不完善的认识加以修正、改造，使之愈加符合客观规律；同时，反思自己在面临某一问题情境时为什么总是倾向于首先想到这一化学思想方法而不是其他。由此抽象概括出支持选择某一化学思想方法的依据——化学基本观念，完成由基本理解到基本观念的过渡，使自己对化学科学的认识达到更高的层次。

例如，在"物质的聚集状态与物质性质"教学单元中，学生从基本理解中可以概括出从物质内部的微粒种类、微粒结合方式及聚合程度方面认识物质的聚集状态和物质性质的思路方法，这一方法可以有效地解释他们所遇到的任何一种物质及其所具备的性质和状态。知道并会应用这一物质认识方法不是最终目的，只有经过反思，意识到支持这一方法的根本依据——物质的性质是其内部微观结构的宏观表现，建构起物质结构观，才能使自己的认识达到最高境界，由必然王国进入自由王国。

第三节　影响化学基本观念形成的因素

化学基本观念的形成过程就是中学生对物质及其变化的认识不断深入的过程，遵从人类认识发展的一般规律。人类总是凭借已有的知识经验，在和周围环境相互作用的过程中获得对事物的深刻认识。学习者在从理解掌握具体化学知识到认识化学思想方法，形成化学思维方式，再到建构起稳固的、可迁移的化学基本观念的认知发展过程中，认知主体和外部环境相互作用，共同促进认知和情感的全面发展。因此，我们可以从内因和外因两个方面来探讨影响化学基本观念形成的因素。

一、影响化学基本观念形成的内在因素

（一）学生的化学学习兴趣

学习兴趣是个体力求掌握认识对象的本质与规律而积极进行某种探索活动的心理倾向与情绪状态。它是点燃智慧的火花和探索知识的动力。在学习过程中，学习兴趣与学习结果之间密切相关。爱因斯坦曾说过，兴趣是最好的老师。学生对化学的兴趣是促使其主动学习化学和应用化学的首要因素。很难想象一个对化学毫无兴趣的人会全身心地投入化学学习中并展开积极的思维活动。

现代研究表明，兴趣对学习那些以记忆、了解为目标要求的事实性知识作用不大，而对于那些需要深度理解的概念原理性知识，兴趣就具有非常重要的作用。兴趣对知识的深入理解具有积极的促进作用，会促使学习者在知识学习过程中采取深加工策略，对知识进行更多的深层思考，以便与更多的知识经验建立起广泛联系。因此，对化学怀有浓厚兴趣的学生会对所学内容表现出比一般学生更强的推理能力，其本人对获得的知识也会具有更高的迁移水平。相反，对化学没有建立起浓厚兴趣的学生不会主动地深入思考知识的深层含义，只能对所学内容进行字面上的记忆和理解，获得一些孤立的、零散的事实性认识，其迁移应用价值是有限的。学习兴趣贯穿知识的学习、应用、反思等各个环节，能够推动并维持学生对所学知识进行深入的探究和思考，而不是仅仅对知识做字面的加工。它改善了学习的过程，自然也改善了学习的结果，导向主动参与和深层理解产生的学习。正像杜威所说，以兴趣为基础的学习结果与仅仅以努力为基础的学习结果有着本质的不同。

学生能否建立起对化学科学持久的、浓厚的兴趣，对以知识的深层理解为基本要求的观念建构教学来说是至关重要的。在化学学习的初级阶段，学生学习的兴趣主要集中于物质转化时的各种现象变化以及化学科学对人类社会生活带来的影响等事实性认识，一般不会主动去考虑形

形色色的物质及其变化现象背后的本质与规律，更想不到需要从内部组成结构的微观视角去解释物质世界万千变化的根本原因。这种兴趣的维持是短暂的，如果不能激发起学生长久的化学学习兴趣，那么随着课程内容的深入和思维深度的提高，学生就会对化学学习产生厌倦，其化学学习行为就会由起初的由好奇引起的主动探究转变为对事实和现象进行死记硬背，原本正在打开的通向洞察自然科学奥秘的智慧之门就会关闭。

化学是在人类认识物质、创造物质和应用物质的实践活动中发展起来的一门自然学科。其博大精深之处并不在于其对人类文明进步做出了多大贡献，也不在于其囊括了物质世界的万千变化，而是在于其独特的对物质世界的认识视角和思维方式，为人们打开了一扇洞悉自然界无穷奥秘的大门。激发学生化学学习兴趣的措施和方法可能有很多，但我们认为最关键的一点就是向学生展示化学科学与众不同的魅力，用化学科学特有的认识物质世界的视角和思维方式唤醒学生头脑中与生俱来的对未知事物的认知热情和求知欲望，这是使人不知疲倦地从事科学探究的根本驱动力。也只有对未知领域的浓厚的兴趣，才能够使学生如饥似渴、废寝忘食地钻研化学问题，从事实验探究，积极主动地从化学的视角出发，运用宏观与微观相联系的化学学科思维方式对具体事实和现象进行深层思考，进而使思维超越具体化学事实，达到观念层次的认识。

（二）学生头脑中已有的知识经验

任何一种认识都是建立在个人已有知识经验的基础上，化学基本观念也不例外。学生不是空着脑袋进入课堂的，在学习新的化学知识、形成新的化学基本观念之前就已经掌握了许多有关自然现象的知识，形成了一些关于物质及其变化的基本认识。这些认识大多以学生对自然现象的观察为基础，经过个人的想象与演绎，成为他们日常生活经验的一部分。学生头脑中的这些已有知识经验不仅引导着学生对化学实验的观察和解释，还影响着学生对教师和教材提供的信息的理解。可以说，学生已有的知识经验在很大程度上引导和决定着对化学新知识的学习及化学基本观念的建构。

学生已有知识经验具有多样化和个性化的特征，如果按照学生已有知识经验的作用，即对新知识学习的影响来分类，可以将其分为两类。

一类是有利于新观念形成的知识经验。这类知识经验是正确的，其结构是清晰的，能够为新知识的获得提供有利的支撑点，对学生的化学学习起到积极的促进作用。这些知识经验主要是通过课堂教学或书本知识的学习、与教师或经验丰富的学长交流、正式的媒体教学等途径获得的。在其进入学生头脑之前，已经以正确的形式存在于教科书、教师的教学设计、他人的知识结构以及其他各种正确经验的来源之中。另外，学生还通过正规学习途径以外的其他途径获得了一些知识经验，主要是日常生活的经验积累以及学生根据已有的知识经验对一些日常现象的解释和推论。学生头脑中的这些日常知识经验中也有一部分是正确的、与科学知识一致的，能够与新的化学知识和观念建立起实质性的联系，它们同样对学生的学习起到积极的促进作用。比如，学生通过对日常生活中一些事实和现象的观察，会认识到大的物体都是由小的部分组成的，小的部分又是由比它更小的部分组成的。这种对物质层次性的认识对于其日后学习分子、原子的知识以及形成物质微粒观就具有积极的引导作用。

另外一类是不利于新观念形成的知识经验。这类知识经验往往是模糊的甚至是错误的，它们与科学知识、科学概念不相一致，与新知识存在着矛盾冲突，会阻碍新知识的获得，不利于学生的学习。它们的存在会影响学生对新知识、新概念的正确理解，从而对学生化学基本观念的形成造成困难。研究表明，不利于新知识学习的知识经验通常源自以下三个方面[①]：

第一，非正规途径获得的错误知识。这些知识经验主要呈现出的三种情况。一是在新内容教学前，学习者已由某种途径获得了非科学的日常经验。二是有些学生尽管接受了一些科学教育，但其头脑中仍存留着与科学知识不一致的日常经验。其原因主要是，学生不愿放弃他们原有的并且成功应用过的日常经验，这些日常经验被学生顽固地保护起来或简单地保持不变。三是学生头脑中的经验和概念虽然通过科学教育有所改变，但并未完全改变，没能达到教学的预期要求。这主要是因为学生在建构新材料的意义时，将其与原有观念中一些不科学的内容建立了联系。

第二，正规途径获得的有关知识的遗忘。学生学习新知识需要以他

---

① 张大钧：《教育心理学》，北京，人民教育出版社，1997年，第365页。

所具备的下属知识和技能为前提。加涅认为，教学条件的计划要使那些尚未获得前提条件的学生在进行"新的"学习之前先学会它们。即使有关知识和技能已经通过正规途径获得，但如果基于种种原因而发生了遗忘，那么学习者肯定仍难以顺利地学习新的知识。

第三，正规途径获得的有关知识不清晰、未分化。现代认知心理学的有关研究表明，如果学习者的认知结构中与新知识相关的已有知识不清晰、不稳定，就难以为认知结构获得、接纳新知识提供适当的联系和有力的支点，从而干扰新知识的同化，甚至有时已有的知识会先入为主，使新知识与其相混淆。

总之，学生已有的知识经验中有一些是与新知识相一致的，有利于新知识的学习和观念的形成，还有一些是与新知识相矛盾的，会影响或阻碍新知识的获得及观念的形成。当学习者已有的知识经验与新知识没有冲突时，学习者可以利用其原有的知识经验作为"固着点"吸收和整合新知识，从而使原有认知结构在内容上得到"量"的扩充；当学习者已有的知识经验与新知识存在矛盾时，这时为了获得新知识，学习者必须对其原有的知识经验做出调整或改变，从而使原有认知结构在层次上发生"质"的变化。学习者的化学基本观念就是在新、旧知识经验的相互作用过程中，不断得到丰富、提高、发展和完善的。

（三）学生原有化学基本观念的层次

学生头脑中原有化学基本观念的层次对基本观念形成的影响表现在两个方面。其一，不同的化学观念之间存在着相互影响。这是因为化学是以物质的组成、结构、性质及其变化规律为研究对象的科学，对物质做不同侧面的考察会得到不同的认识，这决定了化学基本观念是一个观念体系，由元素观、微粒观、变化观、结构观以及分类观等具体观念组成，其中元素观是这个观念体系的基础，其他化学观念都是以元素观为认识基础建构起来的。这符合人类由宏观到微观、由定性到定量的物质认识发展规律。从人类对物质的认识顺序来看，人们首先关注的是物质通过宏观变化表现出的性质及其用途，而物质的性质又可以归结为其元素组成成分，在对物质组成成分与物质性质之间的关系深入认识的基础上，人们进一步形成了依据物质组成成分对物质进行分类的认识，以及把宏观与微观联系起来从物质的组成、结构来考察物质及其变化的思维方式。这表明不同层次的化学基本观念之间是相互影响的，高层次的化学基本观念是借助于低层次化学基本观念发展起来的，低层次化学基本观念为高层次化学基本观念的建构提供思想和方法基础，同时低层次观念也因高层次观念的建构而日益巩固。

其二，同一化学基本观念的不同发展阶段也存在着相互影响。同一化学基本观念的内涵可以按照与学生年龄发展相适应的形式分为不同的层次，以基本理解的形式表达出来。也就是说，化学基本观念的建构不是一步到位的，是学生根据已有知识经验和认知水平，结合课程内容进度由模糊到清晰、由低级到高级逐步发展起来的。学生是在一定的化学思想和化学方法的指导下从事化学思维活动，通过不断地抽象概括，发现物质变化更深层次上的本质与规律，提高自己认识物质及其变化的能力。如果学生头脑中没有低一级化学基本观念存在，或者低一级化学基本观念不完备，那么在面临复杂抽象的化学知识时，就不能有效地对新知识进行抽象概括，也就不能形成更高层次的认识。

（四）学生的思维方式

形象思维和逻辑思维是人们认识客观事物规律的两种普遍性的思维方式。形象思维是凭借事物的形象进行创造性思维活动，它的思维过程离不开生动直观的具体现象，通过联想和想象获得对认识对象的理解。逻辑思维又称为抽象思维，是借助概念、判断、推理等思维形式能动地反映客观事物的本质特征和内在规律的理性认识活动。这两种思维方式是相辅相成、密切联系的，从一个完整的认识过程来看，只有形象思维或只有抽象思维的情况是不存在的。

现实中，学生养成了不同的思维方式，有的擅长于形象思维，有的擅长于抽象思维。从化学基本观念的形成来看，似乎抽象思维更有利于化学基本观念的形成，因为学习者只有经过归纳、演绎、分析、综合、抽象、概括等一系列思维活动才能发现具体知识背后所隐藏的学科思想和观点，才能掌握物质及其变化的一般规律与特征，对化学科学形成总体的、概括的认识。尽管化学基本观念主要是抽象思维活动的产物，但其建构过程同样也需要形象思维的参与，尤其是物质微粒观、结构观的建构过程，需要用形象思维来加强学生对宏观物质的微观想象能力。原子、分子、离子以及各种基团的形态和结构，微观粒子间的相互作用，都是看不见、摸不着的，需要学生在相关事实的基础上展开丰富的想象和联想，将它们与自己的经验世界建立起联系，通过想象来认识物质的微观构成和微观粒子之间的相互作用情况。

形象思维使思维过程充实、具体、生动，充满活力，可以为抽象思维积累丰富的素材；抽象思维使思维过程条理化、理论化、规律化，增加了认识的深度。因此，在化学基本观念的形成过程中需要形象思维和逻辑思维的相互配合，单纯的逻辑思维难免使认识过于空洞，难以和经验世界建立联系；单纯的形象思维难以达到把握事物本质、规律的认识高度。单纯的一种思维方式不足以使认识达到观念的层次。

二、影响化学基本观念形成的外在因素

（一）教材内容的呈现方式

教材是学生学习的重要资源和基本依据，学生的认知结构主要是从教材的知识结构转化而来的。教材内容以什么样的方式呈现给学生，直接影响学生对教材知识内容的学习与理解，进而对学生的学习方式和学习结果产生影响。传统的以知识为本的教材，在内容呈现方式上注重知识的逻辑顺序，把知识以结论的形式直接呈现出来，缺少学习情境的创设和丰富多彩的活动栏目设置，学生为了掌握这些静态的事实和结论，往往倾向于被动接受和机械记忆式的学习。

以观念为单元主题的教材，在内容呈现方式上一般有以下特点：一是化学知识尽可能地与社会生活情景相融合，从学生已有生活经验出发，为学生创造真实而具体的学习情境；二是教材内容的呈现多借助于各种各样的活动栏目来完成，有利于学习方式的多样化；三是重视问题的设置，注意用问题引导学生从事探究活动。这样的教材内容呈现方式，突出了科学探究的过程和方法，有利于激发学生的学习兴趣和动机，调动学生积极地参与到知识的发现、发展过程中，不但促进了学生对科学本质的认识，而且使学生在知识的探究过程中不断形成和发展化学观念。特别是丰富多彩的活动栏目和问题解决活动，体现了教材与学生之间的"对话""交流"功能，驱动学生不断从事高水平的思维活动，使学生在阅读、观察、探究、讨论、交流、反思等环节中加深对化学思想方法和化学科学价值的理解。

（二）教师的化学基本观念水平

教师的化学学科素养是进行观念教学的基本前提。这是因为，教师的化学基本观念水平直接影响着其对教材内容的理解深度以及在教学过程中对知识内涵的挖掘水平。以观念建构为目标的教学要求教师先于学生对教材内容进行观念性理解，教师头脑中存在清晰的、高层次的化学观念，他在审视单元教学内容时就会对具体知识背后的化学思想方法和价值观念保持一种敏感，自觉地从学科观念建构而不是知识传授的角度出发进行教学设计，思考通过本单元的知识教学可以使学生形成哪些观念性认识，以及如何组织教学才能使学生对所学知识产生深刻理解并从中获得观念性认识。也就是说，只有教师对化学学科有整体性的理解，在头脑中建构起对化学科学的观念性认识，才能把具体知识与深层的可迁移的化学基本观念联系起来，使知识教学建立在学生深层思维活动的基础上，而不是就事论事地进行知识教学。

教师头脑中的化学基本观念的水平越高，他对教学内容的理解就越深刻，就越容易进行理解性的教学。为促进学生对所学知识的深刻理解，教师往往会从学生已有的知识经验和生活经历出发，把教学内容设置成较高思维容量的问题，让学生以问题解决为活动载体，以化学思想方法为思维工具，经过质疑、探究、讨论、反思等高水平的思维活动，充分挖掘学习材料的深刻含义，在体验和感悟中不断内化知识，使学习结果超越具体事实，达到观念水平。很难想象一位对化学学科不能形成整体性、概括性的认识，不善于从化学视角出发认识问题，并运用化学学科思维分析和解决问题的教师，能从具体事实中抽象出化学基本观念并进行"观念建构"的化学教学。

事实证明，教师的头脑中如果没有建立起清晰的化学基本观念，或者说教师的化学基本观念层次不高，他就难以觉察到具体知识背后具有迁移应用价值的化学思想方法和价值观念，对知识的处理就会是肤浅的，教学活动仅限于向学生传授一些孤立的事实和结论，整个教学过程表现出思维水平不高、教学手段单一的情形。这种就知识论知识的教学方式缺乏高水平的问题引导，导致学生难以展开深层次的思维活动，只能对相关化学事实进行死记硬背，最终使教学停留在低层次的认知水平。俗话说，给人一杯水，自己要有一桶水。在进行"观念建构"的化学教学时，同样要求教师自己先对所教内容达到观念层次的认识。

(三) 化学知识的类型

化学基本观念的形成是从具体化学知识的学习开始的，而不同类型的化学知识对化学基本观念形成的影响是不同的。按照认知心理学的观点，可将化学知识分为陈述性化学知识和程序性化学知识两大类。陈述性化学知识包括事实性知识和理论性知识，是化学学科领域内的事实、概念、原理等知识。在化学实验的基础上，这些知识从宏观角度说明一些事实与现象，再在分子、原子的层次上从微观角度阐述一些道理和规律。程序性化学知识主要是指如何进行化学思维活动的知识，是一些涉及化学思想方法和化学思维方式等认知策略方面的知识，如物质结构与物质性质的对应关系，根据元素周期律对物质进行分类以及判断元素化合物的性质，物质的性质与物质的存在、制法、用途之间的关系，根据官能团推断有机物的性质以及根据性质推断有机物可能的结构与官能团等。程序性知识具有逻辑推理功能，可以促进陈述性知识的应用与发展，使化学知识日益概括化和抽象化，提高学习者进行化学思维活动的水平。

从以上分析可知，陈述性化学知识可以为化学基本观念的形成提供事实依据，使化学观念在内容上变得更加充实和具体，而程序性化学知识不仅可以通过推理使陈述性知识得以形成与增长，而且可以锻炼化学思维，加深学生对化学本质和规律的认识。从表面上看，似乎是陈述性化学知识获得越多越有利于对化学形成全面而详实的认识，但是陈述性化学知识的获得只能使认识停留在具体事实层面，而且大量陈述性化学知识的背诵记忆会减少学生从事深层次化学思维活动的机会。因此，在陈述性化学知识积累到一定程度的基础上，程序性化学知识的学习会更有利于学生化学思维的发展和化学基本观念的形成。

(四) 化学课堂教学的开放程度

化学基本观念的建构过程就是把外在的知识世界转化为个体经验世界的认识过程，因此，积极的情感体验和深层的思维活动是进行观念建构教学的核心。课堂教学是学生观念建构的主渠道，化学课堂教学的氛围及开放程度影响学生的学习情绪，进而影响学生在化学学习中的思维水平和情感体验。美国心理学家罗伯特·利珀（Robert Ward Leeper，1904~1986）认为，宽松而生动活泼的氛围可以使情绪具有"动机和知觉作用的积极力量，它组织、维持并指导行为"。现代心理学研究表明：学生在无拘无束的时候，在轻松、愉快、和谐的环境中，思维活跃，想象力丰富，创造性强；反之，沉闷、压抑的环境氛围使人心灵封闭、思维迟缓、无创造性可言。

在传统的化学课堂教学中，师生之间的心理空间、教材的知识空间与学生的生活经验空间，以及课堂的学习空间与学生的课外生活空间，是相互孤立与封闭的。这种封闭的课堂教学首先造成师生之间是一种你讲我听、你问我答的二元对立关系，由于教师是知识的主宰者，学生是知识的被动接受者，二者之间难以就教学内容展开深入的探讨与交流，学生只能被动地接受经过教师加工的知识信息，使学习行为趋于表面化。其次，化学课堂教学的封闭性导致教材及辅导资料是知识的唯一来源，现实生活中丰富多彩的与化学有关的学习素材很难进入课堂，进入师生的视野。此外，由于过分追求教师的主导性和一节课的完整性，师生的教学活动仅局限于教材提供的内容与案例，学生难以有联系生活经验进行深层思考与探究以及表达自己见解的机会，这在很大程度上阻碍了学生对知识的深入理解与体验，这是一种脱离生活实际的教学。最后，化学课堂教学的封闭性造成知识学习与应用的割裂，学生难以把课本知识与化学在生产、生活实践领域中的广泛应用联系起来，一旦离开化学课堂，就表现不出应有的化学思维意识，这是一种脱离社会实践的教学。

开放的化学课堂教学，是实现由生活走向化学，由化学走向社会，解决理论联系实际和学以致用问题的根本途径。首先，它实现了师生之间心理空间的开放和视界的交融，教师和学生构建起民主、平等、合作的新型师生关系，二者可以就需要深入理解与掌握的内容展开探讨与交流，活动成为学生参与学习的主要形式，这使深层思维活动的开展和积极情感体验的产生成为可能。其次，它实现了知识空间的开放，使知识的学习与社会生活情景相融合，学习材料来源多样化，极大地扩展了学生的化学视野和知识应用空间。最后，它实现了化学学习空间的开放，使课内学习与课外生产应用相联系，将学生的化学思维从课堂空间拓展到课外生活空间，这样学生就不会仅仅在化学课堂上产生一种化学思维意识，即使离开化学课堂也能主动运用化学思想方法去分析他所遇到的与化学有关的问题和事物。总之，开放性的化学课堂教学为学生提供了能够产生成就感与满足感的课堂学习氛围，极大地调动了全体学生的主动参与意识，即使深陷困难也不愿放弃；同时也为学生提供了广阔的思维空间，学生会发现化学是同生活中如此众多的事物和现象相联系的，会主动地在当前所学知识和已有知识经验、生活经历之间建立起联系，在独立探索、思考以及与同学的交流、讨论中使自己的认识不断升华，从当前学习材料中形成真正属于自己的观点和见解。

第二编 化学基本观念的发展进阶

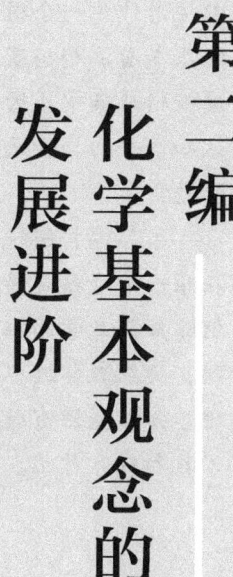

从化学科学发展的历史过程来看，化学科学研究的每一个重大发现都是对原有化学知识的补充完善或不断修正。如氧化学说的提出和电子的发现，使人们对物质变化和物质结构的认识迈上了新的台阶。化学基本观念作为一个观念体系，是人们从化学的视角认识周围事物时所持有的基本看法和态度。每一个化学基本观念都是对其涵盖的化学知识的高度概括与集中。因此，就化学基本观念的发展而言，其必然会随着学生认知水平的提升及化学知识的丰富，经历由浅入深、由低级到高级的进阶过程。

第二编将围绕化学基本观念的发展进阶，论述每一个化学基本观念在每一个阶段是借助于哪些具体知识揭示出来的，即化学基本观念是如何随知识教学的推进而逐步发展深化的。在此基础上提出相应的教学建议，为在教学过程中围绕观念建构这一目标有针对性地选择和使用具体化学知识提供有效指导，从而真正发挥出具体知识在观念建构过程中的工具和载体作用。

第四章　元素观的发展进阶及教学建议

元素是人类在探求世界本原、认识物质组成的过程中最早提出的学说，是化学组成理论的基石，也是人们认识物质结构、性质及其变化的出发点。重视物质的化学元素组成是化学观念的基础。[1] 化学元素观的建构对于树立正确的物质观以及深入学习物质的结构、性质和变化规律具有奠基性意义。根据中学化学课程内容的设置，我们将中学生元素观的建构发展分为三个阶段，并为促进每一阶段元素观的发展提出了针对性的教学建议。

第一节　元素观的发展进阶

中学生元素观发展的第一阶段主要是理解元素的描述性定义，知道物质世界与有限的元素之间、物质性质与组成成分之间有内在联系，初步形成世界统一于物质，物质统一于有限的元素，元素按照一定的规则组成物质的认识。第二阶段，对物质组成的认识深入原子、分子的层次，并能根据相对原子质量对物质中各组成成分进行定量表示，理解质量守恒定律的实质，初步认识到元素是如何形成物质的，元素的性质与元素原子的电子层结构密切相关。第三阶段，以深入认识原子内部结构为基础，理解元素、核素的科学定义以及同位素现象，理解元素周期律的实质，能运用元素周期表来指导化学学习，形成"位、构、性"三位一体的认识思路。

---

[1] 宋心琦、胡美玲：《对中学化学的主要任务专论和教材改革的看法》，《化学教育》2001年第9期，第10页。

一、元素观发展的第一阶段

元素观发展的第一阶段是以认识常见物质的组成元素并学会据此推断物质的性质以及对物质进行初步分类为标志的。

世界上的物质纷繁复杂、千变万化，个人终其一生也不可能穷尽对所有物质的认识，但是组成物质的化学元素的种类是有限的。因此，自觉养成从物质的组成成分——化学元素的角度认识物质多样性和统一性的习惯，对物质最为根本的内在规律性进行把握，是对化学初学者提出的最基本的要求。初中化学教材一般在开始部分都会用较多的元素及其化合物的知识去引导学生认识一个多姿多彩、与人类生活息息相关的化学世界，使学生明白看似孤立的物质之间在内部组成元素上是具有关联性的。这是形成元素观的初步阶段，为中学生科学有序地学习形形色色的元素化合物知识，促进元素观向纵深发展打下基础。

（一）基本理解

元素是组成世界万物的基本成分；目前人类发现的化学元素有118种，每种元素都有自己的符号和名称；元素在组成物质时可以是同种元素或不同种元素之间按照一定规则和比例进行组合；物质的元素组成影响着物质的性质，对单质而言这个影响是决定性的；可以按照物质的组成元素对物质进行分类；物质的化学变化就是通过元素的分离与组合而实现的，整个变化过程中元素种类保持不变。

（二）知识要点

为使初学者能理解该阶段元素观的基本含义，首先，要从学生最熟悉的事物和现象入手，引导学生形成基本共识：我们所见到的物体都是由比它更小的部分组成，各种各样的材料往往由少量的几种基本物质组成，当一种材料由两种或两种以上的物质组成时，便具有了与原物质不同的属性。然后，在教学中选择使用好以下知识素材。

元素的描述性定义：从宏观组成的观点来看，元素是组成物质的基本成分，目前人类发现了118种元素，它们组成了世界上所有的物质。

元素符号：化学符号语言最基本的单位。它以简明、一义、约定的形式标志着具体的化学研究对象，是科学抽象的元素概念的形式表达。[①] 元素符号除了可以表示一种元素，还可以表示该种元素的一个原子。

元素名称：化学元素的中文表示，通过元素的中文名称可以大致推断出元素单质的某些性质和状态。因此，对元素符号的学习要做到"名实结合"。

原子：从微观结构的视角来看，原子是构成物质的微观粒子之一，是化学变化中的最小微粒。

分子：分子是由原子构成的。从微观结构的视角来看，分子也是构成物质的微观粒子之一，是保持物质化学性质的最小微粒。

单质：只由一种元素组成的物质。元素在组成物质时可以是同种元素的原子之间以不同的数目组合。

化合物：由两种或两种以上的元素组成的物质。元素在组成物质时可以是不同种类的元素之间按照一定的规则和比例进行组合，如 HCl、NaCl、$MgCl_2$、NaOH、CO、CO_2、H_2O、H_2O_2 等。按组成物质的元素种类可将物质划分为单质和化合物两大类。

化学式：用元素符号表示物质组成的式子。化学式真实地反映出物质的组成元素种类以及物质分子中原子的数目，是联系宏观物质与微观构成之间的桥梁。如"H_2O"可以表示水这种物质，也可以表示水这种物质是由氢、氧两种元素组成的，还可以表示一个水分子是由两个氢原子和一个氧原子构成的。

化合价：元素的一种性质，反映出元素的一个原子在组成物质时和其他元素原子相结合的数量关系。根据元素化合价可以写出物质的化学式。

化学变化：有新物质生成的变化。这是通过元素的重新组合实现的，生成了与原物质具有不同组成或结构的新物质。

物理变化：没有新物质生成的变化。只是物质的外形或状态发生了改变，物质的组成或结构一般都没有改变。

---

① 唐敖庆、卢嘉锡、徐光宪：《化学哲学基础》，北京，科学出版社 1986 年，第 18 页。

二、元素观发展的第二阶段

元素观发展的第二阶段，是在初步认识原子结构的基础上了解元素是如何形成物质的，以建立起对物质组成和变化的微观、定量认识为标志。

学生在学习元素描述性概念的基础上，形成了对元素与物质关系的基本了解，但是对物质组成与性质关系的定性认识不能解决诸如元素是如何形成物质的，为什么电解水得到的氢气和氧气质量比总是1∶8，为什么组成化合物的元素相互之间保持定量关系，物质在参加化学反应时为什么总是按照一定的质量比进行反应等问题。对这类问题的回答需要从定量的、微观的视角来认识物质的组成和变化，这是元素观形成的第二个阶段。

（一）基本理解

元素的原子是物质参加化学反应的最小微粒，相对原子质量是每一种元素的重要特征，不同物质间发生化学反应时有严格的质量比；分子是具有一定特性的物质的组成单位，相对分子质量是物质分子的一个重要特征，在化合物中各组成成分的含量是固定不变的。元素的性质与其原子的核外电子密切相关，原子之间形成化合物或分子一般是通过得失或共用电子实现的。

（二）知识要点

原子：化学变化中的最小微粒，元素在组成物质时是通过原子的相互结合实现的。

分子：是单质和化合物能够独立存在的最小单位。分子由原子构成。单质的分子是由同种元素的原子构成的，化合物的分子是由不同元素的原子结合在一起构成的。

相对原子质量：原子质量相对大小的表示方法。原子的实际质量数值很小、操作不便，常用相对原子质量代替原子的实际质量；利用相对原子质量可以定量表示出某物质中各组成成分的质量分数。

相对分子质量：分子质量相对大小的表示方法。分子的实际质量数值很小、操作不便，常用相对分子质量代替分子的实际质量；物质分子的化学式中各原子的相对原子质量之和就是相对分子质量，相对分子质量可以表示不同分子的相对大小。

原子结构：原子由原子核和核外电子构成，原子结构示意图可以形象地表示出核外电子的排布情况。元素的原子通过得失或共用外围电子进行相互作用，生成新物质。原子的最外层电子强烈影响元素的化学性质。

离子键：元素在组成物质时，部分元素的原子容易得到或失去电子形成阴离子、阳离子，使阴离子、阳离子结合形成化合物的作用力叫离子键。

共价键：元素在组成物质时，部分元素的原子通过共用电子对形成物质分子或原子团，这种共用电子对与原子间的作用力叫共价键。

化学方程式：用物质的化学式表示化学反应的式子叫化学方程式。化学式、化学方程式简明而具体地体现了化学基本定律中的定组成定律、定比定律和质量守恒定律，形象地表达出化学反应的历程及具体反应结果。

质量守恒定律：无论何种类型的化学反应都是通过组成物质的元素之间的分离与组合实现的，在这个过程中元素的种类、原子的数目都没有变化，所以参加化学反应的物质的总质量等于生成的物质的总质量。

化学计算：化学计算是定量表示物质组成及转化关系的手段。不论是计算溶液中溶质质量分数还是计算混合物各物质的百分含量，不论是计算某物质中各组成成分的质量分数还是根据化学反应方程式计算生成物的质量，都是从定量角度揭示物质的组成和变化规律。深入揭示物质组成与变化规律的定律有定组成定律、定比定律和质量守恒定律。

物质的系统分类：从元素组成的角度对物质进行分类，可以使学生对物质世界获得有序的认识，纯净物可以分为单质和化合物，化合物可以分为氧化物、酸、碱、盐、有机物等。通过对酸、碱、盐几类物质共性的学习，可以使学生进一步深化物质性质与物质组成成分相关联的认识，自觉从物质的元素组成上寻找物质之间的关联性。

三、元素观发展的第三阶段

元素观发展的第三阶段，是在深入认识原子内部结构的基础上，以理解元素的科学定义和元素周期律的实质，并熟练运用元素周期律与元素周期表指导化学学习为标志。

人们对元素的认识是随着对原子结构的认识而不断深化的，现代科学的元素概念深入原子的内部世界这样一个层次。凡是核电荷数（原子序数）相同的一类原子，不论它们的中子数是否相同，在元素周期表中均占据同一位置，具有相同的化学性质。根据波尔的原子结构模型和原子光谱等实验事实，在量子力学的基础上认识原子核外电子的运动状态和原子轨道；认识原子结构和元素周期律（表）的内在关系以及原子结构对元素性质的决定作用，在新的认识平台上构建元素"位—构—性"三者的联系。

（一）基本理解

元素的性质（如化合价、电离能、电子亲和能、电负性等）与原子核外电子的排布，特别是最外电子层的状况有关，并且随着原子序数的递增而呈周期性变化，这是元素原子核外电子排布周期性变化的结果。元素周期律进一步证实了物质世界是多样性与规律性的统一。元素周期表是元素周期律的具体表现形式，揭示出看似孤立的、毫无联系的元素之间的内在联系和变化规律。元素的原子序数决定了元素在周期表中的位置，元素在周期表中的位置反映了该元素原子结构的特点以及由此决定的元素性质。

（二）知识要点

元素：元素的性质和原子的电子层结构密切相关，因此元素概念和原子概念不可分割。元素就是具有相同核电荷数（质子数）的一类原子的总称，同一种元素可以包含不同的原子。

同位素：质子数相同而中子数不同的原子因为在元素周期表中占据同一位置，所以将它们称为同位素，即同一元素的意思。大多数元素具有多种同位素原子，同位素原子化学性质相同。例如，氢有氕、氘、氚三种同位素原子，它们是氢元素的不同原子。

核素：具有一定数目的质子和一定数目的中子的原子。核素主要是表示不同原子核的概念，不同的核素就是不同的原子核。目前已知的核素有两千多种，其中绝大多数是人造核素，天然存在的核素仅有三百多种。核素是元素概念的进一步发展。

元素平均相对原子质量：由于大多数元素具有多种同位素原子，因此元素的相对原子质量并不是一种原子的相对质量，而是该元素的天然同位素按不同的百分比（天然丰度）所组成的一个"假想原子"的相对质量。元素周期表中的相对原子质量就是该元素的不同质量的原子按其天然丰度计算出的加权平均值。

原子结构：原子由原子核和核外电子构成，原子核又由带正电的质子和不带电的中子构成。原子的质量数等于质子数和中子数之和，质子数决定了原子序数，也决定了核外电子数，是决定元素在周期表中位置的主要因素，中子数只影响原子的质量，而不影响化学性质。电子在核外有一定的运动空间，按照能量由低到高的顺序分层排布。

核外电子运动状态：元素原子光谱实验事实表明原子核外电子所处轨道的能量是量子化的。核外电子在离核一定距离的区域内运动，可以用四个量子数来全面描述电子的运动状态。电子运动的区域叫原子轨道，电子云是对电子在核外空间出现概率大小的形象化描述。

原子结构与元素性质：在化学变化中，原子的核外电子运动状态发生改变，而原子核不变，所以元素的化学性质主要取决于原子的电子层结构。元素的性质（如化合价、电离能、电子亲和能、电负性等）随核外电子排布的变化而变化。

化合价：一种元素的一个原子与一定数目的其他原子相化合的性质。元素化合价的数值与原子的价电子（最外层电子）数有关，在数值上等于其原子达到最外层 8 个电子（只有一层电子时是 2 个电子）稳定结构得失或转移的电子数目。

第一电离能：气态原子失去一个电子成为 +1 价气态阳离子所需要吸收的能量称为原子的第一电离能。第一电离能与核电荷数、原子半径以及核外电子排布有关，等价轨道上电子全充满或半充满的原子常常具有较大的第一电离能。第一电离能的大小反映出原子最外层电子排布情况以及由此决定的该原子与其他原子化合的难易程度，第一电离能越大，原子就越难失去电子。

第一电子亲和能：气态原子获得一个电子成为 -1 价气态阴离子时所放出的能量，称为第一电子亲和能。第一电子亲和能与核电荷数、原子半径以及核外电子排布有关，非金属元素原子比较容易获得电子，第一电子亲和能多为负值；金属原子和最外层全充满、等价轨道半充满的非金属原子不容易获得电子，第一电子亲和能为正值。

电负性：分子中的原子吸引电子的性质叫电负性。电负性随原子序数的周期性变化而变化，在元素周期表中，同一周期元素，自左向右电负性逐渐增大；同一主族元素，从上至下电负性逐渐减小。电负性是判断元素金属性和非金属性的重要参数，金属元素的电负性较小，非金属元素的电负性较大。

原子结构与元素周期律：元素周期律归纳总结了看似毫无联系的化学元素之间的相互联系和内在变化规律，元素周期律的实质是元素原子结构的周期性变化。电子在原子核外按照能量由低到高的顺序分占不同的能级和轨道，因此每隔一定数目的原子，最外层电子总会出现从 1 到 8 的规律性变化。元素的性质随原子序数的递增呈周期性变化，是原子核外电子排布周期性变化的必然结果。

原子结构与元素周期表：元素原子的结构决定了元素在周期表中的位置，原子最外层电子数（价电子数）等于元素主族序数，原子核外电子层数（主量子数）等于元素周期序数。利用元素在周期表中的位置，根据同周期、同主族元素性质的递变性和相似性的规律可以预测某种元素的单质及其化合物的性质，根据某元素单质的性质同样可以推测出该元素在周期表中的大体位置。

第二节　促进元素观发展的教学建议

为促进中学生元素观的发展，教师需充分考虑每一阶段元素观的基本理解及其所涵盖的具体知识，根据学生的认知发展水平和接受能力，循序渐进地增进学生对元素相关知识的理解，逐步实现元素观的建构和进阶发展。

第二编 化学基本观念的发展进阶

一、第一阶段教学建议

在元素观发展的第一阶段，教师要重视结合学生的已有知识经验，利用一些熟悉的、典型的事例增强学生对物质元素组成的感性认识，避免抽象的概念挫伤学生学习化学的兴趣。例如，在讲元素化合价时没有必要用严谨的科学术语去规范学生对这一抽象概念的认识，可以用具体的感性材料。例如，H 元素和 Cl 元素结合可以生成 HCl 这种物质，而 H 元素与 C 元素结合生成 CH_4，让学生认识到 Cl 原子与 C 原子分别能与不同数目的 H 原子结合，这是 Cl、C 两种元素的自身性质。这样不用向学生讲授抽象的化学原理，只是通过展现这些具体的事例就可以使学生明白元素在组成物质时不是随意结合的，而是基于一定的规则，这个规则就是元素自身性质决定了它可以与哪些元素结合以及以怎样的比例结合，学生在学习了物质结构和性质之间的内在联系后，就会自觉地从元素原子的结构上寻求问题的答案。这样既保护了学生的化学学习兴趣和求知欲，使学生不至于在化学学习的初期阶段就被抽象、晦涩的概念所困惑，又为学生以后学习较为抽象的原子结构和元素周期律知识留下了思维的空间。

另外，学生对身边常见化学物质的性质和用途的认识也为元素观的初步建立打下了基础：将空气分离可以得到 N_2、O_2 等物质，说明组成空气的 N_2、O_2 等物质之间的相互作用相对较弱，它们依然保持各自的性质；对水进行电解可以得到 H_2 和 O_2，水却不是 H_2 和 O_2 的混合物，说明 H_2 和 O_2 只有通过发生强烈的相互作用才可以生成水。对这些事实和现象进行思考可以使学生明白系统和组成成分之间的内在关系。同样的事例还有，天然气的主要成分是 CH_4，家用液化气的主要成分是 C_3H_8 和 C_4H_{10}，它们具有可燃性是因为组成成分都是 C、H 元素；液化气燃烧时容易产生黑烟，而天然气燃烧时就没有这种现象，这种现象的原因在于物质组成成分中 C 元素含量的差异。通过引导学生对自己身边常见事例进行分析，可以使其意识到物质的性质与元素组成之间的必然联系，这对于形成从物质组成成分来认识物质性质和用途的思维方式是很有帮助的。

二、第二阶段教学建议

该阶段的教学仍然要淡化概念的定义，注意把社会问题与学科知识整合起来，从学生熟悉的生活现象入手，在活动中学会从化学的视角认识社会生活中的问题。教师可以在传授化学理论知识的同时让学生从事一些实践活动，如搜集各种商品的包装或标签，认识常见商品的组成成分、含量及其与商品性能之间的关系，感受元素的含义与存在。还可以让学生从化学元素与化学变化的视角思考生活中一些看似与化学无关的问题，如一些药品在服用后为什么要注意"忌口"，某些食物为什么不能同时搭配食用。学生通过对以上问题的思考与讨论，就会意识到这是为防止不同组成成分的物质之间发生化学反应而降低药效或造成营养成分的损失甚至生成有害物质，从而感受到化学就在身边，生活中随处都有化学的影子。这样不仅拓展了化学教学的空间，为具体知识找到了学以致用的途径，同时也把化学知识与学生的生活经历和经验联系起来，促进具体知识向观念的转化。

学生通过对元素化合物知识的学习还会意识到，不仅物质的元素组成影响物质的性质，而且物质所处的外界环境对其性质也有一定的影响。例如，同一物质在空气和氧气中燃烧的剧烈程度明显不同；不同浓度的硫酸溶液、硝酸溶液和活泼金属反应时的产物是不尽相同的；实验室制氯气用的是浓盐酸而不是稀盐酸。这些事例可以看作对物质性质与组成成分之间关系的补充，有助于学生认识到物质性质成因的复杂性，增强看待问题的深度和全面性。正如宋心琦教授所说：不懂得浓度以及其他因素在化学过程中的作用，就等于不懂得化学；仅仅想到浓度，而忽略了物质的组成，也等于不懂得化学。[①]

三、第三阶段教学建议

该阶段用于建构元素观的知识比较抽象，主要是高中必修和选修教

[①] 宋心琦、胡美玲：《对中学化学的主要任务专论和教材改革的看法》，《化学教育》2001年第9期，第12页。

材中的学习素材，在教学中应注意发挥学生的抽象思维和微观想象能力，使学生在已有元素观的基础上，从原子半径、化合价、电离能、电负性等元素性质随原子序数递增而呈现出规律性变化的事实中，自己抽象概括出元素周期律的实质。在头脑中建构起具有一定深度和广度的元素观，增强对物质世界相互关联性的认识。

此外，对原子结构与元素性质周期性变化关系的教学，除了要重视发挥学生的抽象概括能力，还要充分发挥学生已经形成的元素观的认识引领作用，在利用元素周期表学习和预测新的元素及其化合物性质和用途的过程中，不断深化和增强元素"位—构—性"三者之间联系的认识。

第五章　微粒观的发展进阶及教学建议

　　化学主要是研究物质分子及其聚集态的组成、结构、性质和变化规律的科学，简言之，化学就是分子的科学或分子学。[①] 自然界中一切可感觉大小的物体都是由极大数目的微观粒子构成的，并且其微观组成和结构决定了宏观物质的性质，宏观物质的性质归因于其微观组成和结构，宏观与微观的联系是化学不同于其他学科的特点，也是化学学科最具特征的思维方式。因此，培养学生对宏观物质的微粒性认识，使学生能自觉地从微观的角度认识一些自然现象和变化，形成对物质及其变化的本质和规律的科学认识是中学化学教学的重要任务。

第一节　微粒观的发展进阶

　　根据中学化学课程内容及中学生认知发展顺序，中学生微粒观的发展可以分为四个阶段。第一阶段主要是建立对原子、分子等微观粒子的理解，初步学会从微观视角定性地认识和解释一些常见的宏观现象；第二阶段基于物质的量这一概念的学习，能够从定性与定量相结合的视角去认识宏观物质与微观粒子间的联系；进入第三阶段，学生微粒观的发展主要建立在电离、离子反应等概念的基础上，通过对离子间相互作用的认识，增强对微观粒子性质的理解，深化从微观视角认识物质性质、变化的观念；第四阶段将原子、分子、离子等微观粒子的行为与物质宏观聚集状态及性质建立起深刻联系，对物质形成"构成微粒—微粒间相互作用—物质的聚集状态—物质的性质和用途"的系统认识。

---

① 唐敖庆、卢嘉锡、徐光宪：《化学哲学基础》，北京，科学出版社，1986 年，第 444 页。

第二编　化学基本观念的发展进阶

一、微粒观发展的第一阶段

微粒观发展的第一阶段是以对原子、分子概念的理解为标志，大致形成原子—分子—宏观物质三层次的物质认识图景。

（一）基本含义

自然界的一切物质都是由原子、分子、离子等微观粒子构成的。原子可以结合成分子，也可以大量地聚集在一起，所有物质都由原子的不同组合所构成。原子通过原子之间的相互作用结合生成新的物质分子，分子通过分子之间的相互作用聚集成宏观物质。元素符号和化学式既可以表示宏观物质，又可以表示构成该物质的微观粒子。

（二）知识要点

原子：原子是构成物质的一种微观粒子，物质的化学变化就是通过构成物质的原子的分离与重新组合实现的，因此原子是化学变化中的最小微粒；原子虽小，也具有一定的质量，构成物质的所有原子的质量之和就是该物质的宏观质量。

分子：分子是由原子构成的，是保持物质化学性质的最小微粒；化学变化是有新分子生成的过程，是原子间的重新组合的过程；分子内的原子之间存在强烈的相互作用，这种作用大于分子之间的相互作用，影响着分子的化学性质。

单质：只由一种元素组成的物质。单质分子是由同种原子以不同的数目组合而成的，如 O_2、O_3、H_2、Cl_2 等。

化合物：由两种或两种以上的元素组成的物质。化合物分子是由不同种类的元素原子按照一定的规则和比例组合而成的，如 HCl、KOH、CO、CO_2、H_2O 等。

化学式：用元素符号表示物质组成的式子。化学式真实地反映出物质的组成元素种类以及物质分子中原子的数目，化学式是联系宏观物质与微观构成之间的桥梁，如"H_2O"可以表示水这种物质，也可以表示一个水分子，还可以表示一个水分子是由两个氢原子和一个氧原子构成的。

质量守恒定律：物质发生化学反应是通过构成物质的微观粒子之间的分离与组合实现的，原子的数目和原子的质量在反应过程中都没有改变，所以微观的重新组合决定了宏观的质量守恒。

化学方程式：宏观化学反应实质是分子集体之间的行为，分子之间的化学反应是按照一定的质量比进行的。化学方程式具体体现了物质定组成、定比定律和物质不灭定律，既能从宏观方面反映出反应物与生成物之间的质量比，又能从微观层面反映出反应物与生成物之间的微粒个数比。

二、微粒观发展的第二阶段

微粒观发展的第二阶段是以理解物质的量的含义为标志，能从定量方面对物质的微观构成进行科学描述。

（一）基本含义

宏观物质是大量微观粒子的聚合体，在化学中采用以微观粒子的集合体为基本量的方法是为了便于从定量方面来考察微观粒子与一定质量、体积的宏观物质之间的关系。物质的量是用来衡量物质所含微观粒子集合体多少的物理量，是架设在可感觉大小的宏观物质与肉眼看不见的微观粒子之间的桥梁。

（二）知识要点

物质的量：正像可以用质量、体积等物理量来计量物质的大小多少一样，也可以用微观粒子数目的多少来计量物质的多少，物质的量是用阿伏伽德罗常数作为标准来衡量其他微粒集体所含微观粒子数目多少的物理量。物质的量把物质的宏观数量与原子、分子、离子等微观粒子的数量结合起来。

摩尔：mol 是物质的量的单位，其标准是 1 mol 物质中含有 $6.02214076 \times 10^{23}$ 个结构单元。

阿伏伽德罗常数：2018 年，国际纯粹与应用化学联合会（International Union of Pure and Applied Chemistry，IUPAC）重新规定了"mol"单位的标准是 $6.02214076 \times 10^{23}$，这个数值称为阿伏伽德罗常数（$N_A$），以

此为标准来衡量微粒集体所含微粒数目的多少。

摩尔质量：单位物质的量的物质所具有的质量，也就是阿伏伽德罗常数（N_A）个物质微粒聚集在一起所表现出的宏观质量。因为摩尔质量与物质微粒质量的大小有关，所以不同物质具有不同的摩尔质量。

气体摩尔体积：一定温度和压强下，单位物质的量的气体所占有的体积，也就是阿伏伽德罗常数（N_A）个气体分子所具有的体积。在相同温度和压强下，1 mol 任何气体所占有的体积在数值上近似相等，这是因为不同气体分子之间的距离大致相同，而且远大于气体分子的直径，所以气体的体积取决于气体分子之间的平均距离。气体摩尔体积受温度和压强影响，标准状况下，气体摩尔体积约为 22.4 L/mol。

物质的量浓度：以单位体积的溶液中所含溶质的物质的量来表示溶液组成的物理量。物质的量浓度可以清晰地表达出一定体积的溶液中溶质微粒数目。

三、微粒观发展的第三阶段

微粒观发展的第三阶段是以认识离子反应的本质为标志，能够理解物质在水溶液中的行为是大量微观粒子运动的宏观表现。

（一）基本含义

溶液是包括生命现象在内的许多化学反应发生的场所或介质。物质在溶液中是以分子、离子等微粒形式存在的，微粒均匀地分散在溶液中并做自由运动，这是离子反应发生以及生命系统进行物质交换的前提和基础。物质在水溶液中变成自由移动离子的过程就是物质的电离过程，不同物质的电离程度是不同的，这是不同物质的相同浓度的水溶液导电能力不同的原因之一。物质在水溶液中的行为包括分子解离成离子、离子结合成分子的两个反向过程以及离子之间相互作用的过程，具体表现为水和弱电解质的电离平衡、盐类水解平衡、沉淀溶解平衡以及离子之间发生的各种反应。

（二）知识要点

电解质：在水溶液或熔融状态下能够生成自由移动离子的化合物。

生态系统的物质交换主要是在电解质溶液的环境中完成的。

强电解质：在水溶液中完全电离为自由移动离子的化合物。强酸、强碱和绝大多数的盐在水溶液中完全以阴离子、阳离子的形式存在。

弱电解质：在水溶液中部分电离为自由移动离子的化合物。弱电解质在水溶液中存在分子电离成离子、离子结合成分子的两个反向运动过程，以分子和离子的形式存在。

水的电离：水是一种弱电解质，存在分子电离成离子和离子结合成分子的两个反向运动过程，电离产生的 H^+ 和 OH^- 二者浓度之积称作水的离子积常数。

盐类水解：盐类电离产生的弱碱阳离子或弱酸阴离子与水电离产生的 OH^- 或 H^+ 结合生成弱电解质促进水的电离的过程，叫盐类水解。盐类水解造成水电离产生的 H^+ 和 OH^- 浓度不再相等，从而使盐溶液表现出一定的酸碱性。盐类水解是水的电离平衡和弱电解质电离平衡共同作用的结果。

沉淀溶解平衡：难溶电解质在水中存在沉淀溶解平衡，以微量离子的形式存在于水溶液中。溶度积是沉淀溶解平衡的平衡常数，溶度积可以反映出难溶电解质在水中的溶解能力。沉淀转化的本质是沉淀溶解平衡的移动。

离子反应：电解质溶解在水中，通过它们电离出的离子的互换或结合而发生的复分解反应，它们的离子之间、离子与分子、离子与原子之间发生的氧化还原反应，离子与离子间、离子与分子间的络合反应，以及离子间相互促进的水解反应，统称作离子反应。离子之间的相互作用一般是向着使溶液中离子浓度减小的方向进行。

原电池和电解池：利用电解质溶液中离子间的氧化还原反应实现电能和化学能相互转化的装置。在原电池中，离子或原子在电极上主动得失电子，电子沿外电路定向移动形成稳定电流；在电解池中，外加电流使溶液中的离子在电极上发生氧化还原反应，一般伴随着电能转化为化学能。

四、微粒观发展的第四阶段

微粒观发展的第四阶段是以认识物质内部微粒间的相互作用为基

础，形成对微粒间的相互作用与物质宏观聚集状态及性质之间关系的深刻理解。微粒观达到该阶段意味着学生能从相对孤立、简单地认识构成物质的微观粒子，发展到联系、综合地认识微观粒子与物质的聚集状态和性质之间的关系，对物质形成"构成微粒—微粒间的相互作用—物质的聚集状态—物质的性质和用途"这一具有内在联系、逐级递进的认识模型。

（一）基本含义

原子、分子、离子等微观粒子以不同的相互作用聚集成宏观物质。物质具有不同的聚集状态，物质的聚集状态是由构成物质的微粒种类、微粒间的相互作用、微粒聚集程度决定的。气态、液态、固态是物质最常见的三种聚集状态，非晶体、液晶、纳米材料和等离子体是一些处于其他聚集状态的物质。物质的性质、变化和用途不仅与微粒种类、微粒间的相互作用有关，还与物质的聚集状态密切相关，物质的宏观性质是大量微观粒子行为的统计结果。

（二）知识要点

物质聚集状态：大量微观粒子在一定的压强和温度下通过微粒间的相互作用聚集为一种稳定的状态，就叫作物质的一种状态，简称为物态。气态、液态、固态是最常见的三种物态，它们由两个相反的作用因素所决定：一是粒子（分子、原子、离子）间的相互作用（有序效应），另一个是粒子的热运动（无序效应）。

固态：固态时，粒子间的距离较小，其相互作用力（离子键、共价键、金属键、分子间作用力和氢键）强于粒子的热运动，粒子被限制在一定的位置上振动，呈有序排列、整齐堆积的结构。固体物质根据其构成微粒在空间是否按一定规律做周期性重复排列，分为晶体和非晶体。

液态：液态时，粒子间的距离一般比固态略大，但比气态小得多；分子间作用力比固态弱，但比气态强得多。因为粒子的热运动强于分子间作用力，所以液体物质具有自由流动和各向同性的特点。

气态：气态时，分子间距离最大，分子热运动远大于分子间作用力，整个体系处于高度无序状态。气体会充满任意大小的容器。

晶体：微观粒子（原子、分子、离子）在空间按一定规律做周期性重复排列所构成的固体物质。晶体具有规则的几何外形和各向异性等特征，这是由其内部微观粒子在不同方向的有序排列决定的。根据晶体中粒子的种类和粒子间作用力的不同，可将晶体分为离子晶体、原子晶体、分子晶体和金属晶体等类型。晶体中最小的结构重复单元叫作晶胞。

离子晶体：阴离子、阳离子通过离子键结合，在空间呈现有规律的排列所形成的晶体。离子键源于阴离子、阳离子间的静电作用力，既没有方向性，又没有饱和性。离子晶体中的每一个离子尽可能多地吸引带相反电荷的离子，而且阴离子、阳离子总是交替排列的，在空间上服从紧密堆积原理。离子晶体的熔点和稳定性与离子间的作用力（离子键）的强弱有关，离子键的强弱可以用晶格能来衡量。

金属晶体：金属原子通过金属键形成的晶体。因为金属键源于金属晶体中金属阳离子和自由电子之间强的静电作用，自由电子为金属阳离子所共有，所以金属键不具有方向性和饱和性，这导致金属晶体内部的原子具有堆积密度大、配位数多、空间利用率高等特点。金属晶体的延展性、硬度、熔点等与其内部原子的堆积方式和密集程度有关。

原子晶体：相邻原子间以共价键相结合而形成的具有空间立体网状结构的晶体。共价键的方向性和饱和性导致原子晶体内的中心原子周围排列的原子数目是有限的，原子间采用非紧密堆积的方式，形成空间立体网状结构，晶体内任何相邻原子间均以共价键结合，所以原子晶体具有很高的熔点和硬度。

分子晶体：分子之间通过分子间作用力结合形成的晶体。因为分子之间的作用力比较弱，所以分子晶体具有较低的熔点、沸点和硬度。有些分子之间除了靠分子间作用力，还可以通过氢键聚集成晶体，冰晶体就是通过氢键聚合而成的；氢键具有一定的方向性，故分子的配位数受到一定限制，通过氢键结合的分子之间平均距离较大，因此冰比液态水的密度小。

非晶体：内部微观粒子的排列呈现杂乱无序状态的固体，如橡胶、玻璃等物质。非晶体不具有固定的熔点、沸点和规则的几何外形，在热膨胀系数、折光率、机械强度、导电性方面具有各向同性，这缘于其内部粒子的无序排列。

纳米材料：直接利用纳米尺度的原子、分子制造的具有特定功能的材料。纳米材料由直径为几纳米至几十纳米的颗粒和颗粒间的界面两部分构成，纳米颗粒内部具有晶体结构，界面则为无序结构，是一种与晶体、非晶体均不相同的结构状态。因此，纳米材料在光、声、电、磁、热、力、化学反应等方面具有不同于微观粒子和宏观物体的独特性质。

第二节　促进微粒观发展的教学建议

结合每一阶段微粒观的基本含义及其所涵盖的具体知识，教师在促进学生微粒观进阶发展的过程中应重视以下建议。

一、第一阶段教学建议

学生微粒观的形成是从认识宏观物质的变化现象开始的。在该阶段的教学中，除了用科学的概念来规范学生对物质微粒性的认识，还要注意引导学生从对生活中常见物质的性质和变化现象的解释中增强物质微粒性的观念。例如，水是生活中最常见的物质之一，洗过的衣服会慢慢变干，水蒸发的过程肉眼是看不见的，这说明水是由极小的微粒——水分子构成的，而且水分子还是运动的；相同体积的水和酒精混合后体积小于二者体积之和，说明水和酒精不是连续的单个物体，在水分子和酒精分子之间存在间隙；对水进行电解可以得到氢气和氧气，说明水分子是由氢原子和氧原子构成的，水分子内的氢原子、氧原子间存在着强烈的相互作用。

要加强元素符号和元素化合物知识的教学。对化学符号的学习要和对具体物质的认识结合起来，做到"名实结合"。让学生建立起见到一种物质，就自觉思考"这种物质的构成微粒是什么？如何用符号表示它的微观构成？"的思维习惯。学生通过对元素化合物特别是酸、碱、盐、氧化物知识的学习，认识到性质相同或相似的一类宏观物质在微观构成上可能含有相同的微观粒子，酸使紫色石蕊试液变成红色，和活泼金属反应生成氢气，这是因为酸在溶液中都能电离出 H^+；铵盐受热分解产生氨气是因为含有铵根（NH_4^+）。引导学生把对物质的微观认识同对物质宏观性质的观察结合起来，在宏观认识与微观理解的不断交替中发展科学的微粒观。

二、第二阶段教学建议

物质的量为学生提供了一个定量认识物质微观组成的新视角，是将微观粒子与宏观质量相联系的基本物理量，是对物质转化过程展开定量研究的基本工具。在该阶段的教学中，数学运算不是主要目的，教学的根本在于通过物质的量引导学生在宏观与微观之间建立联系，养成利用物质的量这一新视角去考察生活中常见的物质及其变化的思维习惯，对以前司空见惯的宏观变化与现象能从微观粒子集体行为的层面作出新的解释。如物质参加化学反应时为什么按照一定的质量比进行，物质的一些宏观属性（如质量、体积、溶液导电性）和微观粒子之间存在何种联系，单个乙醇分子的质量要大于单个水分子的质量，为何相同体积乙醇的质量反而小于水的质量。对这些物质宏观性质的解答需要从微观定量方面进行思考，经过这样反复的锻炼，学生就能在宏观定性与微观定量之间建立稳定的联系，增强对宏观物质的微粒性认识。

三、第三阶段教学建议

物质在水溶液中的行为包括许多化学原理知识，如电离平衡理论、盐的水解、沉淀溶解平衡理论等，这些都可以通过已学过的化学平衡理论推理、演绎而来。尽管这部分知识可以看作化学平衡原理的应用与深化，但教学的目的绝不仅限于对化学平衡理论的运用与巩固，更主要的是通过对电解质的电离、盐的水解、沉淀的溶解、离子间的反应等物质在溶液中具体行为的教学深化学生的物质微粒观。因此，该部分知识的教学一定要在帮助学生构建物质微粒观的思想指导下进行，可以以离子反应为核心概念，以具体物质（水、弱电解质、盐类、难溶电解质、多种电解质）在水溶液中的离子平衡为线索，在深化对离子反应本质的认识的同时，逐步使学生形成分析物质在水溶液中行为的一般思路。

具体来说，可以用问题来引导学生对物质在水溶液中的行为做出思考。对于弱电解质的电离，可以让学生思考以下问题：为什么冰醋酸在稀释过程中会表现出不同的导电性能？相同浓度、相同体积的盐酸和醋酸在与足量金属 Mg 反应时反应速率一样吗？最终得到的气体体积相同吗？如何证明醋酸是一种弱电解质？在学习盐类水解原理以及离子方程式的书写时，用"物质在水溶液中以何种形式存在？""溶液中存在哪些微观粒子？""哪些微粒之间可以发生相互作用？"等问题引导学生从微粒种类及微粒间的相互作用的视角来分析问题，使学生加深对物质微粒性的认识。

其次，注意理论联系实际，避免空洞说教。水溶液是学生最熟悉也是最常见的溶液体系，研究物质在水溶液中的行为可以解释、解决生产、生活和实验室中的许多实际问题，这为理论学习与实际应用搭建了很好的平台。例如，在盐类水解及水解平衡原理的学习中，可以联系明矾为什么可以做净水剂和实验室如何配制氯化铁溶液这些常见问题，也可以联系泡沫灭火器工作原理这一生产生活问题，还可以联系为什么常用热碱溶液清洗油污这一生活问题。又如，在沉淀溶解平衡原理的学习中，可以联系喀斯特地貌的形成这一自然现象，也可以联系水垢是如何形成的这一生活问题。再如，溶液中离子反应的学习，可以联系铵盐和草木灰为什么不能混合使用这一农业生产问题。教师在教学过程中通过创设有实际意义的问题情景，让学生在解决实际问题的活动中深化对物质微粒性的认识。

四、第四阶段教学建议

自觉从物质内部微粒之间的相互作用来认识物质的聚集状态及其性质与用途，这是微粒观发展的更高层次。为使学生达到该层次的认识，在进行物质的聚集状态与物质的性质单元知识教学时，应抓住物质内部微粒之间的相互作用决定物质的聚集状态及其性质与用途这条主线，利用化学键和分子间作用力这两个核心概念对具体知识的统帅作用，着重引导学生从微粒的种类、微粒间的相互作用类型及微粒的排列方式方面来对不同类型的晶体以及其他几种不同聚集状态的物质进行分析、比较。学生在日常生活中已经构建起物质内部微粒之间存在相互作用的认识，只是还不知道这种作用是如何产生的，以及这种作用是如何影响物质的聚集状态和性质的，学生通过对化学键和分子间作用力的深入学习，以及对不同种晶体类型的分析、比较、归纳，才能真正认识到物质的聚集状态及其性质和用途与物质内微粒的种类、微粒间的相互作用类型、微粒的排列方式之间的内在联系，才能逐步形成"构成微粒—微粒间的相互作用—物质的聚集状态—物质的性质和用途"的四层次的物质认识模型。

第六章　结构观的发展进阶及教学建议

徐光宪院士曾指出，物质的"分子结构通常有两个涵义：一是指分子的几何结构，即分子中的原子核在空间的排布，它们之间的相互距离和夹角。二是指分子中原子之间（或所有原子核和电子之间）的相互作用"[①]。据此，我们可以看出，物质的结构不仅指原子在分子中的空间排列，还包括原子间的相互作用及其方式——化学键。化学键不仅是使原子结合成分子并使分子能稳定存在的本质原因，而且也是物质结构的根本内容。中学生对物质化学结构的认识主要表现在两个层面：一是从原子在构成分子时的空间排布上获得对物质结构几何形状的认识，这可以看作对物质化学结构外在表现形式的认识。如学生通过对H_2O、CO_2、BF_3、NH_3、CH_4、PCl_5、SF_6几种分子的学习，认识到原子在构成物质分子时不是任意排列的，总是倾向于按照一定的空间取向分布，角形、直线形、平面三角形、三角锥形、空间正四面体、三角双锥、八面体是物质分子的常见构型。二是从分子中原子之间的相互作用及其方式（化学键）上获得对分子具有一定的空间构型的原因以及物质结构与性能对应关系的认识，这是对物质结构实质内容的认识。分子的空间构型和性质最终要从分子中原子间的相互作用及其方式——化学键去解释，因此，对物质结构的认识实际上就是微粒观的深化，主要是微粒间存在相互作用这一观念的应用和发展。

第一节　结构观的发展进阶

根据中学化学课程内容及中学生认知发展顺序，结构观的发展可以

---

① 廖正衡：《化学学导论》，沈阳，辽宁教育出版社，1992年，第172页。

分为以下三个阶段。

一、结构观发展的第一阶段

结构观发展的第一阶段，是以对化合价概念的深入理解为标志，能够在原子结构的基础上定量认识单质分子或化合物中微观粒子之间存在的相互作用。

（一）基本含义

化合价是分子中原子间存在相互作用的数量表现。原子之间的结合与原子最外层电子有关，原子之间通过得失或共用电子结合形成化合物或单质分子，从而达到稳定结构。不同原子在结合成单质分子或化合物时表现出不同的亲和能力，化合价就是原子具有化学亲和力的表现，在量的方面可用与某一原子相化合的其他元素的原子数目来表征。

（二）知识要点

原子结构：原子具有电子层结构，价层上的电子和原子核之间的作用最弱，原子通过转移或共用离原子核最远的电子进行相互作用以形成新的物质分子。

价电子：原子在结合成分子时具有失去或得到电子以形成稳定电子结构的趋势，价层（主族元素是最外层）上的电子决定了原子之间发生相互作用的难易以及发生何种相互作用。

化合价：元素的一种性质，反映了该元素的一个原子与其他原子化合的能力，在量的方面可用原子形成化合物分子时得失电子的数目来表征。某元素的化合价反映出该元素一个原子结合其他原子的数量。

单质分子：同种原子通过共用电子对作用结合成物质分子。共用电子对的原子不存在电子的得失，对外不显电性，元素化合价为零价。

共价化合物：得失电子能力差别不大的原子之间通过共用电子对的方式结合形成的化合物。共用电子对在原子间有一定的偏向，造成共用电子对两边的原子分别带有一定的电性，元素化合价在数值上等于原子共用电子对的数目。

离子化合物：得失电子能力差别比较大的原子在形成化合物时发生

电子转移，形成阴离子、阳离子，阴离子、阳离子通过静电作用结合成新的化合物。在离子化合物中，元素化合价等于原子得失电子数目。

二、结构观发展的第二阶段

结构观发展的第二阶段，是以对化学键概念的理解为标志，认识到物质分子内的原子之间是如何相互联系、相互作用的，能够从微粒之间相互作用的角度理解物质分子具有一定的空间构型并能稳定存在的原因。

（一）基本含义

化学键是分子、原子团或晶体中微观粒子之间存在相互作用的表现，相互作用力的大小或强度可用键能定量表示。物质是由原子、分子、离子等微观粒子构成的，但物质具有不同于其构成微粒的性质，这种性质是通过微粒间的相互作用而产生的。各物质层次内部微观粒子之间相互作用的特殊性决定了它们结构的差异和性质的区别。微观粒子之间的相互作用类型有离子键、共价键、金属键以及分子间作用力和氢键，它们反映了物质内部微观粒子之间的结合方式、空间排列次序以及由此表现出的物质宏观聚集状态和其他性能。物质的化学变化通常是构成物质的微观粒子之间"强"作用力代替"弱"作用力的过程，大多是通过旧化学键的破坏与新化学键的形成实现的。

（二）知识要点

化学键：存在于相邻的两个或多个原子之间强烈的相互作用力叫化学键。化学键有离子键、共价键、金属键三种类型，在本质上都是静电作用力，原子就是靠它们结合成分子或晶体的。

键能：在一定条件下，气态分子断开 1 mol 化学键所需要的能量叫键能。不同原子之间形成不同的化学键，它们的结合力是不同的，键能可以定量表明原子之间结合的力量或强度。化学变化的热效应主要来源于化学键改组时的键能变化。

离子键：电负性差别较大（一般大于 1.7）的原子在结合时容易得失电子形成阴离子、阳离子，阴离子、阳离子之间强烈的静电作用力称为离子键。离子键的实质是阴离子、阳离子之间的静电作用，这是离子键既无方向性又无饱和性的原因，每个离子尽可能多地吸引带异性电荷的离子，离子周围带异性电荷离子数目的多少取决于阴离子、阳离子体积的相对大小。

晶格能：离子键的强度可用晶格能的大小来衡量，晶格能是指 1 mol 离子晶体解离成自由气态离子所需要吸收的能量。晶格能的大小与阴离子、阳离子电荷数成正比，与离子的半径成反比。晶格能越大，阴离子、阳离子间的结合力越强，晶体的熔点就越高，硬度就越大。

共价键：电负性差别不大（一般小于1.7）的原子通过共用电子对的形式结合成物质分子，原子间通过共用电子对形成的化学键称作共价键。共价键的本质是两原子之间的共用电子对与两原子的原子核以及其他电子之间的电性作用。

共价键的特征：共价键具有方向性和饱和性。一般地，一个原子有几个未成对电子就倾向于和几个自旋相反的单电子配对成键，各原子都有确定的单电子数，所以它的共价键数大多是一定的。共价键的饱和性决定了各种原子形成分子时相互结合的数量关系。两原子间相互作用的电子云重叠程度越大，共价键就越牢固，因此共价键尽可能沿着原子轨道最大重叠方向形成。共价键的方向性决定着分子的空间构型。

分子构型：分子的极性、旋光性以及化学性质与分子的立体结构有关，分子稳定的构型是分子内的原子间相互作用的最终结果。共价键不仅决定着原子之间的结合方式，还决定着原子在分子内的空间排列顺序，以及分子的立体结构，可以用键长、键角等键参数来描述分子的空间构型。杂化轨道理论和价层电子对互斥理论从中心原子价层电子对相互作用的角度可以解释、预测一些分子的空间构型。

金属键：在金属晶体中，金属原子的价电子容易脱离原子核的束缚在金属阳离子间自由流动，成为自由电子，金属阳离子和自由电子之间强烈的相互作用叫作金属键。金属键不具有方向性和饱和性，金属良好的导热、导电、延展性都与金属键有关。

分子间作用力：分子间普遍存在的一种相互作用力，它使大量分子聚集在一起，是物质能以一定聚集状态存在的原因。分子间作用力是由分子之间较弱的静电力产生的，其强度远小于化学键，物质的一些物理性质（如熔点、沸点、溶解度、黏度、表面张力等）都与此有关。

氢键：氢键是一种特殊的分子间作用力，其强度大于一般的分子间作用力，但比化学键小得多。氢键是由分子中电负性强且半径小的 F、O、N 原子与另一分子中正电性强的 H 原子（这类氢原子一般连在 N、O、F 原子上）之间较弱的静电力所产生的，氢键的形成赋予物质一些特殊的性质，主要表现为物质熔、沸点的升高和溶解度的增大。

三、结构观发展的第三阶段

结构观发展的第三阶段，以对化学键概念的深入理解为标志，能从微粒相互作用及其方式的角度认识物质的性质，对物质形成"化学键决定结构，结构决定性质，性质反映结构"的认识顺序。

（一）基本含义

分子或晶体内粒子（原子或离子）之间强烈的相互作用决定了微粒在空间的几何构型，成键微粒之间的静电斥力使分子内的原子尽可能趋向于远离，以求得最小的斥力并达到最稳定的相对排布状态。物质的结构不仅包括分子的空间构型，还包括微粒之间的相互作用及其结合方式，同分异构体、同素异形体之间性质的差异不仅在于原子在空间的排列顺序不同，更在于原子间相互结合的方式不同。通常所说的"结构决定性质，性质反映结构"主要是指微粒间强烈的相互作用即化学键和物质性质之间的对应关系。

（二）知识要点

用于形成该层次结构观的知识素材主要有化学键、离子键的特征及离子化合物的性质、共价键的特征及共价化合物的性质、金属键的特征及金属晶体的性质、晶体类型、同素异形体、同分异构体、乙醇分子结构的测定、有机化合物分子中常见官能团的结构和性质、价层电子对互斥理论、轨道杂化理论、测定有机化合物结构的现代手段（质谱、红外光谱、紫外光谱、核磁共振谱）等知识。多属于选修课程内容，此处不再逐一展开叙述。

第二节　促进结构观发展的教学建议

结合每一阶段结构观的基本含义及其所涵盖的具体知识，教师在促进学生结构观进阶发展的过程中应重视以下几点建议。

一、第一阶段教学建议

化合价是中学化学中一个比较抽象的概念。化合价概念的学习有利于学生理解元素的一个原子在形成化合物分子时为什么总是倾向于和一定数目的其他原子相结合的问题。因此，在以化合价为核心概念的教学中，教师应该使学生从对元素化合价的背诵、记忆以及利用化合价书写化学式的浅层次学习中摆脱出来，把化合价及其相关知识作为培养学生结构观的良好素材来使用，引导学生从原子结构、电子相互作用的角度来学习化合价，认识到化合价是分子中原子的核外电子相互作用的具体表现。学生通过对元素原子结构的分析，认识到原子是如何结合成分子的，并能从共用或得失电子的角度对常见单质、化合物中元素的化合价做出解释。这样，学生学习化合价知识后，在头脑中形成的不仅仅是具体元素的化合价数值和根据化合价书写化学式的技能，更是一种从定量角度认识微粒之间存在相互作用的思维视角，这是一种基于结构观建构的高水平思维的学习结果。

二、第二阶段教学建议

原子是以什么力量和方式相结合而形成化合物的，这是化学理论的核心问题之一。化学键概念从理论上揭示了原子是如何按照一定的比例结合成具有确定几何形状、相对稳定和独立的分子的。学生在学习化学键相关知识的基础上，从微粒间相互作用的视角认识物质间的转化以及物质的微观结构与宏观性质之间的关系。为使学生的认识水平达到上述高度，教师在该阶段的教学中应注意加强理论教学，以"探索物质构成的奥秘，研究物质性质的本质"为教学主旨，紧紧抓住结构决定性质这条主线。具体来说，就是要以化学键为核心概念，围绕化学键的本质、化学键的类型、化学键与分子构型、化学键及分子间作用力与物质性质的关系展开，通过离子键的特征与离子化合物的性质、共价键的特征与共价化合物的性质、金属键的特征与金属晶体的性质以及分子间作用力与物质性质、晶体类型等知识的教学，使学生进一步树立起微粒间的静电作用力使不同层次的微观粒子按照一定的空间次序结合成具体物质并具有一定的性质的意识，把物质的结构与性质和微粒间的作用力紧密联系起来。

三、第三阶段教学建议

该阶段是中学生关于物质结构与性质关系的最高层次认识，也是中学生结构观发展的最高阶段。为使学生具备该层次的结构观，要充分发挥理论知识教学的导向作用。这一阶段知识素材比较抽象，理论性强，教师要从有利于学生认识物质分子为何具有一定的几何构型以及结构是如何决定性质的这一角度展开知识的教学，不能为应对某些所谓新情境试题而盲目地拓展或拔高教学内容，加重学生的记忆负担。

教师在教学中应紧紧抓住物质结构的实质内容——微粒间的相互作用和联结方式，以化学键为核心，通过离子键、共价键、金属键、分子间作用力、氢键以及晶体类型等知识的教学，使学生认识到是原子间的静电吸引力和排斥力的相互作用决定了分子的空间构型并使物质具有一定的物理、化学性质，逐步在头脑中建构起微粒相互作用的结构观。

价层电子对互斥理论和轨道杂化理论是描述分子几何形状的理论模型，对于学生从微粒相互作用的角度认识一些简单分子的形状和性质起到一定的帮助作用，但对中学生而言不宜单纯在知识方面作太深的讲解和探究，可以提供有关阅读材料供学生选择。可以把有机化合物知识的教学作为强化和巩固中学生结构观的重要手段，通过对有机物中碳原子的成键特点、成键方式对有机物性质的影响以及官能团的结构、官能团与相邻基团的相互影响对有机物性质所起作用的学习，使学生自觉形成通过结构推测性质和利用性质判断结构的认识物质的方法，从而为他们的后继学习打开方便之门。

第七章 变化观的发展进阶及教学建议

化学是一门在原子、分子层次上研究物质的组成、结构、性质及其变化规律的科学。对物质组成、结构的认识是为了深入揭示物质变化的本质和规律，只有掌握物质变化的本质和规律才可以有效地控制化学反应，进而利用化学反应得到有用物质或获取能量，还可以避免有害物质的产生，这是人们认识、研究化学变化的根本目的。

化学变化也叫化学反应，是物质运动的一种表现形式。从宏观上看，物质的化学变化除了有新物质的生成，通常还伴随着能量的变化，这两种变化分别遵循质量守恒和能量守恒定律。从微观上看，所有的化学变化都涉及原子和分子两个层次，笼统地说，物质化学变化中发生质变的是分子，分子中的原子之间相互作用的结果，使原子发生重排，表现为分子的分解和原子的重新组合。从实际生产来看，考察物质的化学变化不仅要考察反应进行的快慢，即反应的速率问题，还要考察反应的方向和限度问题，认识化学反应速率和化学平衡及其影响因素的本质原因，从而能够调控化学反应，使其向着人们期望的方向进行，既快速又大量地获得有用物质或消除有害物质。认识化学变化遵循的基本原理，形成关于物质变化的正确观念，是中学生必备的科学素养，也是中学生世界观的重要组成部分。

第一节 变化观的发展进阶

无论是对自然界中物质变化的认识还是对实验室中化学反应的探究，都是先从宏观物质、宏观现象加以考察，然后溯本求源到微观世界的变化。这样的认识过程不仅符合人类认识物质变化的客观实践，也反映了化学变化归根结底是反应物原有化学键断裂和生成物新化学键形成的本质规律。因此，按中学生认知发展顺序，学生变化观的形成一般要经历以下四个阶段。

一、变化观发展的第一阶段

变化观发展的第一阶段，是以认识物质化学变化的基本特征为标志，能从宏观和微观两个层面来认识质量守恒定律和常见的物质变化。

（一）基本含义

自然界的一切物质都处于变化之中，物质的变化可分为物理变化和化学变化两种类型。物理变化只是物质聚集状态发生改变的变化，物质仍然保持原有的化学性质；化学变化是物质的组成、结构发生改变的变化，生成了与原物质具有不同化学性质的新物质。物质的化学变化受外界条件的影响，控制影响反应的条件就可以控制物质化学反应的发生。所有的化学变化都遵守质量守恒定律，物质变化的同时还伴随能量的变化。物质的化学变化在宏观上表现为有新物质生成，同时伴随发光、发热、变色等现象；在微观上表现为分子的质变，反应物分子分解为原子，原子重新组合生成产物分子。

（二）知识要点

物理变化：在一定条件下只是物质的外形和状态发生改变，没有新物质生成的变化。

化学变化：化学变化的基本特征是有新物质生成，在这个过程中常常产生发光、放热、颜色变化、产生气体、生成沉淀等现象。这是因为参加反应的物质分子受到破坏，各种元素的原子重新排列组合成新物质的分子，所以反应前后的物质具有不同的化学组成和结构，从而表现出与原物质不同的化学性质。

分子：分子是保持物质化学性质的最小微粒，化学变化是有新分子生成的过程，是原子间的重新组合过程。

原子：原子是化学变化过程中的最小微粒。化学变化就是以原子为基本单位进行分解与组合的过程，原子的数目和种类没有改变。

反应条件：物质的变化是在一定条件下进行的，影响物质化学变化的外界条件主要有反应物分子接触程度、温度、催化剂等。物质在气相或液相时比较容易发生化学变化，这是因为物质微粒在这种聚集状态下能够自由运动，因充分接触、碰撞而发生反应；升高温度可以加速反应物分子分解为自由原子，从而加快物质的化学变化；催化剂具有高效性和选择性，可以极大程度地促进某类化学反应的发生。

化学方程式：化学方程式在宏观上可以表示出物质是按照一定的质量比进行反应的，而且反应物质量总和等于生成物质量总和；在微观上可以表示出反应物与生成物之间的微粒个数比，化学变化实质是物质在原子、分子层面上的行为。

质量守恒定律：化学变化是反应物分子分解为原子，原子重新组合为产物分子的过程。在这个过程中元素种类、原子的个数都没有改变，因此，在化学反应前后，反应体系中物质的总质量不会改变，即微观原子层面的重新组合决定了宏观的质量守恒。

二、变化观发展的第二阶段

变化观发展的第二阶段，是以认识物质化学变化的本质为标志，能够从微粒相互作用、化学键的断裂与生成的角度解释化学变化中的物质转化和能量效应。

学生经过前一阶段的学习与反思，已经认识到形形色色的化学变化归根结底是分子的变化。100多种元素的原子能形成许多种单质和数量巨大的化合物分子（包括晶体等），这些分子又各具有其独特的性质，并能发生某些化学变化。要深入了解分子性质和变化的本质原因，就需要研究各种原子是怎样形成分子的，分子是怎样在化学变化中重新组合成新的分子的（包括伴随的能量变化）。要解释这些问题的本质，就必须进入更微观的层次：研究分子或晶体内相邻原子间强烈的相互作用——化学键。事实上，化学变化就是旧化学键破坏和新化学键形成的过程，或者说化学变化的实质是化学键的重新组合。能从化学键重组的角度认识各种各样的物质变化及能量变化，这是中学生变化观发展的第二阶段。

（一）基本含义

化学变化是分子水平的变化，物质组成中的各原子并没有发生变化，变化的是原子间的结合方式（化学键）。因此，化学变化的实质是原子间的重新排列组合，化学变化过程是旧化学键断裂和新化学键形成的过程，化学反应的热效应就主要来源于旧化学键断裂吸收的能量和新化学键形成释放出的能量之差。

（二）知识要点

化学键：化学键是使原子结合成分子或晶体的静电相互作用力，一般可分为离子键、共价键和金属键。所有的化学键都是由存在于带正电荷的原子核和带负电荷的电子间的静电作用力形成的。100多种元素的原子就是通过这几种作用力相互结合而形成绚丽多彩的物质世界。

离子键和离子化合物：活泼的金属和非金属原子相互接近时，金属原子易失去价电子而形成阳离子，非金属原子易得到电子而形成阴离子，阴离子、阳离子之间的静电吸引力和排斥力达到平衡后就形成稳定的离子化合物。因为离子键是存在于阴离子、阳离子之间很强的一种静电作用力，所以在室温下离子化合物一般都呈固态，具有较高的熔点。

共价键和共价分子：共价键理论可以说明同种原子怎样形成单质分子以及电负性相近元素的原子怎样形成化合物分子。当电负性相同或相近元素的原子相互靠近时，自旋方向相反的未成对电子就会在两原子核间组成共用电子对，共用电子对与原子核及其他电子之间的吸引力和排斥力达到平衡时体系能量最低，此时形成稳定的共价分子。

金属键和金属晶体：金属原子具有较大的半径和较少的价电子，电子容易脱离原子核的束缚在金属离子间自由移动，金属中自由电子与金属阳离子间的作用力就是金属键。金属键存在于金属和合金当中。金属具有延展性、导电性、导热性都与这种存在于大量金属原子间的金属键有关。

反应热和键能：物质发生化学反应破坏旧化学键时，需要吸收一定的能量来克服原子间的相互作用；在形成新化学键时，由于原子间的相互作用而放出能量。化学反应过程中宏观的反应热主要来源于微观的反应物分子和生成物分子中化学键键能之差。

三、变化观发展的第三阶段

变化观发展的第三阶段，是以认识化学反应所遵循的基本原理为标志，能够从化学热力学的反应方向和限度视角以及化学动力学的反应速率视角来认识化学反应及其调控在生活、生产和科学研究领域中的重要作用。

千姿百态的化学变化尽管在本质上可以归结为原子的重新排列组合，可是在化学反应中旧化学键的断裂和新化学键的形成过程，究竟是怎样发生的？为什么有些变化可以在瞬间完成？如在溶液中进行的离子反应，氢气和氧气的混合物在点燃条件下的爆炸反应。而有些变化却进行得极其缓慢，几乎难以觉察到反应的发生，如常温下的氢气和氮气的混合物可以长期共存，即使是按物质的量比 3∶1 且处于高温、高压、催化剂的条件下也难以全部反应，这是为什么？这些问题不论是在日常生活还是工业生产中都是人们普遍关注的，对这些问题的解答涉及化学反应的速率、方向和限度等化学反应原理知识。

化学反应原理是人们在研究大量化学反应本质的基础上，总结得到的关于化学反应的一般规律，主要涉及化学反应的方向、限度和速率等方面的问题。对化学反应原理的深入认识可以从理论上指导人们有效地调控影响化学反应的因素，选择以较高速率获取适当转化率的反应条件，从而使化学反应向着人们预期的方向发展。因此，对化学反应原理的深入认识是中学生物质变化观发展的第三阶段。

（一）基本含义

物质的变化是有快慢的，这与单位体积内反应物活化分子数目的多少以及有效碰撞频率的高低有关。物质的变化是有一定方向的，在自然条件下，物质的化学变化具有自发向着能量降低和混乱度增大的方向进行的趋势，在化学热力学上根据反应的焓变与熵变来判定一定条件下某一反应进行的方向。物质的变化是有一定限度的，当外界条件不变，反应进行到一定程度时，正反应、逆反应的速率就会相等，反应体系中各组成成分的百分含量不再随时间而变化，此时反应体系处于平衡状态，化学平衡常数从定量角度揭示出不同温度下反应进行的程度大小。

(二) 知识要点

化学反应速率：表示物质化学变化快慢的物理量，用单位时间内反应物浓度的减少量或生成物浓度的增加量来表示。在化学反应中各物质反应速率之比等于反应的计量系数之比。总反应的化学反应速率与参加反应的物质的浓度存在一定的定量关系，这种定量关系是通过实验测定得出的。

碰撞理论：碰撞理论可以比较容易地解释有关化学反应的许多事实。化学反应的发生是由于反应物分子在运动中相互间发生的激烈碰撞足以使化学键断裂，从而发生原子间的交换，同时产生新的分子。但只有当反应物分子吸收的能量超过最低限度的活化能并满足一定的方向要求时，才能发生有效碰撞，造成反应物分子中化学键的断裂和产物分子中化学键的生成。

活化能：对于一定的反应，在一定的条件下其活化能具有一定的数值，活化能越小，反应物分子中活化分子的百分数就越大，反应速率就越快。活化能概念可以解释为什么有些反应进行得很迅速，而有些反应在室温下，其速率几乎是难以测出的缓慢。

活化分子：在反应体系中具有较高能量、能发生有效碰撞的分子叫活化分子。碰撞理论认为，反应物分子发生化学变化时首先吸收能量变成活化分子，然后通过碰撞生成产物分子并释放出能量，反应体系中活化分子数目的多少决定了反应速率的快慢。

影响反应速率的条件：反应物的自身性质是影响其化学反应速率的内因；温度、浓度、压强、催化剂等是影响物质化学变化快慢的外界因素，它们是通过改变活化分子数目或活化能大小来影响反应速率的。

自发反应：在一定条件下，无须外界提供能量就能发生的反应。在化学热力学研究中，有两条最基本的自然规律推动着化学反应的进行，一是任何反应体系都有取得最低势能的倾向，二是任何反应体系都有取得最大混乱度的倾向。

反应方向：在自然条件下，任何反应都有自发向着放出热量、增大混乱度方向进行的倾向。在指定温度和压力条件下，反应的焓变和熵变共同影响着化学反应的方向。

反应限度：化学反应的限度是指可逆反应在一定条件下会达到化学

平衡状态，化学平衡状态是一定条件下可逆反应所进行的最大限度。可以用化学平衡常数来定量描述化学反应的限度，平衡常数的数值越大，表明反应可能进行的程度越大。

平衡常数：一定条件下，处于平衡状态的可逆反应中，产物浓度系数次方乘积与反应物浓度系数次方乘积的比值是一定的。平衡常数只与温度有关，压强、浓度等反应条件的变化可以引起平衡的移动，但不会改变反应的平衡常数。

转化率：在实际化工生产中，常用平衡状态时反应物的转化率来定量表示化学反应的限度。一定温度下的某一化学反应，只有一个平衡常数，但反应物的平衡转化率可以因反应物的不同或浓度、压强的不同而不同。

平衡移动：处于平衡状态的可逆反应，因外界条件的改变导致正反应、逆反应的速率不再相等，原有平衡状态破坏、新平衡状态建立的过程就是化学平衡的移动。可以根据从实践经验中得出的勒夏特列原理判断密闭体系中仅一个条件改变时平衡移动的方向。

勒夏特列原理：一个经验性的平衡移动原理。如果改变平衡系统的条件（如温度、浓度、压强）之一，平衡就会向削弱这个改变的方向移动。掌握化学平衡移动的一般规律，就可以在反应限度允许的前提下尽可能地让化学反应向着人们需要的方向移动。

工业合成氨反应条件的选择：依据反应方向和限度的理论分析，只能说明反应发生的可能性和趋势，并不能说明该反应能否实际发生以及发生反应时的速度快慢。事实上，达到高转化率和高反应速率所需的条件有时是相互矛盾的，在选择化工生产实际条件时需要综合考虑多种因素，运用化学反应速率影响因素和化学平衡移动规律，并结合生产条件、设备及技术水平等综合分析合成氨等反应的工业生产最佳条件。

四、变化观发展的第四阶段

变化观发展的第四阶段，是以认识生命现象的化学本质为标志，能够从生物体内物质分子化学变化的角度认识各种生命活动现象。

物质的化学变化是物质运动的一种形式，比孤立的化学变化更为高级、更为复杂、更为深刻的物质运动是生命的新陈代谢、遗传变异、生死存亡以及大脑的思维意识等活动。尽管这些生命运动形式具有不同于化学变化的自我更新、自我复制和自我调节等特征,但它们在本质上都是构成生命系统的物质分子发生有组织的化学变化的综合体现。因此,上述生命活动现象可称作生物体内发生的有组织的化学变化。把生命现象看作生物体在分子、原子、离子层次发生的有组织的物质转化和能量转化的综合表现,是学生变化观发展的最高阶段。

(一) 基本含义

生命的起源是通过化学的途径实现的,可以利用化学手段在分子水平上创造出再现生命起源的过程[①]。生命活动的基础是生物体内物质分子的化学变化,揭示生命现象的规律必然以认识生物体内的物质分子及其变化为前提。有机体所表现出的储存和传递信息、繁衍后代、对内调节和对外适应、合理而有效地利用环境中的物质与能量的功能,从分子水平上看正是许多有生物活性的分子之间的有组织的化学反应的表现。

(二) 知识要点

生命的化学进化:地球上的生命,包括它的最高级的形式——人类,都是物质在漫长的历史长河中从低级向高级、从无生命向有生命的发展进化过程中的产物。地球本身经历了元素的进化(由宇宙中最丰富的氢元素通过核反应合成其他各种元素,以构成星体本身),分子的进化(由原子间的反应生成分子,由分子聚合成生物大分子)和生物的进化(由生物大分子进化为原始生命,再到高级的生命形态)。

新陈代谢:生命活动以一套在细胞内外发生的为生物整体所调控的动态化学过程为基础。生物体从外界摄入二氧化碳、水和矿物质等无机物,在化学作用条件下转化为有机物;有机体死亡后经过化学分解又转化为无机物,重新参与新一轮的物质循环,这是生命运动与无生命运动之间的相互转化。这种转化仍然可以用分子、原子或其他微观粒子相互结合、分解或重新排列组合的理论来解释。新陈代谢是生命现象的基本特征。

光合作用:光合作用是自然界的基本反应之一,生物体对太阳能的利用归根结底始于绿色植物的光合作用。光合作用是自然界将光能转化

---

① 唐敖庆、卢嘉锡、徐光宪:《化学哲学基础》,北京,科学出版社,1986年,第76页。

为化学能的主要途径，其总反应为 CO_2 和 H_2O 在叶绿素的作用下吸收太阳能转化为高能的糖类并释放出氧气。光合作用是地球上生物体食物的来源和氧气的来源。

呼吸作用：动物不能进行光合作用，但可以通过摄取植物而得到能量。动植物体内发生代谢作用时，碳水化合物、脂肪、蛋白质在酶的作用下水解、氧化，同时释放出能量，供生命活动之需。

糖类：糖是自然界存在的一大类具有生物功能的有机化合物，它主要是由绿色植物光合作用形成的。糖类不仅是生物体的建筑材料和能量来源，而且还是高密度的信息载体，具有重要的细胞识别能力。

蛋白质：蛋白质是细胞内最复杂、变化最多的一类大分子，它存在于一切活体细胞中，是构成生物体的基本要素。蛋白质是由氨基酸分子聚合而成的生物活性物质，它可以精巧地完成生命特定的各种功能，例如血红蛋白的输氧功能，酶的专一性、高效性催化作用等。

酶：一类由生物细胞产生的、以蛋白质为主要成分的、具有催化活性的生物催化剂。生物体内以化学反应为基础的各种生理活动都是在酶的催化作用下完成的，酶的催化作用使生物体内各种代谢过程温和地、有规律地进行。

核酸：核酸是遗传信息的携带者与传递者。核酸分为脱氧核糖核酸（deoxyribonucleic acid，DNA）和核糖核酸（ribonucleic acid，RNA），它们的功能分别是储存、传递和表达生物体的遗传性状。基因工程就是在分子水平上的 DNA 重组技术，其目的就是通过对 DNA 分子内碱基排列顺序的人为改造，使生物体表现出更加优良的性能，从而更好地满足人类需要。

第二节 促进变化观发展的教学建议

结合变化观发展进阶中每一阶段的基本含义及其所涵盖的具体知识，教师在促进学生变化观的发展过程中应重视以下几点建议。

一、第一阶段教学建议

物质的变化是自然界中极其普遍的现象，学生在个人成长过程中积累了丰富的有关物质变化的经验和常识，如木材做成桌椅，泥土烧制成砖瓦，水在不同条件下化作云、雪、雨、雾，以及铁器生锈、食物腐败、火药爆炸等现象都是物质变化的具体体现。这些朴素认识是学生建构变化观的基础。因此，在变化观形成的初级阶段教师应充分利用学生已有的生活经验进行教学，引导学生对生活中常见的物质变化现象进行分类、比较，从中掌握物质化学变化的基本特征——有新物质生成，学会根据物质变化的宏观现象将物质的变化区分为物理变化和化学变化。

接下来通过原子、分子概念以及化学反应方程式的教学，阐明原子和分子的联系与区别，使学生认识到原子在化学变化中保持不变。学生在"原子-分子论"的引导下将复杂的宏观变化现象抽象概括为微观粒子的分解与组合，在认识物质层次和物质变化的深度上有了质的飞跃。这样学生在考察物质的化学变化时就不会仅仅关注变化的宏观现象，而是把宏观现象与微观粒子的行为结合起来，将物质的变化在微观上归结为分子的变化，即反应物分子分解为原子、原子重新组合为生成物分子的过程，微观的原子重新组合决定了宏观的质量守恒。从学生已有的物质变化的经验常识出发，通过理论知识的教学，使学生从只注重对物质变化的宏观现象的描述提升到从分子分解、原子重组的微观层次来认识一切化学变化，这是中学生物质变化观发展的关键一步。

二、第二阶段教学建议

伴随化学反应的物质变化和能量变化的形式是多种多样的，但所有的变化都可以归结为原子、分子层面相互作用的变化，即化学键的断裂与生成。因此，从构成物质的微粒相互作用的视角，用化学键的知识来解释物质化学变化中的物质转化和能量效应，是中学生变化观获得实质性发展的表现。为使学生对物质变化的认识深化到该种水平，该阶段的教学要围绕离子键与离子化合物、共价键与共价化合物、化学反应与能量等知识展开，切实加强理论知识教学，突出以微观粒子的分解与组合、化学键的断裂与生成为本质的变化观念的建构。关于物质之间的转化，可以以金属钠在氯气中燃烧为例，说明活泼的金属和非金属是如何通过离子键形成离子化合物的，以氢气在氯气中燃烧为例，说明非金属原子之间是如何利用共价键结合成共价化合物和单质的；关于化学反应与能量变化，以燃烧热、溶解热、中和热为例，说明化学反应中存在结合能与热能的相互转化。

同时还要注意理论与实践的结合，对化学反应中的热量变化，仅仅知道吸热、放热的现象是不够的，重要的是能从定量的角度获得数据，只有这样才能为人们了解在生产、生活中借助于某一定量化学反应能有多少热量可以利用提供理论依据，另外知道了某一定量物质在变化过程中的热量变化，就可以计算出物质在原子、分子等微观层次相互作用（化学键）的变化。为此，要充分发挥实验教学对认识的促进作用，可以让学生自行设计实验，测量出一定量的酸、碱发生中和反应时的热效应或者一定量的有机物（如葡萄糖）完全燃烧时放出的燃烧热，通过对宏观化学反应中热量的测定与计算，可以推导出微观层次微粒间相互作用的变化，从而获得对宏观化学反应更深入的理解。

三、第三阶段教学建议

该阶段主要是通过对化学反应原理知识的教学与应用来进一步深化学生的物质变化的观念，使学生能从定性和定量两个角度来认识物质变化的方向、限度和快慢等问题，并能够对实际化工生产中某一化学反应的最佳生产条件做出合理的选择。由于化学反应速率、化学反应方向、化学平衡常数以及平衡转化率等有关化学反应原理的知识具有"定性分析与定量计算相结合，感性认识与理性分析相结合"的特点，在该阶段的教学中要注意引导学生将抽象思维与形象思维结合起来。在进行概念、原理的教学时，固然可以用严谨的、科学的术语揭示出概念、原理所反映的客观事物的本质，但是，用学生熟悉的事实和现象往往更有利于引导学生进入自然哲学之门。例如，用于判断化学反应方向的焓变与熵变是比较抽象的理论性知识，可是人人都有水往低处流、跌落的物体会变乱的认识，即学生在日常生活中已经建立起这样的感性认识：任何体系都有放出能量以求得最大稳定性的趋势和自发向混乱度增大的方向发展的倾向。因此，在讲授较为抽象的化学反应原理知识的同时，结合生活中常见的具体事例进行类比推理，能使学生比较容易地理解化学反应方向性的本质：放出热量和混乱度增大有利于反应的自发进行。

另外，注意理论联系实际，学以致用。化学反应的方向、限度和速率既是人们研究化学反应的重要领域,也是人们控制化学反应、提高其利用价值的重要理论依据。因此,在教学中要注意课堂的开放性和探究性,努力创设理论联系实际的情景。在学习完化学反应速率及其影响因素以及化学反应方向、限度及其影响因素后,可以让学生运用所学知识综合分析和理解化工生产领域中氨的合成和硫酸的制备的最佳反应条件,在实践应用中深化物质变化的观念。

四、第四阶段教学建议

中学生该层次的变化观是在对中学化学、生物学以及地理学等相关课程深入学习的基础上所形成的。它的形成表明中学生能够在分子水平上,从化学变化的视角来看待复杂的生命现象,将各种生命活动归结为生物活性分子之间有组织的化学反应的表现,消除了生命现象的神秘感。因此,使中学生具备该层次的物质变化观,对于提升其科学素养以及树立正确的世界观至关重要。教师应在教学中有意识地引导学生从多维的视角来分析与生命活动有关的各种变化和现象,注意加强化学、生物学、地理学等相关学科之间的渗透与联系,用综合性的练习题目来拓展学生的思维和认识视角。

另外,还要注意丰富学生的知识容量,拓展学生的视野。可以结合课程内容适时向学生补充一些著名的科学实验。例如,1953年,美国科学家米勒设计了一个模拟原始大气条件下氨基酸产生的可能过程的实验,验证了在一定条件下,简单的无机物分子可以转化为构成生命基础的蛋白质的成分氨基酸;1965年和1981年,我国科学家在世界上先后首次人工合成了牛胰岛素和酵母丙氨酸转移核糖核酸,有力证明了蛋白质和核酸等生物大分子完全有可能通过化学途径而自然产生;还有化学振荡反应所揭示出的开放、远离平衡的化学体系,在一定条件下可以自发地组织成时间和空间的有序结构,呈现出类似生命特征的自组织现象,表明了无生命的化学反应与有组织的生命现象之间存在某种必然联系。以上素材对于中学生从化学反应的视角来认识各种生命现象具有积极的促进作用。

第八章 分类观的发展进阶及教学建议

分类是人们认识自然界、进行科学研究的最基本的方法之一。通过对物质进行分类可以将物质世界的复杂性、多样性转化为规律性和系统性,有助于人们对化学研究对象的本质规律和内在联系做出深刻的认识。对物质进行分类的关键在于找到可被普遍接受的分类标准,即对物质本质属性和内在联系的把握。

人们对物质的认识是一个由现象到本质的逐步深化过程,一开始是对物质颜色、状态、形状等外部特征的认识,接下来通过对组成、结构和性质的研究,获得对物质本质属性和内在联系的认识。例如,对于没有掌握原子结构与元素性质关系的学生来说,会对氯、溴、碘三种物质从其外在形态上做现象分类,分别划为气体、液体和固体三种类别,但是在掌握了物质结构与性质的关系后就会将其划分为同类单质。因此,中学生物质分类观的发展进阶就是一个对物质的化学性质与其组成、结构之间内在联系的认识逐步深化的过程。

第一节 分类观的发展进阶

中学生化学领域的分类观的发展经历了从基于元素种类进行简单分类,到基于元素的原子结构进行分类,再到基于原子间相互作用、连接方式以及官能团类型进行分类三个阶段。

一、分类观发展的第一阶段

分类观发展的第一阶段,是以单质、化合物、氧化物、酸、碱、盐、无机物、有机物等概念的建立为标志,能从物质组成的元素种类上对常见的化学物质进行简单分类。

自然界中的一切物质都是由元素组成的。物质的性质首先取决于其元素组成，对于简单的化合物（或单质），元素组成甚至起着决定性的作用。因此，根据物质的组成成分对常见物质进行分类，是分类观的基础，也只有先懂得元素组成对物质性质的影响，才能进一步形成更为深刻的物质分类观念。

但是仅仅依据物质的元素组成成分对物质进行分类是不完善的，因为元素组成所提供的关于物质性质的信息很少或者是很不充分的。例如，CO 和 CO_2 是相同元素组成的物质，但 CO_2 可以灭火而 CO 却可以作燃料，这说明根据物质的元素组成对物质进行分类是有一定局限性的，只是中学生基于其知识经验做出的阶段性认识。随着对化合价、原子结构、分子结构、元素周期律、元素周期表、物质结构与性质等知识的学习，学生会对物质分类获得更为深刻的认识。

二、分类观发展的第二阶段

分类观发展的第二阶段，是以元素周期律、元素周期表概念的建立为标志，能根据元素的原子结构对常见元素的单质、化合物进行系统分类。

元素周期律、元素周期表是按元素的原子序数对物质进行分类的结果，又是人们借以认识和发现新物质的依据。现代原子结构理论阐明了元素周期律的实质，元素的性质取决于其核电荷数和核外电子的排布，特别是最外电子层的状况，元素原子的电子层结构是元素性质随原子序数递增呈周期性变化的根本原因。因此，要对物质进行精准的分类，就必须以物质组成元素的原子结构为分类依据，把电子层结构特别是最外层（价层）电子数相同的元素组成同一物质家族（包括单质和化合物），它们具有相似的化学性质，对其中代表性元素的单质和化合物的学习可以对其他物质的认识起到迁移作用。这样就把看似孤立的、毫无联系的单质和化合物联系在一起，学生在面对一种新物质时，就会自觉地根据组成该物质的元素原子结构去寻找其对应的物质家族，并据此推断其大致的性质和用途。物质分类标准从物质组成元素的种类到元素原子结构的变化，是学习者对物质化学性质的认识由现象深入本质的必然结果。

三、分类观发展的第三阶段

分类观发展的第三阶段，是以有机化合物结构和性质对应关系的建立为标志，能从原子间的相互作用和联结方式以及官能团类型上对有机物进行系统分类。

物质的元素组成相同，其性质未必相同，同素异形体和同分异构体现象清晰地说明了这一点。这是因为物质不是元素原子的简单组合，而是由于原子间的相互作用而形成的整体系统，因此化合物具有不同于其组成部分的特征性质。目前世界上天然存在和人工合成的物质有过亿种，其中绝大多数是有机化合物。几乎每一种有机物都含有 C、H 等元素，但每种有机物都具有自己的特征性质，这说明化合物的性质还受制于组成元素原子间的相互作用和联结方式。因此，从物质分子的结构关系上对有机化合物进行系统分类是更为深刻、更为贴近本质的物质分类标准。

物质的分类标准从组成元素到原子结构再到分子结构，不仅表明学生进一步深化了对物质性质及其变化的科学认识，不再用孤立的、静止的，而是用联系的、整体的观点来认识物质组成、结构与性质之间的关系，而且还表明学生掌握了物质结构决定性质、性质推断结构的科学研究的一般思想方法，这使得学生无论是在学习领域还是在社会生活领域，面对纷繁复杂的物质种类时都能做出科学的判断。

第二节　促进分类观发展的教学建议

结合分类观发展进阶中每一阶段的内涵和特点，教师在促进学生分类观的发展过程中应重视以下几点建议。

一、第一阶段教学建议

在分类观发展的第一阶段，教师一方面可以联系学生在日常生活中常见的物质，借助模型、实物、图片、视频等工具增强学生的感性认识，引导学生了解物质的多样性；另一方面要重视以典型物质为抓手，通过开展实验探究、概括比较、归纳分析、推理预测等活动去认识一类物质的性质，帮助学生理解依据组成不同可以将物质分成不同的类别，同类物质在性质上具有一定的相似性，不同类别的物质在性质上具有差异性，体会分类对认识物质及其变化的重要价值，逐步形成基于物质类别研究物质及其变化的视角。例如，在初中化学学习完金属相关内容后，教师可以设计一个学习活动，让学生将学过的空气、氧气、二氧化碳、硫酸、盐酸、氢氧化钠、碳酸钙、铁、铜等物质进行分类，阐明分类依据并以图示的形式表示出来。这样既可以对纯净物、混合物、化合物、单质、氧化物、酸、碱、盐、金属等相关知识进行系统梳理，又能够促进学生掌握依据物质组成和性质进行分类的思路方法，深化其对物质分类思想的理解。

二、第二阶段教学建议

经过第一阶段的学习，学生已经能从宏观的元素组成的视角对物质进行分类。然而，伴随着大量元素化合物知识的学习，如高中必修阶段学生要掌握钠、铁、氯、硫、氮等的单质或化合物的性质，仅仅从元素组成的视角研究物质就显得作用不大了。在分类观发展的第二阶段，教师要重视结合原子结构的相关知识，引导学生从离子、电子等微观视角出发去认识物质及其变化。比如，初中阶段学生认识氧化还原反应主要是依据反应中物质得氧或失氧而将反应分为氧化反应和还原反应，到了高中阶段教师需要引导学生从微观视角认识氧化还原反应的实质，把化学反应从有无电子转移的角度分成氧化还原反应和非氧化还原反应，并根据电子转移的情况将反应物分为氧化剂、还原剂，进一步发展从核心元素价态认识物质性质的思路方法。另外，要重视发挥离子反应、氧化还原反应、元素周期律、化学反应的速率与限度等理论性知识的指导作用，引导学生主动运用物质的通性、元素周期律（表）、氧化还原反应理论等分析预测和归纳总结物质的性质。例如，在学习硫及其化合物相关内容的过程中，教师可以让学生结合所学知识自主设计实验实现含不同价态硫的物质的转化。这样不仅能帮助学生减轻认知负荷，将零散的硫及其化合物的相关知识结构化、系统化，而且还有利于形成从核心元素价态、物质所属类别、物质特性等视角研究物质及其变化的基本思路，帮助学生实现对元素组成、元素的原子结构等分类标准的理解和迁移应用。

三、第三阶段教学建议

在分类观发展的第三阶段，学生会接触到大量有机化合物的知识，其对物质分类的标准从元素组成、元素的原子结构，进一步发展到了分子结构，思考的维度也从二维平面发展到了立体空间。这对学生的思维具有一定的挑战。特别是在进入微观世界去想象有机化合物的空间结构、分析有机化合物发生化学反应时断键和成键的位置等过程中往往会感到困难。教师在教学过程中要重视以典型有机物为范例引导学生认识碳原子的成键特点，建构从化学键、官能团及空间结构等视角认识有机化合物的一般思路，形成对有机物及有机反应分类的系统认识。与此同时，要积极利用模型拼插或动画模拟等手段帮助学生直观感知有机化合物分子的空间结构及异构现象，重视将物质结构理论的相关知识融入对有机化合物结构和反应的分析预测之中，引导学生在探究实践活动中体会原子间相互作用和联结方式对有机化合物成键特征、分子空间结构的决定作用，同时深化对"结构决定性质"的理解。

第九章 实验观的发展进阶及教学建议

实验观既是实验活动的产物，又反作用于实验活动，对实验本身具有调节、监控、指导作用。一方面，它是实验者在实验探究过程中对化学实验知识和实验技能的提炼与升华，在实验活动中表现为认真规范的实验习惯、求真务实的科学态度和敢于质疑、乐于实践的学习品质。另一方面，化学实验观作为学生思想观念体系的一部分对实践具有指导作用，在实践活动中是影响个体活动效率的内在因素，能够为实验者完成实验任务、解决实际问题提供具有普遍指导意义的方法和思路，主导着对化学知识、实验技能的选择、运用和发展，推动实验活动不断沿着科学、规范、安全、环保的方向有序发展。促进学生实验观的发展应是中学化学课程教学的重要目标。

第一节 实验观的发展进阶

化学实验观同其他学习结果一样也处于不断发展变化之中，它的发展与个体化学知识的获得、实验技能的提高相辅相成，它是一个动态的、开放的认知系统，其内涵和功能会随着学生实验经验的积累和实验过程中智力活动层次的提高而变得更加深刻、完善。实验观的发展进阶主要包括以下三个阶段。

一、实验观发展的第一阶段

良好实验习惯的养成，常用实验仪器的熟练使用，以及对物质制备、收集、分离、提纯等基本操作的熟练掌握是提高活动效率、避免资源浪费，保障化学实验得以安全顺利实施的前提条件。实验观发展的第一阶段主要是以学生养成良好的实验习惯和熟练掌握基本操作技能为标志。

当学生实验观的发展达到该阶段时，在实验活动中能够根据实验目的正确选择、组装、使用常见实验仪器进行简单的实验探究活动；能够有计划按步骤推动实验活动稳步展开，各个实验环节衔接有序，操作规范流畅，活动效率较高；能够主动记录实验结果，注意力专注于对实验现象的定性观察和实验结果的定性描述，并以此来判断实验活动是否成功；能够把对实验现象的观察与对物质性质和反应原理的思考结合起来，初步形成根据实验现象认识物质性质和变化规律的思维方式；能够自觉规避或者主动防范活动中可能出现的对自身及周边环境和他人带来风险的意外情况的发生。在实验结束后，能主动清洗实验仪器，药品物品各归其位，桌面干净整洁；及时撰写实验报告，对实验结果以及实验过程中发现的新问题能够积极主动地思考，具备反思意识。

二、实验观发展的第二阶段

实验观发展的第二阶段体现为学生对实验现象的观察能力和对观察结果进行分析处理的逻辑思维能力的提升，在实验活动中逐步形成实事求是的科学态度和善于发现问题并自觉借助实验事实来寻求问题解决方案的思维习惯。

该阶段实验观具体体现在学生能够通过感官或科学仪器有针对性地对实验中物质变化现象做科学、认真、细致的观察，准确获得表征物质变化的实验信息，并用准确的学科语言、表格或图表等完整地记录和表述出来；能够对原始资料做去伪存真、去粗留精的处理，筛选出客观反映物质变化规律的有效信息；能够对实验中获得的有效信息进行分析、综合、比较、归纳、抽象、概括等智力活动，得出关于物质的物理、化学性质和变化规律的理性认识，进而简明客观地表达实验结论；能够自觉对实验过程中自身实验行为及其结果以及实验中未尽事宜进行思考和追问，以便更好地发挥个人在实验中的主观能动性，加强对现有实验资源的优化组合，实现实验效益最优化。

善于捕捉实验过程中的"异常"现象，并进行记录、思考、讨论，最终获得合理的解释，是该阶段实验观发展良好的重要体现。

三、实验观发展的第三阶段

随着化学课程的开展,学生的化学实验知识和实验技能不断提升,对物质变化的好奇心和求知欲驱使他们不再满足于按既定的实验步骤被动地完成某项实验活动,而开始尝试着按照自己的思路对感兴趣的化学问题或生活中常见的物质变化的本质规律展开深入探究。实验观发展的第三阶段意味着学生能够综合运用已掌握的化学知识和实验技能独立自主地设计和开展实验探究活动,并且能够创造性地解决遇到的问题,简洁、快速、高效地完成既定的实验任务。

该阶段实验观具体表现为学生能够系统综合地考虑实验的策略、方法,包括如何进行观察和测量、如何控制实验条件、如何对实验结果进行分析处理、如何应对实验中可能出现的各种意外情况并能提前做到有效预防;能够不拘泥于教材现有的实验方法和实验步骤,敢于推陈出新,对现有实验装置仪器进行改进以及实现对实验原理的突破与创新,运用发散思维、多角度、灵活地设计出多样化的实验方案,通过多种途径来完成实验任务。

第二节 促进实验观发展的教学建议

结合实验观发展进阶三个阶段的内涵和特点,教师在促进学生实验观发展的过程中应重视以下几点教学建议。

一、第一阶段教学建议

为促进该阶段化学实验观的发展,教师首先要充分重视化学实验教学,为学生创造尽可能多的动手实践的机会,引导学生勤于动手、乐于实践。在教学中要适当拓展实验内容及实验手段,引导学生从化学的视角看待生活中遇到的现象和问题,尝试以实验为手段寻求问题解决的思路和方法。例如,在学习了过滤、蒸发、结晶等基本操作后,教材中设置了粗盐提纯这一学生实验,可以让学生在课堂上完成该实验的基础上，课外完成从甘蔗中提取蔗糖的实验。该课外实验活动不仅能加深学生对有关实验原理的理解，提高其操作技能水平，更为重要的是能让学生在生产技术层面体会到化学实验在认识物质、改造物质、利用物质的活动中的实用价值，提高对化学学习的兴趣和未来职业生涯规划的意识。当学生亲手制备出一种物质并通过绚丽多彩的实验现象了解了该物质的性质与变化规律时，那份成功的喜悦会极大地鼓舞他们乐此不疲地投入新的实验探究活动中。

其次，在对学生进行常用仪器的识别和使用能力培养的实验教学中，要充分发挥综合实验的教学功能，避免孤立地进行单一操作技能的训练。要把单项操作技能的训练与开展综合性实验活动紧密结合起来，让学生置身于具体的实验情境，利用实验任务和实验问题来调动他们动手操作的积极性和主动性，引导他们把对仪器的构造、用途、使用方法的掌握与使用不当可能对实验结果造成的影响联系在一起统筹考虑。这样不仅能避免单一仪器的使用练习因缺乏具体实验情境支撑而变得单调机械、枯燥乏味，更为重要的是能使学生通过对实验任务的分析和实验原理、操作原理的深入理解，认识到每个单项操作对完成整项实验活动的意义，自觉地把与整个实验任务有关的各种单项操作进行整合，加强它们之间的连贯性和流畅性，以促进单项操作技能向综合实验操作技能的过渡和良好实验习惯的养成。

二、第二阶段教学建议

在实验观发展的第二阶段，教师首先要特别注重对学生观察能力的培养。实验观察是指在人为干预或控制实验对象的情况下通过感官或科学仪器感知客观事物属性的认识活动。为提高该项认识活动的质量和水平，要引导学生掌握一定的观察技巧和方法，学会根据观察对象的特点采用跟踪观察、重点观察、对比观察等观察方法，按照时空顺序有目的、有计划地从实验对象那里获取信息，避免观察时漫无边际、顾此失彼。从实验进程看，实验对象在不同的实验阶段会表现出不同的实验现象，需要在实验前、实验中、实验后三个时间段进行观察。实验之前，实验对象保持自身的物理、化学性质，实验者需要对实验对象的外观和保存方式进行观察，从对颜色、气味、硬度以及保存方式等的观察中获得对该物质物理、化学性质的初步认识；实验过程中，实验对象发生化学变化时表征新物质生成的各种现象以及产生这些现象需要的实验条件是观察的重点；实验结束后，既需要观察生成物的颜色、状态、气味等外观特征，又需要观察记录物质变化后反应体系的质量、体积、温度的变化情况，以便于从定性、定量两个角度获得对实验对象的全面认识。

其次，在实验教学中要注重对学生进行思维方法的训练。观察收集到的实验事实并不等同于实验结论，只能从中获得一些有关物质及其变化的感性认识，而理性认识的产生有赖于对实验事实做定性、定量的分析和研究。这是运用理性思维求真的过程，"真"就是隐藏在实验事实中的物质变化的本质和规律，需要运用综合、比较、抽象、概括、判断、推理等思维方法去发现。因此，实验结论的得出过程就是积极深刻的思维活动过程，也是实证意识不断得到强化、发展的过程。例如，在红磷燃烧测定空气中氧气含量的实验中，收集到的实验结果有：红磷燃烧时发出黄色火焰，生成大量白烟，放出热量，打开止水夹后进入集气瓶中的水约占体积的1/5。以上诸多事实对于深入认识物质的性质和变化规律所起的作用是不同的，其中只有"进入集气瓶中的水约占体积的1/5"这一实验现象和实验目的密切联系，可作为定量认识空气中氧气含量的事实依据，其他现象只是说明红磷发生了化学变化这一事实而已。

三、第三阶段教学建议

创新不是凭空产生的，它是以发现和提出问题为起始，通过吸收、借鉴已有的研究成果，在个人独立思考的基础上产生的独树一帜、与众不同的问题解决思路和方法。化学实验本身就是一个发现问题、解决问题、产生新问题的科学认识过程。因此，教师在实验教学活动中首先要从培养学生的问题意识开始，鼓励学生对教材中的实验方法甚至结论提出批判和质疑，当然这种批判和质疑不是盲目的，而是来自对实验现象背后事实真相的追问和对现有实验结论的精益求精，是基于学生本人对实验原理的深刻理解而产生的与以往不同的实验思路和实验方法，然后要求他们亲自动手操作，在实践中检验自己提出的想法和见解的可行性，在不断的修正、改进中提升创造性思维。

让学生带着问题进行实验，不仅能够激发学生的实验兴趣，更能督促学生在动手操作的同时不忘记动脑思考，使实验活动维持在一种较深刻的思维水平状态，从而保障学生在实验活动中得到良好的思维训练。需要注意的是教师在用问题驱动学生养成创新意识的教学过程中，要充分了解学生已有知识经验和能力发展水平，把握好问题的难度和层次，同时还要注意问题的思考与探究价值，确保让问题起到激发新思路、新方法，驱动实验活动不断开展的作用。

　　其次，重视开放性实验对学生实验创新能力养成所发挥的独特作用。教师可以根据课程内容适当为学生设置一些开放性实验，当学生置身于一个开放的、自由的环境，他们的创造潜力可以得到极大激发，从而产生一些奇思妙想。同时，为避免化学实践活动流于形式，教师应要求学生必须遵循探究活动的一般程序，即提出问题、猜想假设、设计方案、收集证据、分析解释、获得结论、反思交流。这种探究活动程序不但可以使学生获得化学知识，关键还能使学生认识到化学知识是如何得来的，掌握独立获得新知识的思路和方法。学生在设计实验活动方案时，教师可以事先从实验过程的简洁性、实验步骤的合理性、实验操作的规范性、实验结果的可靠性等方面对实验方案提出要求，让学生在独立思考的基础上相互借鉴，设计出具有可操作性的实验方案，然后通过实践活动来检验方案的科学性和合理性，使实践活动真正起到锻炼思维、培养创新意识的目的。

　　另外，鼓励学生充分运用一切可能的资源开展家庭实验与观察活动，乃至探究性的实验活动，也是重要的教学策略之一。如自制简易净水器、植物色素的提取和利用、肥皂的合成与使用、食品调料的酸碱性测试等。

第十章 化学价值观的发展进阶及教学建议

化学价值观是人们对化学科学在科学认识和社会实践方面所持有的信念和态度。在化学科学对人类社会发展影响日益广泛的今天，化学价值观支配着人们解决与化学有关的问题时的价值取向和行为方式。中学生的化学价值观是伴随着对化学学科知识的学习与应用而逐步建立起来的，并随着化学知识层次的提高和生活经验的积累而日趋完善。它决定着中学生以什么样的情感和态度来学习和应用化学，以及对化学科学抱有什么样的信念，它是中学生化学科学素养水平高低的重要标志。

第一节 化学价值观的发展进阶

中学阶段形成的化学价值观是中学生在化学认知领域和情感领域综合发展的产物，是学生在学习过程中认知、情感和意志综合作用的结果，它涉及对自然环境、社会现象等问题的反思与评价。我们认为，随着中学生知识量的丰富和反思、评价意识的提高，其化学价值观的发展过程表现为以下三个阶段。

一、化学价值观发展的第一阶段

化学价值观发展的第一阶段，学生对化学的认识是建立在其实用价值的层面上，从化学与技术发展及应用的重大成就、化学对社会发展影响的事件中感受到化学是一门"中心的、实用的和创造性的学科"。

中学生对化学的初步认识是建立在其实用性的基础上的。其实，化学的诞生就是和冶金、医药等社会实践活动联系在一起的。化学是一门什么样的学科？化学在人类社会文明发展的进程中扮演着什么样的角色、发挥了什么样的作用？化学是如何影响现代生活并推动现代社会文明向前发展的？对化学初学者而言，这是他们迫切想知道的问题，而且也是在教学中应该首先让他们知晓的问题。化学在人类社会发展的不同历史阶段都起过巨大的推动作用，时至今日已成为材料科学、生命科学、环境科学、能源科学、信息科学等现代科学技术的重要基础，现代社会就是建立在人们以化学为技术手段创造的物质世界之上的。赞赏化学为人类文明进步做出的重要贡献，对化学的学习和应用抱有浓厚的兴趣和信心，应该是化学初学者对化学具有的基本态度。

二、化学价值观发展的第二阶段

化学价值观发展的第二阶段，学生对化学的认识深入精神价值层面，从化学认识世界、解释世界的思想方法和思维方式中体会到化学是一门充满智慧、可以使人的精神世界得到充盈的学科。

对化学实用价值的认识，不足以使学生对化学产生持久的兴趣和深入的认识。化学作为一门自然学科，在长期的发展过程中形成了自己独特的认识世界、解释世界的思想方法和思维方式，它们是人类思维智慧的源泉，而化学理论发现、发展的曲折历程所折射出的科学精神和科学态度，则是人类情感素养的重要源泉。这些要素更能满足学生认知和情感发展的需要，是吸引学生对化学产生持久兴趣的根本原因，也是推动学生深入学习化学的根本动力。

化学知识教学的推进，特别是渗透于具体知识当中的化学思想方法和思维方式的揭示，为学生提供了深入认识物质及其变化的思路和视角，学生借此可以对生活中常见的一些变化和现象做出科学的解释，从化学知识的学习和应用中获得一种成就感。这种成就感的获得，会使学生对化学科学的兴趣由最初的实用功能向思想方法功能转变，学生会自觉把化学知识的学习看作提高个人对物质世界的认识水平、充实个人内心精神世界的基本途径和手段，从而在学习上表现出较高的积极性和主动性。

三、化学价值观发展的第三阶段

化学价值观发展的第三阶段，学生对化学价值的认识建立在唯物辩证法的层面上，通过对化学研究对象即物质客体的多样性、规律性、系统性、层次性以及化学的价值与局限性的学习，增强辩证唯物主义认识能力，树立合理利用资源、可持续发展的观念。

化学是以物质的组成、结构、性质和变化规律为研究对象的学科，对其研究成果进行抽象概括可以上升到辩证唯物主义世界观和方法论的认识层次。同时，化学还是一门应用型学科，化学创造是现代文明的基础之一，但物质制备与应用过程对生态环境的影响说明化学科学与技术仍处于不断发展完善之中，绿色化学、原子经济性、分子设计是化学科学与技术的发展方向。尽管化学并不能为所有社会问题提供解决方案，但是环境的改善、功能材料的合成、替代能源的开发等问题的解决必须借助于化学的进步与发展。学生化学价值观发展的最高层次就是辩证唯物主义世界观的形成，认识到自然界物质及其变化的基本规律，辩证地看待化学的价值与局限性，懂得人与自然和谐共处和可持续发展的重要意义。只有把化学的应用建立在科学发展观的基础上，树立合理利用资源和可持续发展的观念，才是一个有科学素养的公民所应具备的化学价值观。

第二节 促进化学价值观发展的教学建议

结合化学价值观发展进阶中每一阶段的内涵和特点，教师在促进学生化学价值观的发展过程中应重视以下几点建议。

一、第一阶段教学建议

化学价值观发展的第一阶段的重点是让学生形成对化学学科实用价值的一种认同。在教学中，教师应重视结合学生的生活经验引导学生感受和认识化学学科的实用价值。例如，教师可以设计活动让学生观察思考教室中的各种物体，说一说哪些是由自然界中本来就有的物质制成的，哪些是由化学方法制成的，并设想一下如果周围所有的化学制品在一瞬间全部消失，我们的生活会变成什么样子？以此让学生感受到化学与我们衣、食、住、行等方方面面都息息相关。与此同时，教师可以密切联系化学学科发展史与人类社会发展史的相关资料，展现化学在促进人类发展过程中所发挥的重要作用。学生通过对人类社会发展历史进程的回顾与反思以及对现代社会生活实际的思考，就会对化学形成"中心的、实用的和创造性的科学"的初步认识。

二、第二阶段教学建议

化学价值观发展的第二阶段体现为学生对化学的精神价值形成了一种更深刻的认同。这种精神价值是内隐于具体化学知识之中的，就如同冰山隐藏在水面以下的那部分，需要教师在知识教学过程中有意识地深入知识内部，追寻化学知识的探索和发展的过程，深入挖掘在这一过程中运用的科学方法、蕴含的思想观点以及体现的科学态度和科学精神。例如，在教授"燃烧"相关内容时，教师就需要追寻燃烧概念的发展过程。燃烧是人类最早利用的化学反应之一，对燃烧的探索体现着从宏观、定性地认识燃烧的现象到微观、定量地研究燃烧本质，从利用燃烧进行物质转化的经验积累（如炼金、炼丹）到理论探索燃烧发生的条件、理性思考如何控制燃烧并合理利用燃烧满足人类对物质和能量转化的需要（如利用航天燃料的燃烧成就飞天梦）。这一过程反映出化学家对化学反应认识的逐步深化和不懈追求，体现了合理利用和调控化学反应实现物质与能量转化的重要意义和价值。

唯有将这些渗透于具体化学知识当中的"养分"挖掘出来，学生对物质及其变化认识深化的过程才能同时成为学生情感态度与价值观不断发展、完善的过程，才能真正发展学生的精神素养和情感素养，在潜移默化中使学生对化学科学的认识由实用价值层面上升到精神价值层面。

教师对化学史的阅读思考，对化学科学价值的持续思考，以及对前沿科学保持关注，是做好以上教学工作的基础。

三、第三阶段教学建议

在化学价值观发展的第三阶段，教师不能仅仅让学生从学科角度来认识化学知识，更要把这些知识的传授与发展学生的辩证唯物主义哲学观点联系起来。诸如物质多样性、规律性的统一，物质结构的多层次性，物质组成、结构与性能的关系，宏观与微观的联系，物质内部的吸引与排斥，化学平衡与移动，物质的量变与质变，等等。这些内容不仅从学科角度阐述了化学研究对象的本质与规律，而且还饱含辩证思想，具有哲学意义，可以提高学生对物质世界的认识水平和辩证思维能力。

另外，教师在教学中要密切联系人类面临的与化学有关的社会热点问题，如碳中和与碳达峰、垃圾分类等，通过调查研究、项目式学习等方式引导学生积极思考、讨论、决策和实践，进一步理解科学、技术、社会、环境之间的相互关系，启发学生用发展的眼光来看待化学与当前一些与化学化工相关联的社会和环境问题，辩证地认识化学的价值与局限性，既不能无限制地放大化学在社会各领域的功能，又不能不加思考地抵制化学带来的文明与进步。

第三编 促进"观念建构"的化学教学

"以学生发展为本"是基础教育课程改革的核心理念。为切实贯彻这一理念，学校课程教学必须唤醒人的主体意识，把人作为认知发展的主体，通过学科教学，不仅为学生的健康成长和可持续发展打下知识、方法基础，更奠定思想、观念基础。为推进基础教育课程改革的顺利实施，必须要用一种新的理念来引导规范教师的教学行为和学生的学习行为。"观念建构"教学是对传统"知识本位"教学不断反思与超越的产物，是在探索如何推进课程改革、促进学生全面发展的实践中形成的一种教学理念。在"观念建构"教学中，学生的认识和思维不再像在"知识本位"教学中那样处于对具体知识的背诵记忆层次，而是在此基础上向领会思想方法、体验情感态度的层次推进，实现核心素养的全面发展。

化学"观念建构"教学到底是一种什么样的教学？如何设计和实施"观念建构"的化学教学？如何开展促进学生化学基本观念发展的学习评价？本编将围绕上述问题就"观念建构"化学教学的理论基础、设计思路、教学策略、教学案例及学习评价等方面进行系统论述，为促进"观念建构"化学教学的开展及学生化学基本观念的培养提供思想引领和方法指导。

第十一章 化学"观念建构"教学的理论基础

任何教学模式都是基于一定的理论基础，依据其对学生、学习、教学等的不同认识而提出的。理论基础为研究者提供了解决问题的思维框架，为实践者提供了教学行动的方向引领。化学"观念建构"教学以具体知识为载体，注重核心概念的认知过程，强调概念间的联系和知识迁移，用化学基本观念去统领具体知识的学习，通过学生积极主动的思维活动和情感体验，达到对化学科学本质特征的概括性认识。建构主义理论、"学科结构"理论和"学习进阶"理论为"观念建构"教学的构想和实施提供了理论指导。

第一节 化学"观念建构"教学的内涵与价值

教学对大家来说是一件非常熟悉的事情了，不就是实现既定教学目标的活动吗？美国教育学家格莱斯（R. Glasser）认为，所有的教学活动都包括四个部分，即教学目标、起点行为、教学活动和教学评价，为此他提出了教学的一般模式（又称为基本教学模式），如图11-1所示。

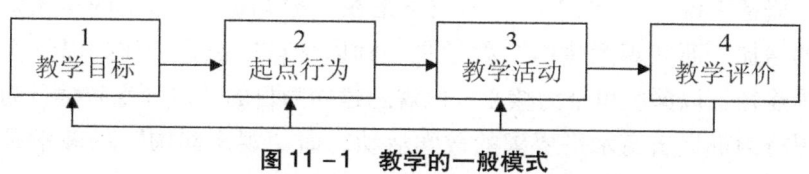

图11-1 教学的一般模式

教学就是通过一定的组织形式，旨在引起教师、学生、教学内容以及教学手段等诸要素之间互感互动并有所生成的系统活动。教学"生成"的效果取决于教学环节的良性循环和教学系统要素之间的良性互动。"观念建构"教学和"知识本位"教学在结构上都具有一般教学模式的环节和要素，其根本区别在于前者呈现的是"观念的建构"，后者体现的是"知识的流动"，是两种价值取向和思维水平不同的教学。

一、化学"观念建构"教学的内涵

在"知识本位"的教学视野里，化学知识被看作用于解决问题或产生新知识的工具，知识学习的目的是以此为手段获取更多的知识，目的与手段的分离使知识本身成为目的。与此同时，从知识与学生的关系上看，化学知识在"知识本位"的教学中被视为完全外在于学生的工具，是静止的、封闭的，等待学生去"占有"的对象，学生与知识之间是一种肤浅的"占有"关系，学生一旦掌握知识，知识与学生的关系发展就走向停滞。由于知识与个体生命之间缺少互动与对话，知识传授只意味着知识在不同存在空间的生硬流动，而难以在学习者的心底激荡起智慧的涟漪。通俗地讲，"知识本位"教学教给学生的知识是"死的知识"。

在"观念建构"的教学视野里，化学知识被视为促进观念建构的手段。在这里，具体知识更多是被作为一种促进学生发展的工具来使用的，它不仅仅是用于解决问题或产生新知识的工具，更是训练化学思维、提升化学观念性认识的工具。"观念建构"教学反对以"占有"的方式学习知识，主张通过交流、对话的形式深入理解知识的内涵，就知识与学生的交往、对话的过程而言，它是开放的、动态的，是与学生的情感和经验世界相关联的。也就是说，"观念建构"教学教给学生的知识是"活的知识"。

概括来说，"知识本位"的教学是在"教知识"，追求的是知识数量的增加；而"观念建构"教学是一种以学科知识为载体，以学生活动为途径，以深度思维为核心，以观念建构为目的，对师生教学行为和学习行为都提出高水平要求的教学活动，即"观念建构"的教学是在"用知识教"，追求的是人在知识教学过程中的全面发展。

至此，我们将化学"观念建构"教学界定为：以建构化学基本观念为目标，用化学基本观念统领化学知识的学习，通过概括提炼、迁移应用、反思体验等高水平思维活动，不断提高核心知识、认识思路的结构化水平，促进学生化学基本观念的建构发展。

对化学"观念建构"教学的理解着重强调以下三点：

（1）化学"观念建构"教学，是以化学基本观念为目标和灵魂的教学，它以化学基本观念统领教学活动的设计、实施与评价，所有的教学环节、教学行为都在建构学生化学基本观念这一目标的驱动下变得更富有关联性和深刻性。

（2）观念是思维活动的产物，化学基本观念是对化学知识所蕴含的思想、观点、方法的深层次挖掘，化学基本观念的建构需要借助于对具体化学知识的学习来实现，化学知识是化学"观念建构"教学的重要载体和工具。

（3）观念是建立在对知识的深刻理解和情感体验的基础上，化学"观念建构"教学是以深刻的思维活动和积极的情感体验为基本要求的教学，问题和活动是化学"观念建构"教学的主要组织形式。

二、化学"观念建构"教学的价值

在以提高学生核心素养为主旨的课程改革背景下，相对于背诵、记忆具体的化学知识，帮助学生提升思维、发展观念更有利于核心素养的发展。因为素养从本质上来看是一种指向复杂情景中真实问题解决的高级实践能力。这种实践能力仅仅依靠知识量的积累是无法形成的。积极开展化学"观念建构"教学能够有效促进学生学习方式的转变，增进学生对知识的深刻理解，帮助学生实现知识向能力和素养的转化，同时对帮助教师实现专业发展和成长具有重要价值。

（一）促进学生学习方式的转变

化学知识是以具体事实和概念、原理的形式出现在课程教材中的，是有"形"的，它可以通过教师的讲授，让学生以背诵、记忆的方式来获得。而化学基本观念则是化学知识的深层凝聚物，是无"形"的，它不可能通过一种浅层次的思维活动和单一的学习方式来获得。因此，"观念建构"教学所带来的最大变化就是学生学习方式的转变，这种转变是从根本上对以知识传授为中心的接受式学习的超越。

首先，化学基本观念是学生运用自己的大脑亲自发现的。化学基本观念没有和学生的经验、情感世界发生意义关联之前,是作为化学知识的内核而存在的,是具体事实背后的化学关于物质世界运动规律的基本认识以及产生这些基本认识的思想方法和思维方式。这部分内容具有不思则无、思则深远的特性,只有学习者本人亲自经历知识的探索、发现过程,对具体化学知识进行深入挖掘与理解才能展现出来,并在与老师、同学的交流讨论中获得日渐清晰的认识。这是一个打开知识内核,从具体知识中抽象出基本认识的过程,是在教师有意识地引导下通过自主学习或合作探究来实现的。如果不让学生经历发现知识深层含义的过程,教师还像往常传授知识那样将知识的内核以结论的形式全盘托出,那么学生就会倾向于用背诵、记忆的方式来接受它,而不是去理解它。

其次,化学基本观念是学生通过高阶思维活动自己建构起来的。打开知识的内核并不是观念建构教学的最终目的,教学的最终目的是把从具体知识中获得的基本理解上升为植根于学习者意义世界的观念性认识。这个过程绝不是靠背诵、记忆或机械训练等浅层次思维活动就能实现的,它需要学习者在知识的运用和问题解决活动中主动去体验、去感悟,并结合自己已有的生活经历、经验进行反思、内省,最后在交流讨论和经验重组过程中实现对已有认识的突破和创新,达到观念和行为的升华与提高。可以看出,化学基本观念的建构是靠学习者展开深层次的思维活动和付出持续的心智努力来实现的,它使学生的学习行为从被动地记忆知识、贮存知识向主动地理解知识、建构观念转变,这从根本上改变了以背诵记忆为特征的接受性学习方式,必将对学生的成长和发展产生深远的影响。

(二) 促进学生对知识的深刻理解

一位教育专家曾做过这样一个调查:他对同一个教师所教的两个班的学生的化学学习做了跟踪调查,四年前两个班的高考化学平均成绩是94分,四年后他用同样的试卷对这些学生再次进行了测试,结果平均成绩只有26.3分,其中所得分数主要是来自与化学思想方法和思维方式有关的内容,具体的知识和运算公式学生几乎都遗忘了。这说明在传统的以知识传授为中心的化学教学中,反复的讲授和练习只是使学生暂时记住了一些事实和结论,他们并没有真正地理解知识的含义,因而也就不能形成长久的学习能力。上述调查还说明了一个问题,那就是真正伴随学生一生发展并持续发挥作用的并不是具体的知识,而是从具体知识中所获得的学科思想方法和思维方式。

相对于以知识传授和记忆为中心的传统教学而言,化学基本观念能够有效地激发学生深层次思维活动,促进其对知识的深刻理解。这是因为,化学基本观念是以化学知识为载体而存在的化学科学关于物质世界运动规律的基本认识,它的形成是以对具体化学知识的深入理解为基本前提的。学生在构建化学基本观念的过程中,为深入理解和有效转化知识,需要对学科领域中那些最具化学学科特征的概念、原理做出反复的探究和思考,使自己的理解和思维达到高层次的抽象、概括水平,以实现从具体事实中获得可迁移的概念性理解的目的。这意味着,学生为促进观念建构,在学习某一单元或某一知识点时,思维不是停留在对知识的背诵记忆和字面理解的水平上,而是深入单元的主题或知识的内核,使自己对所学内容达到深刻理解并从中形成了自己的见解。

因此,化学基本观念的形成过程就是对化学基本概念和基本原理进行深入理解以形成自己的基本认识的过程,也只有用化学基本观念来引领知识教学,才能从根本上扭转"知识本位"教学所带来的知识学习的短期行为,促进学生对知识深入的、持久的理解和掌握。

(三)促进学生科学素养的全面发展

在教学实践中不乏这样的现象:学生对教学内容进行了深入细致的学习,在随后的课堂练习或单元测试中也能做到游刃有余,但是在现实生活中一旦遇到与化学有关的实际问题和现象时就一筹莫展,不知道该如何把所学知识运用于新的问题情境。这说明,单纯的知识教学和习题训练只是让学生掌握一些具体的事实,只能在化学课堂上产生一种浅层次的知识应用意识,在课堂之外,学生缺少用化学思维去分析问题、解决问题的意识和能力。从根本上说,正是学生头脑中化学基本观念的缺失,造成了知识与能力、素养间的脱节。

提高学生的科学素养是理科课程改革永恒的目标,但知识并不等于能力,更不等于素养。知识只有与个人经验世界中的思想方法联系起来并在一定学科观念的主导下才能具有调节活动的作用,才能对个体具有发展意义。对于化学基本观念是何以促进知识向能力、素养转化的,我们可以从清代诗人袁枚有关"学""才""识"的论述中找到答案。袁枚在《随园诗话》中指出,"学如弓箭,才如箭镞,识以领之,方能中鹄"。这就把人的"学"——知识,"才"——能力,"识"——见识、见解(也就是我们所说的观念)三者区分开来,并十分形象地指出了它们之间的关系:知识是解决问题的基础,能力把知识转化为解决问题的方法和工具,见解或见识则是我们对知识和能力的应用方向、方式的引领和监控。[①]假如没有化学基本观念的引领,具体知识和能力就找不到应用的场所,也就不能有效地解决问题,更谈不上向科学素养的转化。

同某一具体化学知识相关的化学基本观念的建构,相当于为学生打开了一扇智慧之窗,学生借此可以看到该化学知识是同如此众多的事物的本质和规律相联系,这无疑极大增强了知识的应用空间和学生的应用意识。比如,在初中化学阶段建构起元素观的学生,会对物质的成分产生一种敏感性,主动地从元素组成上认识他所遇到的每种物质,并将其与熟悉的物质建立联系,试图以物质的组成成分——元素为核心,建立起一种描述庞大的物质世界的认识框架。这样学生从课本上学到的知识就"活"了起来,能够有效地促进问题的解决,学生能够表现出较高的学识素养。如果学生在学习过程中不能使自己的视野穿透到化学观念的层次,那么他就只能就事论事地套用结论解决问题,而不是创造性地运用知识解决问题。

(四)促进教师专业发展与成长

教师是教学系统中发挥主导作用的要素,是教育教学实践活动的直接承担者和组织者,其专业水平直接影响着课程实施质量及相应的人才培养质量。在决定、引导教师专业素养发展的诸要素中,起关键作用的是个人所持有的教学理念。如果教师在思想上缺乏一种超越具体知识的教学理念的引导,个人的知识观和教学观就难以超越器物层面,就不能站在学科整体的高度来审视所教学科特有的认识世界、解释世界的思维方式和思想方法,并将其与学生的未来发展联系起来,那么对知识量的追求就成为其教学的唯一目标,教学行为就会局限于就知识论知识的层

[①] 郭思乐:《论科学观念教育在学科教育中的地位》,《教育研究》1995年第1期,第68页。

次。在我们看来，单纯的知识传授是一种低层次的教学行为，因为教师只需要使学生记住自己所教知识内容并熟练应用于练习考试就可以了，无须去思考和挖掘知识在思想方法、价值观层面给人所带来的智慧启迪和精神充盈的功能，只要具备一定的教学技能就可以了，这是任何一名受过系统教育的师范毕业生都可以胜任的，而且不用很长时间就能成为知识传授的行家里手，但与创造性地开展教学乃至成为一名专家型教师还有很大的差距。在教学上缺乏更高追求的教师容易产生职业倦怠，把原本富有创造性、有着较高思维要求的教学演化为一种靠个人经验和对知识的熟练掌握就能从事的程式化劳动，教师的个人成长与专业发展就难以有大的突破，充其量就是学科教学领域内一名熟练的"工匠"而已。

"观念建构"的教学把教师从知识的束缚下解放出来，教师不必再为如何使学生记住知识、运用知识而绞尽脑汁，但同时又把教师推上一个更高要求的平台，那就是要求教师有高水平的专业素养。首先，教师自己要有学科观念意识，这是进行观念建构教学的先决条件。如果教师自己都意识不到所教学科包含哪些具有人类共同价值取向的世界观、人生观、价值观，或学科特有的认识世界、解释世界的思维方式、思想方法，那就谈不上开展促进观念建构的教学，而学科观念意识是以精深的专业学科知识为基础的。其次，教师要具备把自己的以及教材所蕴含的学科观念转化为学生的基本观念的能力。学科观念不像具体知识那样可以让学生通过背诵记忆的方式获得，而且学科观念也不是以静态结论的形式呈现的，这需要教师成为一名思考者和发现者，从学生现有的学科观念出发，利用一切可以利用的知识素材创造性地开展教学，在实践探索中不断进行反思、总结，进而形成带有自己教学风格的观念建构教学模式。

"观念建构"的教学是以学科知识为工具和载体的教学，强调在教学活动中以知识为载体建构学科观念，是对"知识本位"教学的超越。这对习惯于把知识当作目的来追求的教师来说是一种挑战，但从教师个人长远发展来看却是一种机遇。教师要以开展"观念建构"教学为契机，增强学习意识、反思意识，使促进学生基本观念的建构成为自己日常教学中的习惯性行为，把日常教学活动的开展与自己专业发展有机结合起来，努力成长为一名思考型、专家型的教师。

第二节　化学"观念建构"教学的理论基础

建构主义理论、学科结构理论、学习进阶理论有关学习过程、教学内容、教学方法、教学评价等方面的思想观点为化学"观念建构"教学奠定了坚实的理论基础。本节将在简要阐释上述理论基本观点的基础上，深入分析其对化学"观念建构"教学的设计、实施和评价提供理论与方法指引。

一、建构主义理论及其启示

作为对传统认识论的一场革命性挑战，建构主义以多重视角对传统认识论进行了反思，并在此基础上形成了有关认识与学习的不同建构主义流派。这些建构主义流派尽管在研究的侧重点上存在差别，但它们对知识、学习与教学的看法却有许多共同之处。

（一）建构主义理论的基本观点

1. 建构主义知识观

知识观是课程与教学的认识论基础。长期以来，在课程与教学领域占主导地位的是客观主义知识观。这种知识观将知识看作对客观世界的真实反映，它们具有"客观性""普遍性"和"价值中立性"的特征。[①] 客观主义知识观的最大问题在于它忽略了世界的无限复杂性以及作为认识主体的人所具有的巨大能动性。针对这一缺陷，建构主义提出了自己独特的知识观，它具有以下特点：

（1）强调知识的动态发展性。建构主义承认现实世界是客观存在的，但认为知识并不是对客观现实的准确表征，它只是认知主体在与客体相互作用的过程中建构起来的一种解释或假设。也就是说，知识不是绝对的真理，不是问题的最终答案，只是一种因人、因情景而异的解释或假设，科学技术的发展和人类认识水平的提高会对知识提出新的挑

[①] 石中英：《知识转型与教育改革》，北京，教育科学出版社，2001年，第129页。

战，并随之出现新的假设，从而推动知识不断向前发展。卡尔·波普尔（Karl Popper）曾质疑科学知识的权威性，他说："夸大科学的权威性是不对的。人们尽可以把科学的历史看作发现新理论、摒弃错了的理论并以更好的理论取而代之的历史。"① 托马斯·库恩（Thomas Kuhn）把科学知识的更替称作"科学革命"，他认为科学的发展遵循"前科学→常规科学→科学危机→科学革命→新的常规科学→新的科学危机"的模式。因此，科学的发展就是"前科学→常规科学→科学革命"如此循环往复的过程，在这个过程中人们日渐获得对客观世界更为可行的解释。

按照建构主义的这种观点，科学知识包含真理性，但不是绝对正确的最终答案，只是对现实的一种更为可行的解释。同样，教科书上的知识也不是永远正确的、一成不变的真理，它只是一种关于事实和现象的较为可行的解释，是动态发展的。因此，学生对学习意义的建构，不仅是对新知识的记忆和理解，还包括对新知识的分析、检验和批判。从人类文明发展的历史长河来看，科学的发展历程就是人类对物质世界的认识不断推陈出新、完善深化的过程，其间折射出人类与生俱来的对未知世界的探索热情和求知欲望。现代心理学研究表明，学习是以一种心理重演的方式再现人类社会历史活动，从而建构具有独特形态的认知成果。因此，学习应该是充满探索和追求的，科学教育要致力于让学生在探究活动中发现知识的来龙去脉，掌握知识发现的过程和方法，培养其怀疑和批判精神以及对学习过程的反思检验能力，理解科学的本质和领悟其中蕴涵的科学精神和科学思想。

（2）注重知识的情境性。一方面，建构主义反对传统的将知识从它被应用的具体情境中分离出来，使之过于简单化和抽象化的做法，认为在一定程度上，知识是它所被应用于其中的活动、背景和文化的产物，其各部分之间是相互联系的。因此，它不主张抽象地谈论孤立的知识点，而主张将知识放在一个宏观的、现实的具体情境中，引导学生借助于真实情景中的各种资料去发现并解决问题，以便使其能用真实的方式将获得的知识应用到实际问题的解决过程中，这同时也有助于学生意识到所学知识的有用性。另一方面，建构主义认为知识的情境性还表现

---

① 〔英〕卡尔·波普尔：《科学发现的逻辑》，查汝强等译，北京，科学出版社，1986年。

在知识不可能以实体的形式存在于具体个体之外，尽管我们通过语言符号赋予了知识一定的外在形式，甚至这些命题还得到了较为普遍的认可，但这并不意味着学习者会对这些命题有同样的理解，因为这些理解只能由学习者基于自己的经验背景而建构起来，这取决于特定情境下的学习历程。这就是说，知识的意义与学习者在特定情境下的活动和经验内在相关，只有通过学习者基于自己的经验背景进行主动建构才能体现出应有的价值。在这种知识观的指导下，建构主义者认为知识不是靠教师传授得到的，而只能由学生自己建构；教学不是向学生头脑中输入既定的事实和程序，而是为学生创造一种能促进其积极建构的学习环境，让他们以自己的经验、信念为背景来建构对知识的理解。

2．建构主义学习观

建构主义学习观认为学习不是教师向学生"传授"知识的过程，而是学生自己"建构"学习意义的过程，即学生不是知识的被动接受者，而是知识意义的主动建构者。它具有以下特点：

（1）强调学习的能动建构性。建构主义认为学习是建构内在心理表征的过程，学生不是把知识从外界搬到记忆中，而是以已有的经验为背景，通过与外界的相互作用来建构新的理解。在这里，能动性的关键就在于学习不是学生接受由教师传递的知识的过程，也不是对客观现实加工处理的过程，也就是说，学生对教师所讲的内容和所看到的信息，并不是只作简单的映射和反映，而是根据已有的知识经验来对所遇到的各种知识的合理性进行分析、推理和评价，并努力发现事物的规律、主动地赋予知识以意义。这种知识不仅包括结构性的知识，而且包括大量的非结构性经验背景。这里的建构包含两方面的涵义：一方面，学生将新知识与已有的、恰当的知识经验相联系，主动建构对新知识的理解，从而超越所提供的信息而获得新知识的意义；另一方面，被运用的已有经验并不是原封不动地从记忆中提取，其本身也会因新经验的加入而发生一系列的调整和改变，使新知识与已有的知识经验融为一体。因此，建构主义认为学习并不仅是简单的信息积累和丰富的过程，它同时包含着由于新知识、旧经验的冲突而引发的观念转变和认知结构重组。

由此看来，建构主义的学习不是对教材中或教师传授的概念、原理的被动接受，而是学习者以自己的知识经验和生活经历为背景，通过积极地思考，努力建立知识与人的意义世界的关联，实现对知识深层次的理解，从而形成真正属于自己的见解和观点。这意味着知识的学习过程就是主动对具体知识展开深层思考并从中形成自己的见解和观点的过程。

（2）重视学习的社会作用性。建构主义认为学习者建构自己的知识并不是一个孤立的内部建构活动，学习者与他人之间互动的社会环境是学习的重要媒介。由于每个人都以自己的经验为背景建构对事物的理解，因此个人获得的对事物的见解是因人而异的，要使学生超越自己的认识，看到那些与自己不同的见解，看到事物的不同侧面，全面地建构对事物的理解，就需要与其他成员合作与交流的学习过程。

因此，要全面理解知识，就必须在学习中进行彼此交流，这样才能全面地建构知识的意义。从这个角度讲，建构主义认为学习是在社会关系中发生的，而且必须在社会关系中经受考验，因此，它强调学习的社会性，重视人与社会的相互作用在学习中的功能，认为知识意义的获得来源于个体之间理解的一致性。一个人理解的质量和深度只有在社会环境中才能加以确定。建构主义指出学习的特征之一是通过社会的相互作用共同协商，以重新建构事物的社会意义。为此，它主张学习要通过增进学生之间的协商和合作达到超越个体的认识的目的，认为在学习过程中，很重要的一点就是让学生进行各种讨论、交流以给他们提供意义协商和达成一致意见的机会，注重让学生充分表达自己的见解，学会倾听和理解他人的想法，不断对自己和他人的学习进行反思和评价。通过这样的讨论和反思，使学生看到问题的不同侧面，从而洞察知识的内在涵义，把学习意义建构在对知识的理解更加丰富和全面的基础上。

3．建构主义教学观

以建构主义的知识观和学习观为基础，基于对传统教学弊端的剖析，建构主义者从不同的角度提出了许多改革教学的思路和设想。这些设想都强调教学过程要以学生为中心，学生是知识意义的主动建构者，教师是意义建构的帮助者和促进者；教材和各种学习资料所提供的知识不再以定论的形式进入学生大脑，而是学生意义建构的对象，从中建构学习意义的多少取决于个人的知识经验和思维水平。如果从教学目标和教学过程深入分析，各种建构主义教学模式有以下两个基本特征[①]：

（1）促进学生对知识的深刻理解。从教学目标来看，建构主义教学旨在使学习者形成对知识的深刻理解。知识获得是学习的重要目标，而知识获得有不同的水平，学习者可能只是记住了一些概念、原理，但没有真正理解它的涵义，或者只是有一些字面的理解，只能应付平常以考查知识记忆和简单应用为目的的测验、练习。建构主义教学则要求学生对知识形成深刻的理解，这意味着学习者要深入某个主题或一门学科的核心思想，能够对这些内容做出明确的辨别以及合理的推论和预测，对有关的现象做出自己的解释、判断，形成自己的见解，并能运用这些知识解决社会、生活中遇到的实际问题。

要对知识形成深刻的理解，首先，这意味着学习者获得的知识应该是结构化的、整合的，而不是孤立的、零散的。学习者运用已有的知识经验来建构对新知识的理解，通过对新旧知识经验之间的反复的、双向的相互作用，经过同化和顺应来扩大和调整自己的认知结构。在这一建构过程中，一方面，学习者以原有知识经验为基础，将新知识纳入原有知识体系当中，使认知结构发生量的扩充（同化）；另一方面，对原有知识经验的运用不只是简单地提取，个体需要根据新知识与原有知识经验之间冲突程度的大小对原有知识经验做出一定的调整和改造，以便更有效地和新知识建立联系，从而使认知结构发生质变（顺应）。意义建构的最终结果就是学生对学习内容所反映的事物的性质、规律以及该事物与其他事物之间的内在联系达到较深刻的理解，形成层次清晰、结构合理、组织严密的认知结构。

其次，学习者所建构的知识应当是灵活的、具有原发性的知识，而不是惰性的、僵化的知识。学习者不应满足于对概念、原理的教条式的掌握，而应使这种理解进一步深化。教学应该把要学习的知识融入真实的、具有一定复杂性的任务情境中，使学习者对知识形成多角度的、丰富的理解，从而使他们在面对实际问题时，能更容易地激活这种知识，灵活运用它们解释现象，形成解决问题的能力。总之，使学习者深刻地理解知识并不是要他们学习更多、更难、更深的内容，而是要提高学习

---

① 张建伟、陈琦：《简论建构主义学习与教学》，《教育研究》1995年第5期，第35－37页。

的质量,使外在的知识信息与自己的经验世界建立实质性的联系。

(2)通过高水平的思维来学习。由于传统教学重视结论的获得,而轻视知识的发现过程,把知识以定论的形式呈现给学生,然后教师基于个人的理解对结论作出分析、讲解,接下来就是利用各种练习训练学生对知识的熟练应用,因此学生的自主探究活动极为贫乏,难以对知识进行深入的思考。在这样的课堂中,学生的学习活动基本上处于低水平的认知层面,由于缺少高水平的思维活动,因此在需要学生提出问题、分析问题、解决问题时,他们常常会表现出思维能力的薄弱。建构主义教学则要求学生通过高水平的思维活动来学习,学习者在学习过程中始终处于思维紧张状态,不断地对各种信息和观念进行加工转换,将新经验和旧经验进行比较、综合和概括,解释有关现象,形成新的假设和推论,逐步实现对新知识的理解,建立起新旧经验之间的意义联系,形成丰富完善的认知结构。

当今的建构主义者非常重视问题在学习中的作用,因为问题可以为学习意义的积极建构指明思维方向并提供动力。以问题为中心,以问题为基础,让学生通过问题的解决来学习,通过高水平的思维来学习,这是当今教学改革的重要思路。"基于问题的学习"(Problem-Based Learning)是一种深受建构主义者推崇的教学思路[1],它强调把学习设置到复杂的、有意义的问题情境中,让学习者通过合作解决真实性问题,来学习隐含于问题背后的科学知识,掌握解决问题的技能和方法,养成科学思维习惯。在这种教学中,教师首先针对学习内容向学生呈现一些经过精心设计、具有一定思考价值的问题,调动起学生探究的欲望,学生主动思考并尝试解决。其次,问题解决、意义建构是个人和社会共同作用的结果。学生现有的知识经验和个人的独立思考是意义建构的基础,但个人现有的水平和能力难以有效地完成学习任务,因此,教师提供一定的支持和引导,同学之间的交流与合作是不可或缺的环节。"基于问题的学习"使教学活动围绕着具有启发性的问题展开,为促进问题的有效解决,学习者需要以多种学习方式参与课堂活动,在个人独立思考的基础上,通过与他人的合作、交流来分析问题、搜集资料、确定方案步骤,直至问题解决。通过问题解决活动,学生在科学思维得到

---

[1] 张建伟:《基于问题解决的知识建构》,《教育研究》2000年第10期,第58-60页。

锻炼、学习方法得到规范的同时，也对相应的概念、原理等知识做出深刻理解，使知识的学习达到迁移、应用的层次。

（二）建构主义理论对观念建构教学的启示

建构主义知识观、学习观和教学观阐释了认识的建构性原则，它认为，认识不是人脑对事物直接的、简单的反应，而是以原有的知识经验为基础，在主客体相互作用中建构生成的，对事物的认识依赖于主体指向事物的活动，依赖于主体对自身活动的反思。建构主义关于知识意义建构性的阐述启发我们，在促进学生化学基本观念建构的教学实践中要以学生思维能力的发展和对知识形成深刻的理解为根本出发点，把学生深层次思维活动的开展贯穿课堂教学始终，努力寻求学生对知识意义的主动建构。

1. 观念建构教学要充分关注学生已有知识经验

建构主义非常重视学生已有知识经验在建构新的学习意义时的作用，认为离开学生的知识经验背景谈"建构"是毫无意义的。学生在日常生活及以往的学习中形成了丰富的个人经验，是他们分析、看待问题，同化新知识、新观念的前提和基础。当学生面临新的学习情境时，总是倾向于以已有的知识经验为背景，依靠个人思考，在当前学习任务和以往知识经验之间建立起某种联系，从而形成对问题的解释，这种解释是学生从自己的经验背景出发而做出的合乎逻辑的推理。这表明，建构性学习是从学生已有的知识经验开始的。因此，促进学生化学观念建构的教学必须充分关注学生已有的知识经验，努力从学生已有知识经验入手，引导学生对当前的学习内容做出深刻理解。

学生在形成某个化学观念之前，已经从日常生活的经历和发现中获得了一些关于物质组成和变化的经验性认识。这些经验性认识有的是与科学的化学观念一致的，有利于促进对新知识的理解和观念的建构，而有一些可能与科学的化学观念不一致甚至是矛盾的，会影响或阻碍新知识的学习和化学观念的建构。比如，学生通过对日常生活中常见现象的分析会形成宏观物质是由微观粒子构成的朴素认识，但是受物质宏观状态的影响会认为物质内部微观粒子是静止的、连续的，这对物质微粒观的建构将起到阻碍作用。因此，在进行观念建构教学之前，要对学生与化学观念相关的知识经验进行探查，从学生的经验系统中找到有用的经验和需要改进的经验，为观念建构的教学确立合适的起点，并有针对性地对那些阻碍观念建构的错误认识进行改造和转化。这样既发挥出已有知识经验对知识理解和观念建构的促进作用，又不至于使化学基本观念的建构完全受制于已有知识经验。

2．观念建构教学要充分发挥学生学习的主体性

建构主义认为学习是一个积极主动的建构过程，学生不是被动地接受外在的知识信息，而是主动地根据已有的知识经验有选择地注意和整合外在信息，理解和建构事物的意义。化学基本观念属于个人思想意识的范畴，它支配和影响着学生看待、分析化学以及与化学相关的问题的思维方式和价值取向，因此，化学基本观念不是靠被动接受别人的观点和看法而形成的，它必须是学生在积极主动的学习过程中，通过自己的深刻思维活动建构的。

在促进观念建构的化学教学实践中，要使学生真正建构起属于自己的化学观念，就必须突出学生在化学学习中的主体地位，充分发挥学生的主观能动性，把学生的主动学习、自主建构作为教学的重心，教师由知识的传授者转变为学生主动探究、自我建构的组织者和促进者。学生在学习中的主体性是通过其主观能动性的发挥来体现的，为充分发挥学生主观能动性，教师首先需要转变把知识作为目的的教学取向，只有把知识作为促进观念建构的工具而不是当作教学目的来追求，才能从根本上改变学生被动接受的学习地位，学生才能以一个自由人的心情和智慧去主动建构知识的意义；其次，教师要为学生创造一个宽松、民主、和谐的课堂氛围，使学生敢于提出自己的疑惑，敢于表达自己的见解，在广泛的交流讨论中建构起对知识全面而深刻的理解；最后，教师要根据教学内容设置不同梯度的问题，吸引学生全员参与，而且不仅需要学生在行为上的主动参与，更需要学生在思维和情感上的积极参与，让每一个学生在其原有认识水平上都能获得不同程度的发展。

3．观念建构教学要充分激发学生深层次思维活动

建构主义认为学习意义的建构是通过学习者的高水平思维，特别是问题解决活动而实现的。观念是认识发展的最高层次，是学生在复杂认识水平上进行抽象思维的结果，因此，观念的建构离不开认知主体高水平的思维活动和深刻的内心体验。为促进中学生对化学基本观念的有效建构，教师必须抛弃单纯向学生传授静态事实、结论的做法，取而代之

的是针对所要学习的内容设计出具有思考价值的问题，以问题来驱动学生对化学基本概念、基本原理做出深层思考，洞察知识之间的内在联系以及其中蕴含的深刻含义，使学习意义的建构超越学习材料本身所提供的信息。

　　问题既是思维的源泉，又是思维的动力，通过问题解决来建构知识的学习意义，要比直接传授知识结论更容易激发学生进行高水平的思维活动。当然，不同水平的问题所引发的学生的思维参与程度是不同的，低水平的问题是一问一答式的，侧重于引导学生对知识的记忆、再认和简单应用，只有那些开放性的、指向观念建构的问题才能激发学生进行超越事实的思考。例如，用"如何看待你体内可能含有数百万年前恐龙身上的一个原子"的问题来发展学生对物质形成"宏观与微观、变化与守恒"的观念性认识，要比单纯向学生传授"物质变化的实质就是组成物质的元素之间的重新组合，物质的循环是通过物质的化学变化来实现的，原子是化学变化中的最小微粒"这样的事实结论要有效得多。这一情境化问题不仅把学生已有知识经验与当前需要深入理解的学习任务有机结合起来，极大地激发了学生的求知欲望，而且还具有极大的思维容量，可以为学生建立多角度的思考、对话平台，激发学生的发散思维，使学生在思考、交流、对话中实现对物质组成、变化的深刻认识。因此，在促进观念建构的化学教学中，教师要重视将学科知识、学生经验和社会情境相融合，努力设计具有较高思维容量和探究价值的问题，以组织、驱动和维持学生从事高水平的思维活动，发现知识间的内在联系和共同特征，不断促进学生化学基本观念的建构和发展。

二、学科结构理论及其启示

　　学科结构理论是20世纪60年代由美国心理学家布鲁纳提出的。学科结构理论认为课程与教学的核心是对"结构"的掌握，即课程教给学生的是一门学科的基本概念和基本原理及其之间的联系。学科结构理论在20世纪60年代成为美国教育改革的指导思想，对美国的教育实践产生了深刻的影响，时至今日，其有关教学内容、教学过程和教学方法方面的观点仍然对我们具有借鉴意义。

（一）学科结构理论的基本观点

面对科学知识的飞速发展，布鲁纳认识到，学校只教授现成的科学结论是不够的，要使学校教育适应科学知识的这种变化，学校课程必须以学科基本结构代替结论性的知识。布鲁纳在其《教育过程》一书中围绕"教什么""什么时候教""怎么教"这样几个问题，系统阐述了其学科结构理论的基本观点。

1．关于教学内容

布鲁纳认为，人类知识的积累增长很快，新的知识源源不断，任何一门课程都不可能把本学科领域内的所有知识都列为教学内容。况且，对于学生来说，要在有限的学习时间内，掌握人类创造的全部科学知识也是不现实的。这就要求学校教学必须精心选择教学内容，使学生在学校教育阶段所学的东西能在其一生的发展中发挥作用。布鲁纳认为，最好的办法就是学习和掌握每门学科中那些广泛起作用的概念、原理和法则。为此，他强调："不论我们选择什么学科，务必使学生理解该学科的基本结构。"[1] 这是因为"任何课程的主题都应该由发展学生的基本理解能力而确定，这种能力可以通过掌握构成某一主题的基本结构的潜在原理而实现……脱离某一领域更宏观的基本结构这一背景，而传授一些特定的具体知识和技能是低效的……理解基本原理和观念是进行相关知识学习的主要途径"[2]。对学生来说，如果理解了一门学科的基本结构，这种理解就会使其靠自己的力量前行；他无须为了解事物的本质而接触每一件事物，只要理解了某些深刻的原理和学科基本思想，就可以根据需要推断出各种细节。

结构在课程中具有普遍意义，任何学科中的知识都可以引出结构。"掌握事物的结构，就是以允许很多别的东西与它有意义地联系起来的方式去理解它。简单地说，学习结构就是学习事物是怎样相互关联

---

[1] 〔美〕杰罗姆·布鲁纳：《布鲁纳教育论著选》，邵瑞珍、张渭城等译，北京，人民教育出版社，1989年，第27页。

[2] 〔美〕杰罗姆·布鲁纳：《教育过程》，邵瑞珍译，北京，文化教育出版社，1982年，第6—25页。

的。"① 布鲁纳不仅重视对基本原理的掌握，而且还重视学生对基本态度的掌握，他认为"掌握某一学术领域的基本观念，不但包括掌握一般原理，而且还包括培养对待学习和调查研究，对待推测和预感，对待独立解决问题的可能性态度"。

在布鲁纳看来，"学科基本结构"是指该学科的基本概念、基本原理及其关联以及学习和探究该门学科的基本思想方法与态度，是指知识的整体性和事物的普遍联系，而非孤立的事实本身和零散的知识结论。任何学科都有其基本结构，任何与该学科有联系的事实、理论、概念等都可以不断地纳入一个处于不断统一的结构之内。这种基本结构是学生必须掌握的科学内容，应该成为教学过程的核心，因为学生如果掌握了学科知识的基本结构，他就可以独立地面对并深入新的认知领域，不断认识新问题，获得新发展。这一点在"知识爆炸"的时代显得尤为重要。布鲁纳指出："学生学到的观念越是基本，几乎归结为定义，则它对新问题的适用性就越宽广。"② 因此，教师的根本任务就是通过教授该门学科的基本结构来发展学生的学科基本观念，使学生在学科观念的引导下不断扩大和加深自己的认知结构，获得可持续发展的能力。

2. 关于教学过程

布鲁纳的学科基本结构理论，把教学任务的重点放在发展学生的智力上。他以学生的再现表象作为测量认知发展的指标，把学生的认知发展分为三个阶段，即动作再现表象阶段、映像再现表象阶段、符号再现表象阶段。在布鲁纳看来，学生在不同的发展阶段都有其独特的观察世界、理解世界的方式，教学过程必须以学生心智发展的过程为依据，按照学生的年龄特征进行安排。布鲁纳提出，必须使学科的基本结构与学生的认识结构相适应，使教学过程本身就成为促进学生智力发展的过程。

布鲁纳认为，教学过程应以学生的心智发展的过程为依据，按学生认知发展的三种再现表象的顺序来合理地呈现知识的形式。因此，教学过程是一个由简单到复杂，由具体到抽象的过程。布鲁纳要求课程的设

---

① 〔美〕杰罗姆·布鲁纳：《布鲁纳教育论著选》，邵瑞珍、张渭城等译，北京：人民教育出版社，1989年，第24页。

② 〔美〕杰罗姆·布鲁纳：《布鲁纳教育论著选》，邵瑞珍、张渭城等译，人民教育出版社1989年版，第31页。

计要符合这一原理,即用螺旋式课程将学科当中那些强有力的观念反复展示给学生。开始时,学生尽管不能像成人那样用规范的词语表达这些观念或运用这些观念,但是他们可以感受到观念强有力的适用性,这成为他们进一步学习的基础。"一门课程在它的教学进展中,应反复回到这些基本观念,以这些基本观念为基础,直至学生掌握了与这些观念相适应的完全形式的体系为止。"[①] 教学过程要"把学识和智慧的果实"带给学生,这就必须让学生在学习一门学科的基本结构时,不但要去掌握学科的一般原理,同时还要发展对待学习、调查研究、推测和预感以及对待独立解决难题等方面的积极主动态度,即对学科基本观念的掌握。也就是说,教学过程中发展学生智力的要求甚至超过对基本知识的要求,教学过程应该能够引起学生的兴趣,能够引导学生主动参与学习过程,亲自"发现"相关的结论或规律。

3.关于教学方法

布鲁纳认为,要掌握一门学科,不但要掌握其基本结构,还要掌握这门学科的基本态度和方法。因为要真正有效地发展学生的智力,就要使用合理的教学方法。他强调,必须把教学材料与教学方法结合起来,提倡在学习学科基本结构时广泛使用发现法。

发现并不仅限于那种寻求人类尚未知晓之事物的行为。正确地说,发现包括用自己的头脑亲自获得知识的一切形式。[②] 人是作为一个主体参与获得知识的全过程的,不论是认识一个物体,还是掌握一个概念,不论是解决一个问题,还是发现一个科学理论,都是人主动地对进入感官的事物进行选择、转换、存储和应用的过程。从这个意义上说,学生的思维方式和科学家的思维方式仅仅是在程度上有差别,而在本质上是一样的。因此,教师的教学不应使用讲授法,使学生处于被动接受知识的消极状态,而应该使学生在教师的引导下主动地去发现,从别人提供的材料和信息中亲自发现应得的结论和规律,成为一名"发现者"。

布鲁纳认为,"发现"的目的在于创造新事物。对于学生来说,发现学习的目标就是培养创造性思维能力。因此他认为,发现式的学习方

[①] 〔美〕杰罗姆·布鲁纳:《布鲁纳教育论著选》,邵瑞珍、张渭城等译,北京,人民教育出版社,1989年,第28页。

[②] 邵瑞珍等:《教育心理学参考资料选辑》,上海,上海教育出版社,1990年,第190页。

法就是一种在教师的指导下,以培养创造性思维为目标,以学习学科基本结构为内容,以再发现为步骤的学习方法。其基本程序为选定一个或几个基本问题→创设发现问题的情景→建立解决问题的假说→对假说进行验证→作出符合科学的结论→转化为能力。可以看出,发现法与学科基本结构之间存在着内在的、本质的联系:发现法是学生掌握学科基本结构的有效学习方法,而学科基本结构不能机械、简单地传授,因为其中除了包括实体性的概念、原理,还包含非实体性的学科基本思想方法和态度,它必须通过学生运用大脑亲自去发现才能获得。

(二)学科结构理论对观念建构教学的启示

布鲁纳立足于现代科学技术日新月异、知识信息飞速增长这一时代背景,紧紧抓住教育过程的核心,提出学科结构理论,论证了早出人才、快出人才的可能性,并在这一理论指导下进行教育改革,试图以此来提高美国中小学的教育质量和发展学生的智力,具有鲜明的时代性。但学科结构理论过于突出学术性知识的教学,注重对学科知识结构的掌握,强调知识的现代化和理论化,致使课程内容过于抽象、枯燥,教材严重脱离学生实际,最终导致课程改革没有达到预期目的。但是我们应当辩证地来看待"学科结构"理论,其中一些有价值的、合理的内涵,特别是用学科结构来代替静止的事实结论,用"发现"代替"接受"的主张,对于我们今天实施观念建构的化学教学仍然具有借鉴意义。

1. 基本观念的建构要以掌握学科基本结构为前提

化学知识结构是挖掘和提炼化学基本观念的基础和源泉。学生化学基本观念的形成,是以其对化学学科结构的深刻理解与把握为基础的。结构作为科学概念、理论的本质属性是与生俱来的,是任何知识体系都无法剥离的。知识结构的价值在于简化信息,产生新命题,促进知识的迁移,而且知识的概括化、结构化水平越高,越有利于学生从中获得概念性理解。学生的化学基本观念是从教材的知识结构转化而来的。因此,在承认学生基本观念建构主体地位的同时,要加强教学内容的概括化、结构化水平,努力为学生呈现良好的知识结构。化学课程要围绕基本观念的建构来选择、组织教学内容,尽可能选择那些概括程度高、统摄能力强的基本概念和基本原理,将其与相关知识组织成相对独立的教学单元,使化学某一领域的知识以整体的形式展现出来,以便于学生获得这部分内容的完整印象，形成始终如一的化学基本观念。

2．基本观念的建构要重视学生的自主发现过程

布鲁纳认为，在教学过程中，学生是一个积极的发现者。教师的作用是把课程设计成适合学生认知发展水平的形式，让学生以自主发现的方式来掌握该门学科的基本结构以及该门学科的研究方法和态度，而不是提供现成的知识结论。化学基本观念作为化学思维活动的最终产物，是化学学术性知识、化学思维方式以及化学思想方法在学生头脑中的综合与提升，因此，作为一门学科的灵魂和核心的学科基本观念也应该是学生在积极的思维活动中主动发现的，而不是外界和别人强行给予的。这就要求我们在发展化学基本观念的教学实践中，解放学生的双手和大脑，还原学生的学习主体地位，使学生真正成为一名发现者，而不是科学结论的接受者。教师不是用自己的思维来代替学生的思维，不是用科学的结论来屏蔽科学的过程与方法，而是按照学生认知发展顺序为学生创设自主发现的学习情景，让学生对那些在历史上曾经对人类认识产生重大影响的化学概念、原理、事实进行心理重演，在探索知识的产生、发展、演变过程中感受科学思想、科学精神的熏陶以及科学方法的训练。这意味着学生在自主发现过程中不仅能获得认知方面的发展，而且在认识能力和情感态度与价值观方面也能获得发展。这样学生在中学化学课程结束以后，不论是继续从事化学专业的学习还是从事其他工作，都可以凭借在中学化学学习中奠定的知识、方法、观念基础实现可持续发展。

3．基本观念的建构发展要及早着手、循序渐进

布鲁纳的结构化课程理论论证了早出人才、快出人才的可能性与现实性，只要将课程设计成不同年龄阶段的学生所能理解和接受的形式，就可以将其教给那些具有不同认知水平的不同年龄阶段的学生。由于化学基本观念主导并维系着整个中学化学课程的展开，而且影响着学生学习化学的思维方式以及对化学的态度，所以化学基本观念的建构发展要及早着手、循序渐进，并非要等到学生心智完全成熟以后。最好的办法就是在初中到高中连续几年的化学学习期间尽早地并系统地向学生介绍这些化学观念，将化学基本观念转换成适合学生认知的形式尽早地传授给他们，用化学认识世界的思想、方法来打开学生的化学视野，丰富并加深他们对化学科学的认识。因为化学基本观念反复出现在化学课程当

中，所以对每一种观念并不是一次性全部完成教学，而是形成不同的阶段和层次，按循序渐进的方式直至建构起与课程内容和学生认知发展水平相适应的化学基本观念。

三、学习进阶理论及其启示

学习进阶（learning progress）理论于 2004 年在美国被正式提出。它的出现得益于科学教育领域对概念学习的研究和反思，与课程设计和考试测评的现实需求直接相关，而先进的心理测量与统计方法的引入为其迅速发展提供了关键技术支持。学习进阶理论所体现出的一致、连贯、整合的思想对科学教育领域的改革产生了深远影响，已成为课程开发、课堂教学和考试测评的重要指导。如 2012 年美国颁布的《新一代科学课程标准》就以学习进阶理论为核心编写依据，为工程实践、跨学科概念、学科核心概念等构建了进阶矩阵，为各州、区的课程、教学和评估勾绘了蓝图。下面从概念学习、教学方法、教学评价三个方面简要叙述学习进阶理论的基本观点及其对化学"观念建构"教学的启示。

（一）学习进阶理论的基本观点

学习进阶理论是对学生连贯且逐渐深入的思维方式的系统描述。学习进阶理论有关概念发展的思想为科学教育研究与教学实践搭建起了桥梁；它所重视的关注核心概念或科学实践进阶的原则，在帮助教师设计和实施教学方面具有积极意义；它所体现的促进学生发展的目的及所遵循的证据驱动的研究范式极大地推动了评价领域的进步。

1. 关于概念学习

概念是科学教育的基础，学生科学思维的发展、科学观念的形成、科学探究实践能力的提升及科学态度与科学精神的获得都建立在概念学习的基础之上。因此，概念学习一直是科学教育研究的核心领域。学习进阶理论的形成与概念学习领域的研究成果密不可分。20 世纪 70 年代末"相异构想"提出之后，将学生头脑中已有的与科学概念不一致的想法或观念转变为科学概念，成为众多科学教师与教育研究者共同努力的目标。如波斯纳（Posner）提出的概念转变理论、齐（Chi）的本体论类别转化理论、沃斯尼亚杜（Vosniadou）的朴素理论等。然而，在实践中发现，教师开展的概念转变教学目标狭隘，主要停留在知识内容层面而忽视了学生的思维，学生在很多情况下并没有理解科学概念，甚至还产生新的错误概念，这使得概念转变难以真正实现。另外，有研究者指出，已有研究忽视了学生概念状态随时间的变化，仅仅考虑了一个具体的时间点。于是研究者将目光转向学生的概念理解，特别是关注学生在较长时间跨度内理解某一核心概念时其思维是如何发展的。如德里弗（Driver）等人对学生的"概念轨迹"（conceptual trajectory）［又称为"科学概念理解的演进方式"（the way in which understanding of science concepts evolves）］进行了跨年级的追踪研究[1]；塔巴（Taber）提出"概念发展"（conceptual development）这一术语，强调不仅要关注学生的错误概念，还要探索学生预期的概念发展的路径，包括学习过程中需要经历的中间概念（intermediate conceptions）[2]，由此为学习进阶理论的形成奠定了基础。

美国国家研究理事会将学习进阶定义为"学生在一个时间跨度内学习和探究某一主题时，依次进阶、逐级深化的思维方式的描述"。其核心思想是学生概念学习的过程并不是一蹴而就的，而是循序渐进、由简单到复杂，逐步经历多个不同水平阶段的发展过程。一般认为，学习进阶至少包含五个组成要素：①进阶终点，即学习目标，一般是由社会预期、对学科本质的分析和更高水平教育的准入要求等确定的；②进阶变量，一般是学科内或科学实践过程中的核心概念，通过追踪学生在这些维度上的发展可以了解其整体学习进程；③成就水平，学习进阶所追踪的发展路径上的中间步骤，反映了学生思维发展过程的普遍水平或共同阶段；④预期表现，处于特定成就水平的学生在完成某类任务时所应有的表现，它为评估学生的理解或能力提供了参考指标；⑤测评工具，用于追踪学生在预期进阶路径上的发展情况，通常含有一套从开发、验证到使用的完整评估方法[3]。

---

[1] Driver R., Leach J., Scott P., et al.: "Young people's understanding of science concepts: implications of cross-age studies for curriculum planning.", *Studies in Science Education*, 1994, 24 (1), pp. 75 – 100.

[2] Taber K. S.: "Constructing chemical concepts in the classroom?: Using research to inform practice", *Chemistry Education Research and Practice*, 2001, 2 (1), pp. 43 – 51.

[3] Corcoran T. B., Mosher F. A., et al.: *Learning Progressions in Science: An Evidence-Based Approach to Reform*, Philadelphia, the Consortium for Policy Research in Education, 2009.

尽管目前对学习进阶仍存在着一些争论，如进阶的对象到底是什么，更复杂的思维方式应如何表征，进阶过程是否一定是一系列连续的理解水平，进阶的中间水平是否只包括科学合理的想法或观点还是可以描述不准确的理解，等等[1]，但学习进阶关于概念发展的思想对课程开发、教学实践、教学评价及相关科学教育研究的开展发挥了重要作用。

2. 关于教学方法

学习进阶理论不仅指明了学生认知发展的起点、目标和过程，同时为教师的教和学生的学习提供了方法和策略。一方面，学习进阶强调学生的学习不是去获得零散的、孤立的事实性知识，而是围绕核心概念逐步实现对具体事实、理论的系统化和结构化整合。认知科学、脑科学、学习科学等领域的相关研究成果表明，专家头脑中的知识是有组织的，即围绕几个核心概念或大概念相互关联形成认知模型。这种模型的存在将具体的事实、概念等组织成一个有意义的整体，同时为新知识的吸收和组织提供了锚点。面对有限学习时间和无限学习内容之间的矛盾，基于"少而精"的理念，帮助学生通过核心概念的进阶过程构筑关于科学世界的完整图景，是科学教育的美好愿景。这意味着在教学过程中，教师要改变孤立的、线性的、以记忆事实性知识为目的的教学思维，转向联系的、发展的、以建构认知模型为目的新的教学思维。特别是要重视发挥核心概念的关联统摄作用，关注学生对核心概念的理解水平和下一阶段的进阶目标，促进学生高阶思维的进阶发展。

另一方面，学习进阶理论指出要重视将科学知识与科学实践整合起来。早期学习进阶研究刚刚兴起时，进阶变量的选择主要以知识为主线，如"能量""遗传""力与运动""原子、分子"等。随着对学习进阶研究的深入，以关键能力为主线的学习进阶引领着进阶研究的突破和转型，如科学建模的学习进阶、科学解释的学习进阶及科学论证的学习进阶等。[2] 近年来，进阶变量已经开始将核心概念与关键能力的学习进阶进行整合。如理查德（Richard）等人融合了进化论和科学建模能

---

[1] Sevian H., Talanquer V.: "Rethinking chemistry: a learning progression on chemical thinking", *Chemistry Education Research and Practice*, 2014, 15, pp. 10 – 23.

[2] 姚建欣、郭玉英：《学习进阶：素养的凝练与范式的演变》，《教育科学》2018 年第 4 期，第 30 – 35 页。

力进行了学习进阶设计。① 毫无疑问，科学不只是有关自然界运行规则的知识，更包含为获得和应用这些知识所进行的实践。例如，美国下一代科学标准提出了八项能够促进学生理解核心概念的实践活动——提出问题，建立和使用模型，设计和实施调查研究，分析和解释数据，利用数学和计算思维，建构解释，基于证据进行论证，获取、评估和交流信息。学习进阶研究的丰富和发展启示我们，理解核心概念与进行科学实践活动紧密相连。实践活动可以帮助学生更好地理解，相应地，基于核心概念的深刻理解也可以帮助学生更好地开展实践活动。在教学时应避免将科学知识与科学实践割裂开来，不仅要关注学生对核心概念的理解是如何逐步深入的，还要关注学生为获得这些理解所运用的科学实践是如何逐步开展的。

3. 关于教学评价

2001年美国国家研究理事会在《认识学生如何知道》报告中指出评价设计应该基于认知和学习的模型，教学课程和评价应该具有一致性。如果能够描述学习是如何随着时间而发展的，即评价系统可以识别当前学生的思维、可能的原有认识，那么下一步就是促进学生的思维向着更精熟化的理解去发展。② 学习进阶自提出之时就与评价紧密联系在一起，被认为是更好地解决评价、课程以及教学连贯性的工具。这是因为学习进阶的设计和开发通常涉及科学教育者、学习科学家和测量专家之间的密切合作，需要经过"理论假设—实证检验—框架修正"的循环过程。在此过程中，无论是项目反应理论（ltem response theory）、潜在类别分析（latent class analysis，LCA）等先进测量模型的引入，还是有序多项选择题（ordered multiple choice ltems）等新型研究工具的开发，都为学习进阶的检验和修正提供了有力支持。因此，一个良好的学习进阶既具有理论指导作用，又在一定程度上反映教与学的现实实际，能贯通课程开发、测评开发以及教学实践等多个领域。

学习进阶提供了一种用来评价学生思维发展的模型，该模型表明学

---

① Lehrer R., Schauble L., "Seeding evolutionary thinking by engaging children in modeling its foundations", *Science Education*, 2012, 96 (4), pp. 701 – 724.

② Pellegrino J. W., Chudowsky N., Glaser R. (Eds). "Committee on Foundations of Assessment" // National Research Council. *Knowing what students know: The science and design of educational assessment.* National Academies Press, 2001.

生对科学概念及科学实践的理解和运用不是一个简单的由错误转变为正确的过程,而是由简单向复杂、由低级向高级逐级发展的过程。这意味着一种评价理念的根本转变,即评价不是为了对学习结果进行简单的对或错的判断,更不是以某种方式将学生进行等级排序,而是为了了解学生在特定学习内容上的进展,以此更有效地指导学生的学习。基于学习进阶的评估通常需要学生参与更复杂的任务,它相比于传统的标准化测试能够提供更多有用的信息,包括学生对某一概念是如何思考的,不同进阶水平下学生可能知道、理解或能够做什么,以及学生可能的错误概念有哪些,等等。这为教师了解学生的发展需求以及在教学上做出更明智和更准确的决策提供了有力支持。

(二) 学习进阶理论对观念建构教学的启示

实际上,学习进阶理论并不是一种全新的理论,它与皮亚杰的认知发展阶段理论、维果茨基的"最近发展区"理论、布鲁纳的学科结构理论等都具有深刻联系。它进一步阐释了学生学习所遵循的基本原理,即学习是一个循序渐进的过程,所有专业知识都需要在既定的框架中花一定的时间、经过一定的过程,才能够很好地掌握。[①] 学习进阶理论启示我们,开展化学"观念建构"教学时必须遵循化学基本观念的进阶规律,重视核心概念及探究实践对促进学生化学基本观念形成的关键作用,要及时利用评价来掌握学生观念发展的水平,并以此为基础为达到下一个阶段目标而努力创造条件。

1. 基本观念的建构要遵循其进阶发展的规律

化学基本观念是中学生在化学学习过程中所形成的关于物质世界的观念性认识。它本身具有概括性、层次性等特征,需要学生经过一个逐步进阶的学习过程才能形成。也就是说,促进学生化学基本观念的建构不是靠一节课、一个单元或者是一个学期就能够实现,而是一个长期的过程。教师在开展化学"观念建构"教学时,要遵循化学基本观念的进阶规律,一方面从整体上把握该观念发展进阶的起点、目标和阶段(水平),了解学生头脑中的化学基本观念是以怎样的路径发展的,进

---

① 约瑟夫·科瑞柴科:《革命性的变化:美国确立新一代科学教育框架》,《基础教育课程》2013年第1期,第82–85页。

一步明确每一阶段的基本理解及其所蕴含的具体化学知识,形成对化学基本观念内容体系的系统认识。另一方面还要基于学生化学基本观念的发展水平,并结合具体内容的特点及学科逻辑顺序,分析哪些日常生活经验或学习材料可以帮助学生增进对知识的理解,以及怎样设计教学内容的学习顺序更有利于促进学生化学基本观念的进阶发展。

2. 基本观念的建构要重视核心概念与探究实践活动

学习进阶理论反映出围绕核心概念进行知识整合的思想。从化学基本观念的形成过程来看,化学知识是化学基本观念建构的工具和载体,化学知识向化学基本观念转化的过程必须经由对具体知识的概括、提炼。核心概念是构成学科基本结构的重要结点和核心要素,它具有强大的概括和统摄作用,能够帮助学生将零散的事实性知识聚合到一起并赋予其意义,促进学生深刻理解知识所蕴含的学科本质,发展对化学学科的总观性认识。教师在开展化学"观念建构"教学时,要重视在核心概念的框架下组织具体知识,引领学生超越对具体事实的机械记忆,走向对核心概念的积极思考,逐步提升学生对化学学科本质的理解水平,为化学基本观念的形成奠定基础。

与此同时,教师还应重视探究实践活动在发展学生化学基本观念过程中的重要作用。学习进阶对进阶变量的研究转向反映出科学教育研究领域对科学教育的一种愿景,那就是将核心概念与科学实践融为一体,在实践中理解和建构科学概念[①]。一切知识,唯有成为探究与实践的对象,其学习过程才能成为学生观念发展的过程。不仅学生对核心概念的理解过程离不开实践活动,学生通过学习核心概念及相关知识所产生的基本理解,也需要经过实践的检验才有可能上升为观念层次。教师在开展化学"观念建构"教学时应为学生提供主动探究和实践的机会,让他们经历实验、建模、推理、论证、交流、调查等活动过程,以此促进对核心概念的深层理解和迁移应用,切实实现化学基本观念的发展。

3. 基本观念的建构要重视实施以学生发展为本的评价

化学基本观念需要经由学生自我反思和评价的过程才能真正内化于头脑之中。根据学习进阶理论所倡导的评价理念,教师在开展化学

---

① 郭玉英、姚建欣、张静:《整合与发展——科学课程中概念体系的建构及其学习进阶》,《课程·教材·教法》2013年第2期,第44-49页。

"观念建构"教学时要树立科学的评价观,评价目标和评价任务的设计不仅要关注学生是否掌握了特定的具体知识、核心概念等,还要诊断和了解学生化学基本观念发展的水平;要着力加强过程性评价,在课堂教学中可以通过一些思考性的问题或评价任务,引导学生进行反思和评价,提高学生自我评价和反思能力,同时基于评价结果及时调整教学内容和策略,全面发挥评价的激励和发展功能。

第十二章 促进"观念建构"的化学教学设计

教学设计是联结教学理论与教学实践的桥梁,是教学理论转化为教学实践的重要环节。高水平的教学设计是提高课堂教学质量和实现课程教学目标的关键。促进"观念建构"的化学教学设计是以建构化学基本观念为目的的思维教学设计。它依据课程标准的要求,围绕化学基本观念的形成,对教材内容或事实材料进行分析加工,深入挖掘教材内容的知识价值,设计出具有思考价值的问题和有效的探究活动,引领学生通过积极的探究、思考、讨论、反思、概括、提升,实现对化学学科本质规律的深刻认识和理解。

第一节 促进"观念建构"的化学教学设计思路

促进"观念建构"的教学设计是对"知识本位"教学设计的扬弃和超越。首先,二者设计理念不同,前者以课程标准为依据,以具体知识为载体,重视对化学核心概念、原理的理解,强调化学基本观念的建构,从而达到对化学科学整体、本质的认识;后者以现行评价为准则,重视对具体化学知识的学习,强化对概念、原理的准确、熟练掌握,力求形成较为系统、完整的知识结构,提高学生解决各种类型习题的能力。其次,教材分析的角度不同,前者对教材的分析是从知识、方法、观点等角度进行梳理整合,深入挖掘教材内容的观念建构价值;后者对教材的分析重视的是具体知识点的数量和难易以及知识间的内在联系,关注学生对知识的掌握程度。最后,教学策略的设计不同,前者对教学情境、问题及活动设计都指向观念的建构,后者对教学活动的设计主要是围绕着知识的掌握展开的。

那么,如何进行"观念建构"的化学教学设计呢?

一、促进"观念建构"的化学教学设计思路

化学基本观念的建构不是一蹴而就的,难以通过一节课、两节课的教学来完成,促进"观念建构"的教学应贯穿整个化学教学的始终。基本观念的形成是随着知识教学的推进,借助于不同层次的化学知识由浅入深地揭示出来的,这意味着处于教材不同单元、章节中的不同知识点,可能具有相同的观念内涵。因此,促进"观念建构"的化学教学设计应立足于整体,在对中学化学课程进行全面、系统分析的基础上,合理筹划各种观念,分阶段、分层次、有计划地逐步建构。单元整体教学设计是实施"观念建构"教学的主要路径,具体分析,主要包括以下环节。

(一)明确基本观念

任何化学知识在内涵上都是事实、思想、观点、方法等的融合,都具有丰富而深刻的教育价值。在进行教学设计时,首先要依据课程标准的要求,对课程单元内容进行总体的审视和把握,深入挖掘教材内容中具有认知价值、情意价值、迁移价值的知识、思想、方法,概括提炼出可以统领整个单元教学内容的化学基本观念作为单元教学的目标,为学生的思维过程指明方向。同时,要理清具体知识、核心概念与基本观念之间的内在联系,识别出需要学生深刻理解的可迁移的关键性内容,为教学设计提供主要线索和支撑点。

(二)形成基本理解

结合单元教学内容和学生认知水平将基本观念的含义用概括性的语言表达出来,就是基本理解。基本理解是基本观念在认知层面的具体表达,是期望学生在学习活动中逐渐形成的基本认识,是对具体事实和核心概念的本质的深刻理解。基本理解的确定把教材内容中蕴含的基本观念具体、直观地呈现在学生面前,使基本观念的建构具有了可操作性。

基本理解的确定要求教师一要清晰识别出单元学习中需要学生深入理解的、可迁移的核心概念,二要能从具体学习材料中寻找出超越事实

的思想、观点和方法,三要对学生的知识基础和思维水平进行准确把握,由此才能恰切地确定基本理解。

(三) 转化为驱动性问题

基本观念的形成过程是一个学习者主动参与、积极思维的过程,没有学习者的深层次的思维活动,是不可能形成基本观念的。问题是思维的源泉,更是思维的动力,保证学生深层次认知参与的核心是有思考价值的问题。因此,促进学生基本观念建构的教学设计必须将对具体事实和核心概念的理解(基本理解)转化为"为什么""如何做"等高水平的驱动性问题,以问题为主线创设真实、生动的学习情境和多种形式的探究活动,引领学生主动地去探究,积极地去建构,将知识学习、观念建构与问题解决有机地结合起来。

(四) 设计学习情境和探究活动

以问题为主线创设学习情境和设计探究活动,增强了教学设计的指向性。学习与产生学习的情境具有高度的一致性,只有真实、可信、能引发问题的学习情境,才能为学习者提供一个参与讨论、实验、亲身经历活动的机会,才能促进学习者对自己的"认知框架"做出调整和建构,增进学生对科学概念的理解。因此,为激发学生解决问题的动机和兴趣,促进"观念建构"的教学设计应围绕驱动性问题,选择合适素材,努力创设能引发学生活动和思考的学习情境。

活动是促进知识向观念发展的主要途径,能有效地促进学生深层次的认知参与和积极的情感体验。以问题为出发点设计探究活动时,教师要始终思考"什么样的活动能将学生的思维引向深入,什么样的活动能让学生领悟到知识背后隐含的思想、观点、方法"。也就是说,要使问题、情境、活动和深层次的理解力之间保持统一性,通过问题启动探究、实施探究、反思探究,在问题解决的探究活动中发展学生的思维,以实现观念建构的教学目标。

(五) 反思评价促进观念建构

学习任务结束后,要搭建反思交流的平台,提供反思的方向和线索,如引导学生反思对核心概念理解得如何,解决问题的思路、方法是怎样的？对基本理解的认识有哪些提升？等等。在这样的反思交流中，思想得到碰撞，观念得以提升。同时，还要注重对学生学习活动中的表现做出及时恰当的评价，不断调整和优化学习策略和思维方向，促进知识的意义建构。另外，还可以通过课后习题和访谈等途径获取学生观念建构的有关信息，以此为依据帮助学生进一步修正、完善、丰富观念体系。

总之，促进"观念建构"的化学教学设计是以问题解决为过程目标，以基本观念的建构为最终目标的思维教学设计。它具有两个特点：一是超越具体事实提炼基本观念，将基本观念外显为基本理解，使基本观念的建构具有可操作性；二是将基本观念的生成过程情境化、问题化、活动化，以问题为主线贯穿始终。具体设计流程可用图12-1表示。

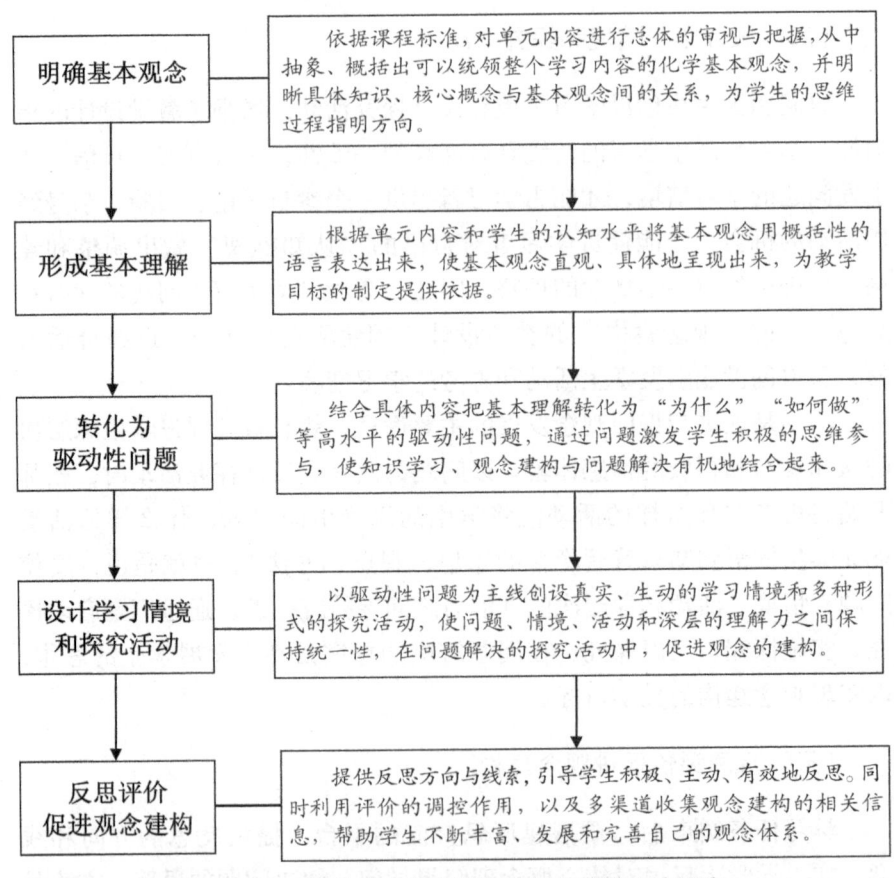

图12-1 促进"观念建构"的化学教学设计思路

二、促进"观念建构"的化学教学设计案例分析

我们以山东教育出版社出版的义务教育教科书·化学(九年级上册)第二单元"探秘水世界"为例进行教学设计分析,讨论如何用化学基本观念分析教材、设计问题与探究活动,以及怎样用化学基本观念整合具体知识的教学。

(一)以化学基本观念为主线分析教材

教材呈现的是具体知识和概念,基本观念是内隐于其中的。每一个知识点上都镌刻着观念,它需要我们有一双善于发现的眼睛,站在"化学观念"的高度去分析和挖掘教材,找出具体知识与基本观念的联结点。例如"探秘水世界"单元中,介绍了水的三态变化、水的天然循环、水的分解与合成等知识,在教学中不仅要让学生了解这些变化,更关键的是要帮助学生从微观的视角去看待水的三态变化、水的天然循环这些自然现象,用"微粒"的观点分析水的分解与合成变化的本质,学会从宏观与微观相结合的视角认识各种变化,培养学生化学学科的思维方式,并让学生在认识过程中理解分子、原子的特征,帮助学生初步形成微粒观、变化观等化学基本观念。

因此,促进"观念建构"的教学设计,必须要站在所建构的化学基本观念的高度上,审视和解读教材内容,要深入分析教材内容的内涵,挖掘教材内容的教育价值,明确教材中所体现的化学思想、观点和方法,在此基础上形成基本理解,并理清具体知识(核心概念)、基本理解与基本观念之间的关系。表12-1直观地展示了"探秘水世界"单元中所涉及的具体知识(核心概念)、需要形成的基本理解以及要建构的基本观念三者之间的关系。

表12-1 "探秘水世界"单元知识分析

节次	具体知识	基本理解	基本观念
第一节 运动的水分子	水的三态变化;水的天然循环;水的人工净化;分子的特征;混合物、纯净物	(1) 分子很小,但有质量和体积;分子获得能量运动加快、间隔变大,失去能量运动减慢、间隔减小;分子之间存在着相互作用。 (2) 依据物质构成微粒大小不同或不同物质的微粒获取能量后运动速率的差异可以分离物质	微粒观 变化观 元素观 分类观
第二节 水分子的变化	水的分解与合成;分解反应;化合反应;原子的特征;化学变化实质	(1) 化学反应是分子的分解和重组过程,这一过程需要一定条件,同时也伴随能量的变化,因此可以利用化学反应释放能量造福人类。 (2) 化学研究的对象是纷繁的物质世界,以及物质之间千变万化的化学反应。要从纷繁中找出规律,可将物质或化学反应根据不同标准进行分类	
第三节 原子的构成	原子的结构;分子、原子、离子的异同;相对原子质量	(1) 世界上的物质都是由分子、原子、离子等微观粒子构成的。 (2) 分子是由原子构成的,原子是由原子核和电子构成的,原子核是由质子和中子构成的,原子可通过得失电子转化为离子。 (3) 采取碳12质量的1/12为标准对原子质量进行计量,是一种化繁为简的计量方法	
第四节 元素	元素概念;元素在地壳中的分布;元素符号;元素周期表简介;单质、化合物	(1) 世界万物皆是由化学元素组成的,元素是组成物质的基本成分。100余种元素组成了丰富多彩的物质世界。不同元素在地壳、海洋、人体中分布不同。元素的性质随原子核外电子排布呈现周期性变化规律。 (2) 依据组成物质种类多少可将物质分为纯净物和混合物。依据组成物质元素种类多少将纯净物分为单质和化合物,对物质分类能化繁为简,便于研究	

（二）以化学基本观念为核心设计问题与活动

在促进"观念构建"的教学中，不仅要创设真实、可信、有趣的问题情境和活动情境，而且问题提出和活动设计都应聚焦化学基本观念，即以化学基本观念为核心设计问题与活动，让学生在问题解决过程和活动体验与感悟之中，将知识学习与观念建构有机地达成。

问题设计要综合考虑学生已有的知识、观念水平与将要学习的知识和建构的观念之间的联系，努力激发学生的认知冲突，不仅要考虑新旧知识间的链接，还应隐含新的规律、方法、观点；要尽可能围绕基本观念的建构或核心概念的理解，设计一组有层次、有梯度的问题，即用"问题组合"引导学生进行思考，从而深刻理解有关知识，促进基本观念的建构。活动设计要以与一定情境相联系的问题为起点，充分考虑学生的学习心理及活动方式特点，努力创设有利于促进观念建构的探究活动，如实验探究、小组讨论、辩论、情景剧表演等，明确活动的任务、步骤、方法，充分调动学生参与活动的积极性，引领学生通过探究、反思、体验，发现知识间的内在联系，获得对化学学科本质规律的深刻认识。图12-2展示了第三节"原子的构成"第1课时教学设计中，部分情境、问题、活动的设计及其与学生认知发展之间的相互关系。

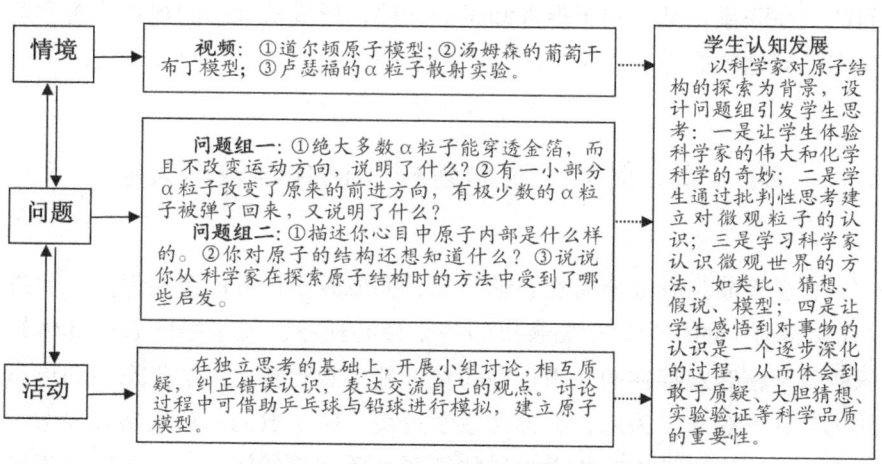

图12-2 "原子的构成"教学设计思路分析

（三）用化学基本观念整合具体知识点

单元学习任务完成之后，往往要将所学知识进行整理、归纳，形成单元知识体系。为了增进知识与观念间的紧密联系，也为了使基本观念能被有效纳入学生已有的观念体系中，可以采取以化学基本观念整合具体知识点的做法。例如，学习第二单元"探秘水世界"之后，可以"一滴水"为情境，用微粒观、变化观、元素观、分类观等基本观念整合所学知识点。首先让学生观察"一滴水"，提出问题："你能想到什么？"学生回答："这滴水让我想到了水分子，水分子是由一个氧原子和两个氢原子构成的，氧原子是由氧原子核与核外电子构成的，氧原子核又是由质子和中子构成的。"在此基础上引导学生梳理微观粒子的共同特征、不同点及其相互联系。再让学生观察这"一滴水"，提出问题："它会发生什么变化？"学生回答："这滴水可变为水蒸气，也可变为冰，水通电时可分解为氢气和氧气。"学生从物理变化和化学变化的角度审视这滴水，并且知道物质发生变化需要一定的条件，同时也加深了学生对分类方法的认识。让学生继续观察这"一滴水"，提出问题："你还会想到什么？"学生回答："水是由氢元素和氧元素组成的，元素是质子数相同的一类原子的总称，是组成物质的最基本成分。"

由此可见，用化学基本观念整合具体知识点既有利于深刻理解知识间的内在联系，又有利于促进知识的迁移，形成从观念的视角分析和解决实际问题的能力。

第二节 促进"观念建构"的化学教学策略

教学策略是有效地落实教学目标、完成教学任务的重要保障。促进"观念建构"的化学教学要解决的一个核心任务，就是如何通过具体知识的教学将客观存在的知识形态的化学基本观念转化为学生意识的形态的化学基本观念。为此，教师在教学过程中所采取的每项策略都要考虑是否有利于增进学生对化学学科特征和本质规律的认识，是否有利于激发学生高水平的思维活动，确保化学知识教学始终朝着增进学生理解力的方向推进。

第三编 促进"观念建构"的化学教学

一、促进"观念建构"的化学教学策略

（一）以化学基本观念统领具体知识教学

尽管化学基本观念可以"基本理解"的形式表达出来，但是观念的建构却不是通过让学生去背诵记忆知识形态的基本理解来实现的。若缺乏个人持续的心智努力和情感付出，缺乏对相关事实、概念的深入理解，任何学习都只能是浅层次的认知行为。化学基本观念的建构是遵循认识发展的一般规律，借助于由浅入深的知识教学循序渐进地发展的。

鉴于基本观念对具体事实、核心概念的依赖性，促进观念建构的教学更加注重对知识的选择和使用，只是教学的重心从讲授记忆知识转移到思考使用知识。这就要求教师在进行某一单元知识的教学之前要先于学生实现对本单元知识的观念性理解，以便把对具体知识的教学与对单元主题的理解和观念的建构联系起来，增强知识教学的目的性和针对性。

具体分析，促进"观念建构"的教学要求教师首先要具备学科观念意识，在进行单元知识教学之前能从学科高度对本单元教学内容在学科体系中的地位、作用做出判断，明确单元教学内容中蕴含着哪些可以帮助学生更加透彻地认识物质及其变化规律的思想方法，将其确定为单元教学的观念目标，为学生的思维活动指明方向。

确定单元教学的观念目标之后，教师需要根据学生已有的经验和教学内容将目标观念转化为基本理解。基本理解是化学观念的具体表达，是期望学生在单元知识学习中自我建构的认识或见解，它使单元教学目标更加明确具体。在此基础上，教师需要进一步考虑单元中哪些知识能够有效推动学生的认识水平向基本理解的层次发展，这是一个对具体知识进行筛选，发现核心概念并用核心概念整合学习材料的过程。核心概念在单元学习中起着突出单元主题、凝聚学生思维的作用，它是架设在事实性学习材料和预设的基本理解之间的桥梁。因此，对核心概念的深入理解是单元教学的中心环节，不但能整合具体知识的学习，更为关键的是它能把学生的思维聚焦起来并引向更为深入的基本理解。如果教学没有围绕对核心概念的深入理解展开，那么基本理解就停留在较低的认知水平，学生就会倾向于对与基本理解相关的事实进行死记硬背。

(二) 突出化学学科的思维方式

化学课程的教学，绝不仅仅是让学生理解和掌握化学的基础知识和基本方法，更重要的是让学生在认识化学学科特点的基础上，形成化学学科的思维方式，促进学生化学基本观念的发展。

化学科学是在原子、分子水平上研究物质的组成、结构、性质和变化规律，这是化学不同于其他学科的本质所在。化学家不仅从宏观上对物质的变化进行观察和描述，更重要的是从微观结构上对其进行解释，以深刻把握物质变化的本质规律。宏观与微观的联系是化学不同于其他科学的最独特的思维方式，离开这个基本点就不是化学。建立对微观化学世界的想象力是中学化学不同于其他课程的特点，也是其他课程不能代替的。

因此，要体现化学学科不同于其他自然科学学科的特点，中学化学教学必然要使学生获得从宏观与微观相联系的视角认识物质及其变化的思维方式，并最终将其转变为分析问题和解决问题的思想方法。这就要求教师在促进"观念建构"的化学教学时，一定要突出化学学科的思维方式，引导学生从微观的视角分析和解释物质的宏观变化，重视培养学生对微观世界的想象力，把对物质宏观变化的观察与对微观结构的想象紧密地结合起来，深刻理解和认识物质及其变化的本质规律。例如，在初中化学中学习"物质在水中的溶解"时，就不能仅仅满足于让学生观察氯化钠、蔗糖等在水中溶解的现象，告诉学生物质溶解的过程同时伴随着热量的变化，而是要尽可能通过图片、动画等形式模拟物质溶于水时水分子与构成物质的微粒间的相互作用，引导学生通过微观想象，认识和理解物质溶于水的微观过程，从而为理解电解质的"电离"以及物质溶解过程中的热量变化奠定知识和方法基础。

化学学习的基本领域主要包括：可观察现象的宏观世界，分子、原子和离子等微粒构成的微观世界，化学式、方程式和有关符号构成的符号与数学世界。在教学实践中，重视化学用语的教学，引导学生从宏观、微观和符号三个角度认识和理解化学知识，并建立三者之间的内在联系，是促进学生化学学科思维方式形成的有效手段。

（三）深入挖掘化学知识的内涵

众所周知，知识都是基于人类一定的目的和需要而产生的，都与特定的文化背景和人的价值需求紧密相连。对于某一具体知识而言，它所承载的意义绝不仅限于字面所表达的含义，更有在发现知识过程中人的理智和精神的付出，这正是知识的丰富内涵所在。化学知识作为人类认识物质及其变化规律的智慧结晶，也具有多重含义。在事实层面，知识借助于具体事实阐述具体物质及其变化；在概念层面，知识是对认识对象本质特征的概括反映；在思想方法层面，知识的发现过程就是有关思想方法的运用与产生过程；在情感态度与价值观层面，知识的发现过程是人类智慧与情感的付出和价值追求的过程。这四个层面相互支撑，相互依赖，客观存在于任何一个具体知识点中，事实、概念是方法和价值存在的基础，而方法和价值观则是事实、概念存在的意义，缺少任何一个环节都不是完整的知识，也都不利于个体认识的发展。也就是说，事实、概念、方法、价值观都是同一个知识点在不同层面的存在形式，它们由表及里层层推进着学生的理解力。教学设计的首要前提，便是从这些层面对知识点进行再认识，充分挖掘其在学生化学观念形成上的价值。

事实、概念比较直观具体，在教材中是显性的，容易引起学生的注意，而方法、价值观则是隐性的，具有不思则无、思则深远的特性。如果教师不是有意识地引导学生去挖掘它们，那么学生很难体会到它们的存在并从中获得感悟，学习就会停留在事实性认识的层次。可以说，教师在教学中对知识的内涵挖掘到什么层次，决定了学生的思维能发展到什么层次。因此，为促进学生思维的发展和观念的建构，教师在化学教学中必须深入挖掘具体知识的深刻内涵。

对知识内涵的开发程度反映出教师的知识驾驭能力和教学思维深度。如何将知识的内涵恰如其分地向学生打开呢？"要在揭示自然现象或其他任何现象时，做到既是令人激动的、正确的，又是有益的、可以理解的，就需要把深刻的理解同详细正确结合起来。"布鲁纳的忠告在启发着我们，需要把当前知识的教学与对学科整体的深入理解结合起来，在整体中教授部分，这是敞开知识内涵的基本要求。例如，如果将原子、分子概念置于人类探索物质组成结构的历史长河中，那么知识的四个层面会因此而丰满起来，其中折射出的不仅仅有它们是构成物质的不同层次的微观粒子这样的事实性结论，还有从微观视角认识宏观变化与现象的思维方式，以及人们对物质结构永无止境的探索精神和严谨务实的科学态度。

（四）设计具有思考价值的问题

问题是思维的源泉，更是思维的动力。促进"观念建构"的化学教学要求学生对具体知识做出超越事实的思考，以便形成深层的可迁移的基本理解。为此，教师需要精心设计有思考价值的问题来驱动学生进行持续深入的思考，引导学生通过高水平的思维来学习，通过问题解决建构知识的深层理解。

那么，什么样的问题具有思考价值呢？

首先，问题应具有一定的思维容量。所谓思维容量，是指思维的深广度水平。从思维方向来看，它应该具备一定的开放性，因为开放性的问题可以给学生更广阔的思维空间，有利于调动学生思维的积极性和主动性，确保思维活动持久地进行；从思维力度来看，它应该是学生通过深入思考才能解决的问题，而不是简单再现的问题，如果学生将记忆中的信息原封不动地提取就能解答，那么该问题就没有什么思考价值。从问题表达形式来看，思维容量较大的问题大多是以"为什么""怎样""如何"等启示性语言开头的问题，而非诸如"是不是""是什么"这样简单回忆再现的问题。例如，在学习元素周期律内容时，"为什么元素的性质会随原子序数的递增呈现出周期性变化的规律"要比"元素周期律的内容是什么"这样的问题拥有更大的思维容量，也更容易调动学生深入思考。

其次，问题应具有适宜的难度。有思考价值的问题应该是学生知其然但尚未知其所以然的问题。实践证明，问题过易或过难都不能有效地激发学生的思维活动。根据维果茨基的"最近发展区"理论，那些与学生已有的知识经验有一定联系，学生知道一点，但是仅凭已有的知识经验又不能完全解决，也就是说在"新旧知识的结合点"上产生的问题，最能激发学生的认知冲突，最具有启发性，能有效地驱动学生展开积极思考。

例如，学生在学习化合价内容之前，已经建立起物质统一于有限种元素、元素组成成分决定物质性质的观念性认识，但是，在面对同种元素组成的物质所表现出的巨大性质差异时，往往感到迷惑不解。为什么同为 H 元素、O 元素组成的 H_2O 可以成为生命之源，而 H_2O_2 却可以杀菌消毒？同样，为什么 CO 可作燃料，而 CO_2 却可用来灭火？这类问题就处在新旧知识的结合点上，能够极大地激发学生的思考兴趣。通过对问题的深入思考并结合化合价知识的学习，学生会意识到物质的性质不仅与其组成元素有关，还与元素原子间相互作用的方式及其剧烈程度密切相关，从而把对物质性质与物质组成成分之间关系的认识提升到一个新的高度。

（五）引导学生进行探究、体验和反思

心理学研究指出，学生对知识的学习是以一种"心理重演"的方式再现知识的探索、发现过程。这表明学生的学习过程和科学家的探索过程在本质上是一样的，都是一个发现问题、分析问题、解决问题的过程。这个过程一方面是暴露学生各种疑难困惑和矛盾冲突的过程，另一方面又是展示学生聪明才智、独特个性、创新发现的过程。正因为如此，促进"观念建构"的教学特别重视学生探索新知的经历和获得新知的体验，认为学生只有亲自参与知识的发现过程才能真正领会科学的思想与方法，才能真正建构起对知识的深刻理解。

从知识的产生历程来看，任何概念、理论的产生必然经历相应的探索、发现过程，任何探索、发现过程必然是一定思想方法的产生和运用过程，而思想方法的产生和运用过程又体现出人类特有的精神和价值追求。化学学科中那些曾经对人类认识产生重大影响的发现，如原子、分子、电子、元素周期律、化学键等知识，它们对今天的学生来说依然是学习的难点和重点，依然具有较高的认识价值。促进"观念建构"的化学教学要求学生对知识进行深刻思考，以形成自己的见解或见识。就认识发展层次而言，认知是情感态度的前提，价值观则是知识内化上升为信念的结果，在这个过程中，没有哪一种方式比亲身经历、体验和反思更能对人的认识产生深刻的影响。

因此，在促进"观念建构"的化学教学中，要为知识与学生的全面相遇创造情境，把学科中经典的概念理论还原到产生它们的历史背景下，引导学生沿着前人的思维脉络对知识的来龙去脉进行探索，掌握知识发现的思想与方法。学生为形成自己的见解，应该主动把当前的知识学习与已有知识经验和生活经历联系起来，在独立思考以及与他人的交流合作中将知识内化为个人经验世界的一部分，这是一个走进知识并从中形成个人见解的过程。

学生初步形成的见解受个人知识经验的影响，不可避免地带有一定的局限性和片面性，为此，需要进一步引导学生对个人见解进行反思、锤炼，以形成正确的、科学的、可迁移应用的基本观念。这是一个对个人见解进行提炼、升华的过程，教师一方面要为学生运用个人见解解决实际问题创造条件，使个人见解接受实践的检验，另一方面要引导学生结合问题解决情况对个人见解展开反思与讨论，在相互借鉴、辩论、质疑中使自己的认识得以不断完善和提升。

二、促进"观念建构"的化学教学应注意的问题

（一）准确把握观念发展的进阶水平，防止观念教学异化

不少的教师在教学过程中感到时间紧、课时安排少，认为学生能较好地掌握必需的化学知识与方法就不错了，至于化学基本观念的形成难以落实；还有的教师习惯于求全、求多、求深，又往往通过拓展知识难度来实现观念的建构，希望达到一个"完美"境界。这两种教学倾向都是将"观念构建"教学异化了，关键是没有准确把握观念发展的进阶水平。在实际教学中，不能通过将知识内容前移或增加知识深度来发展化学基本观念，一定要把握好教学中观念建构的水平层次，要根据课程标准的目标要求，分析教材中前后单元内容之间的联系，确定本单元知识、方法、观念的层次水平，再依次分解到各节的教学任务中。

（二）避免不切实际地追求观念建构，防止观念教学泛化

强调"观念建构"的教学，是为了纠正以往教学中过分重视化学知识的学习，以记忆和积累具体知识为学习目标的做法，但是也不能矫枉过正，不考虑具体内容的特点，要求每一节课都能建构和发展某种化学观念，把"观念建构"教学泛化。强调化学基本观念的建构，并不是削弱对化学基础知识和研究方法的学习。化学基础知识、化学研究方法和化学基本观念在对学生发展的促进中都是不可或缺的。知识是学习

方法、体验过程、建构观念、培养能力的载体，而观念的形成反过来又会增进对知识的深层次理解。因此，在教学中必须科学把握知识、方法、观念之间的关系，要根据具体内容的特点进行"观念建构"的教学，关键在于引领学生从本质上去认识和理解所学的化学知识。

（三）遵循观念形成的规律，防止观念教学形式化

基本观念具有认知性、体验性和内隐性。实践证明，观念的形成不是一个被告知的过程，不能强加于学生，学生只能在问题解决过程中，以及反思、评价活动中感悟自省而逐步形成观念，即观念需要在教师的价值引导与学生的自主建构中形成。学生是否形成了某一观念，不在于是否会说出相关的词句，关键要看学生是否把观念由外在的词语表达变成自己的一种观点、一种信念、一种看问题的思维方式。再者，观念体系不是线性发展的，人们的思想认识不是一成不变的，也不是一步到位的，而是随着对事物认识的广度和深度的扩展不断修改完善的。同样，学生化学基本观念的形成，也是在化学知识不断丰富和对知识的反复提炼、交流、印证中逐步建构的。因此，"观念建构"的教学要遵循渐进性、阶段性等原则，统筹规划，结合学生的认知发展水平和知识内容的特点，有目的、有计划、分层次地将促进学生基本观念的建构贯彻化学教学的始终。

第十三章 促进"观念建构"的化学教学实践

知识是观念建构的载体,学科教学则是帮助学生掌握知识、发展思维、形成观念的主要途径和方式。如何分析和抽提教材内容中蕴含的化学基本观念?如何全面实施"观念建构"的化学教学?本章将结合具体的教学案例,分析如何在新授课、复习课教学中实施"观念建构"的教学,帮助学生建构和发展化学基本观念。

第一节 促进"观念建构"的化学新授课教学

新授课是课堂教学中最主要的一种课型,能够有效地帮助学生拓展新知、训练方法、培养思维,并丰富学生的思想和情感体验。结合"观念建构"教学的设计思路和教学策略,针对概念原理与元素化合物这两类中学化学课程中的核心内容,选择"盐类的水解"和"氨"作为典型教学案例,全面展现促进"观念建构"的化学新授课教学的实践样态。

一、"盐类的水解"观念建构教学

"盐类的水解"属于概念原理类内容,是从微观的视角、用变化的观点来研究盐的水溶液中存在的微粒形式、微粒之间的相互作用以及这种相互作用的有关规律,是促进学生微粒观、变化观建构发展的典型素材。

(一)"盐类的水解"知识价值分析

知识是教材内容的重要组成部分,要实现从知识向能力、素养的转化和飞跃,就需要教师认真分析教材知识对于学生的学习和发展而言到底具有怎样的价值。为了最大限度地挖掘和发挥教材内容所具有的多重价值，我们运用"科学知识价值分析模型"① （图 13 - 1）对教材中"盐类的水解"知识进行深入的价值分析。

图 13 - 1　科学知识价值分析模型

（1）信息价值。"盐类的水解"是"化学反应原理"课程模块的一个核心概念，是电解质溶液知识的重要组成部分。它前承溶液的酸碱性、离子反应、弱电解质的电离、化学反应速率与化学平衡等知识的学习和应用，后为深入理解盐类的性质、电解质溶液中的复杂反应关系打下基础，并与化学（反应）平衡、电离平衡、（盐类）水解平衡、（沉淀）溶解平衡共同构成了电解质溶液中的离子平衡体系。"盐类的水解"具体知识内容包括盐类水解的概念、水解的本质、水解的一般规律、水解的程度以及盐类水解化学方程式等。

（2）应用价值。通过学习盐类的水解，学生可以判断并利用盐溶液的酸碱性、利用水解反应制备相关物质等。盐类的水解广泛应用于生产生活与科学研究当中，如净水剂的选择、氢氧化铁胶体的制备、盐溶液的配制和存放等。

（3）探究价值。本节教材一个重要的探究活动是分析盐溶液显示酸性或碱性的原因。在探究过程中，学生要从微观角度分析盐溶液中存在哪些微观粒子以及这些微粒是怎么来的，要判断微粒间能否发生相互作用，还要推断微粒间相互作用的结果，等等。总之，这一探究活动充分激发了学生的学习兴趣，调动了学生的高阶思维，对于学生理解盐类水解的本质、学习科学探究方法、发展化学学科思维方式等都有很好的促进作用。

（4）认识价值。通过对盐类水解的学习，学生可以形成认识电解质溶液体系的认识思路或认识模型。所谓认识思路是人们认识某个现

---

① 亓英丽、毕华林：《科学教育中科学知识的价值分析》，《全球教育展望》2012 年第 2 期，第 83 - 86 页。

象、某种物质、某个反应的认识视角、认识方式、认识过程的综合体现。从哪些方面去认识盐类水解的现象？如何构建盐类水解的认识模型？首先，可以从物质类别的角度，分析某种盐属于哪类盐，是强酸弱碱盐、弱酸强碱盐、弱酸弱碱盐，还是强酸强碱盐；其次，从微粒构成的角度，分析这个盐是由哪些金属阳离子（或铵根）和酸根阴离子构成的，最后，从相互作用的角度，分析盐溶于水之后，在盐溶液中存在哪些微观粒子，这些微观粒子之间可能发生怎样的相互作用，微粒相互作用的结果如何，从而去寻找盐类水解的本质。这是我们认识某种盐，看其在溶液中会不会发生水解反应以及如何水解的一个基本的认识思路或认识模型。

（5）情意价值。对"盐类的水解"的学习，不仅有利于激发学生探究的欲望和学习兴趣，加深学生对化学学科在社会生活中应用价值的认识，更重要的是可以帮助学生建构发展微粒观和变化观等化学基本观念。通过对盐类水解的学习，一方面，学生应该建立从微观粒子角度分析电解质溶液问题的思路和方法，认识到物质是由微粒构成的，微粒之间存在相互作用及微粒间相互作用的改变会导致化学变化；另一方面，学生应该对化学变化是有方向和限度的，且都伴随着能量变化获得更深层次的认识。

（二）"盐类的水解"化学基本观念抽提

1．明确基本观念

"盐类的水解"知识蕴含着多种化学基本观念，如微粒观、变化观、分类观、化学价值观等。在教学过程中是面面俱到，还是根据教学目标抽提出最核心、最重要的观念，引导学生深刻理解？"观念建构"的教学更应突出教学重点，围绕着核心概念和主要观念进行教学，而不是面面俱到。与"盐类的水解"学习密切相关的是微粒观和变化观的建构。

（1）微粒观的体现。"盐类的水解"一般是在"化学反应原理"模块的"物质在水溶液中的行为"内容单元。本单元以常见的溶剂——水为线索，首先引导学生分析水分子间的相互作用，认识"水的电离"（Ⅰ）；其次分析电解质溶液中，电解质与水分子的相互作用，认识"强弱电解质的电离"（Ⅱ和Ⅲ），以及盐电离产生的弱酸酸根或弱碱阳离子与水分子发生"盐类的水解"的相互作用（Ⅳ）；然后研究不同电解质电离产生的离子间的相互作用（Ⅴ），加深对复分解反应本质的认识；最后通过"离子反应"引导学生全面地回顾、总结水溶液中微粒之间的相互作用。以上相互作用的例子的离子方程式如下：

$H_2O + H_2O \rightleftharpoons H_3O^+ + OH^-$

通常简写为：$H_2O \rightleftharpoons H^+ + OH^-$ ·············· Ⅰ $K = K_w = 1.0 \times 10^{-14}$

$Na_2CO_3 \rightleftharpoons 2Na^+ + CO_3^{2-}$ ································ Ⅱ（完全电离）

$H_2CO_3 = HCO_3^- + H^+$ ································ Ⅲ $K = K_{a1} = 4.2 \times 10^{-7}$

$CO_3^{2-} + H_2O = HCO_3^- + OH^-$ ············ Ⅳ $K = K_w \times K_{a1}^{-1} = 2.4 \times 10^{-8}$

$Ba^{2+} + CO_3^{2-} \rightleftharpoons BaCO_3 \downarrow$ ······················· Ⅴ $K = K_{sp}^{-1} = 1.9 \times 10^8$

从以上五个电离（离子）方程式，我们可以推断出：

A. 电解质溶于水后在水分子的作用下会发生电离，形成自由移动的离子。在稀溶液中，强电解质完全电离，以离子的形态存在；而弱电解质部分电离形成离子，主要以分子形态存在。

B. 电解质溶液中的微粒之间存在着相互作用，这种相互作用发生在离子、分子之间。

C. 不同微粒之间的相互作用强弱不同。例如，相互作用Ⅲ＞Ⅰ、Ⅳ＞Ⅰ、Ⅴ＞Ⅳ。这些相互作用的发生，有的会生成新的分子，有的没有生成新的分子，表现的性质是不同的。

可以看出，教材中对"盐类的水解"知识的呈现，重视引导学生分析溶液中存在的微粒以及微粒间的相互作用，体现了化学学科从微观角度研究物质及其变化的独特视角。

综上所述，"盐类的水解"体现的微粒观内涵如下：物质是由微观粒子构成的，微粒之间存在着相互作用，这些相互作用有强弱之分，化学变化的实质是强的相互作用代替弱的相互作用。

（2）变化观的体现。对一个化学反应的认识，通常我们是从反应的方向、速度、限度等角度去分析反应中物质与能量的变化，帮助学生形成化学反应的认知模型。对于"盐类的水解"反应，从这几个方面进行分析，我们会发现：

A. 水解反应是有新的物质分子（弱酸或弱碱）生成的化学变化。

B. 水解反应过程中伴随着能量的变化，是有弱酸或弱碱参加的中和反应的逆反应，是吸热的过程。

C. 大多数水解反应存在限度，是可逆反应，进行的程度很小，水解产物很少,无明显沉淀或气体产生。

D. 水解反应的速率取决于溶液中离子的浓度和离子的扩散速率,受温度影响不大,是一类不需要用活化能来引发的反应,因此反应速率很高。

综上所述,"盐类的水解"体现的变化观内涵如下:变化是普遍存在的,化学变化有新的物质分子生成;化学变化是有方向和限度的;化学变化都伴随着能量变化。

2. 形成基本理解

根据对"盐类的水解"教材中体现的微粒观、变化观的分析,结合学生的认知基础,将基本观念的内涵用概括性的语言表达出来,就是"基本理解"。基本理解是基本观念在认知层面的具体表达,是对具体事实和核心概念本质的深刻理解,是期望学生在学习活动中逐渐形成的基本认识。依据上述逻辑关系,厘清教材内容中基本观念、核心概念和具体知识间的关系(图13-2),为教学设计提供主要线索和支撑点。

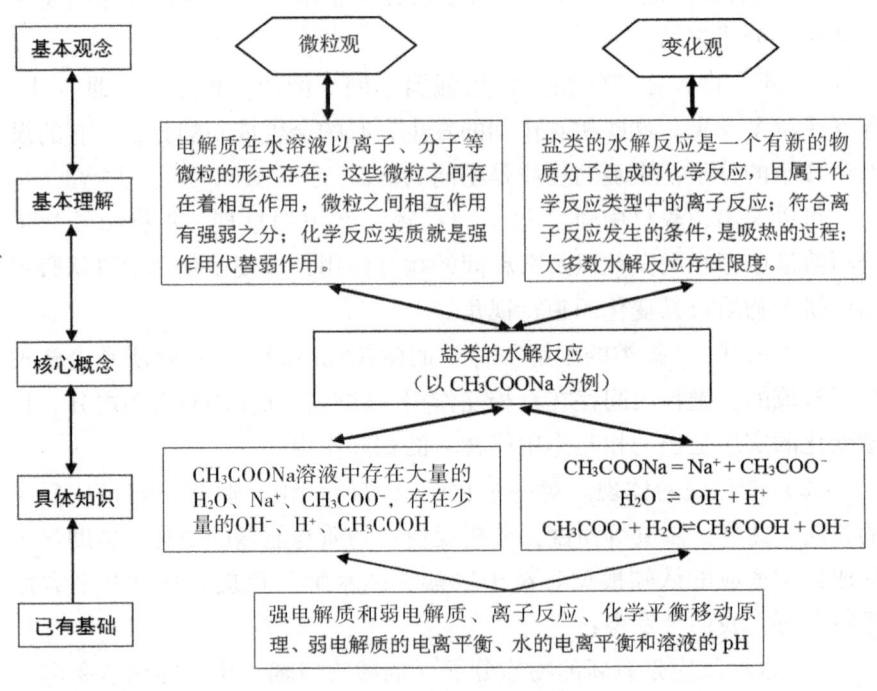

图13-2 "盐类的水解"知识层级

（三）"盐类的水解"学生相异构想的测查

学生已有的知识经验是影响学生学习的重要因素，特别是学生头脑中存在的那些模糊的、错误的认识会直接影响学生对科学概念的理解。为此，在进行"盐类的水解"教学设计之前，对学生的相关知识经验进行了探查，以明确学生可能存在的相异构想，在此基础上确定教学起点。我们选用了国际上通用的二段式测验法，即测试卷中的每道题都是由两部分组成：第一部分是题目及其选项，第二部分是学生选择的理由。

文献显示，学生在学习"盐类的水解"概念之前，可能存在的相异构想主要集中在以下方面：电解质的电离、弱电解质的电离平衡、离子反应、溶液的酸碱性、可逆反应等。

表 13-1 文献中高中生关于"盐类的水解"的相异构想

相关概念	学生的相异构想
电解质的电离	（1）弱电解质在溶液中以离子形式存在，忽视了分子的存在； （2）混淆了"电离"和"电解"的涵义
弱电解质的电离平衡	（1）弱电解质的电离过程能完全进行到底； （2）知道弱电解质在水溶液中部分电离，但不清楚各微粒的浓度大小关系
离子反应	（1）认为离子反应发生的条件就是有沉淀、气体或者水生成； （2）所有中和反应的离子方程式都可以表示为 $H^+ + OH^- = H_2O$
溶液的酸碱性	（1）酸溶液显酸性，碱溶液显碱性，盐溶液显中性，不清楚溶液的酸碱性实质上是由 $[H^+]$ 与 $[OH^-]$ 的相对大小决定的； （2）不理解任何稀溶液中都存在水的电离平衡，认为酸性溶液中不存在 OH^-，碱性溶液中不存在 H^+
可逆反应	（1）不能建立对可逆反应、反应限度、平衡状态之间关系的整体认识； （2）酸碱中和反应是进行到底的，没有逆反应

根据"盐类的水解"知识内容和文献中学生可能存在的相异构想，开发具体的测查项目，编制"盐类的水解"二段式诊断测查工具。测试的结果显示，学生在学习"盐类的水解"之前，有一些相应的知识基础，但是这些知识结构松散，甚至是孤立的、没有联系的。比如，学生知道水、弱酸或弱碱能发生电离，却看不到弱酸或弱碱的水溶液中除了溶质的电离平衡，还存在溶剂水的电离平衡。又比如，学生写出了 CH_3COOH、H_2O 的电离方程式，并且使用了可逆符号，却不能回答醋酸溶液中存在 CH_3COOH、H_2O 这两种分子。

从测试结果看出，学生头脑中存在一些相异构想，主要包括：酸溶液中没有 OH^-，碱溶液中没有 H^+；搞不清楚化学用语的含义，将"电离"说成"电解"；弱碱和强酸的中和反应是进行到底的；酸碱中和的结果是中性的；离子反应必须有沉淀、气体或水生成；将微粒之间的相互作用简单等同于化学键等。

通过测试还发现，学生对某些问题的描述渗透着一定的化学基本观念。比如，在解释溶液酸碱性时，很多同学可以从 H^+ 和 OH^- 的浓度大小角度去思考；又比如，学生回答 CH_3COONa 溶液中存在 CH_3COOH，是因为 $CH_3COO^- + H^+ \rightleftharpoons CH_3COOH$。这些都或多或少地表现出微粒观的意识。另外，学生在书写弱电解质的电离方程式时，大多还是能用可逆符号来表示，这体现出对化学平衡知识的应用。学生对离子反应发生条件的回答正确率约为 88%。这些都或多或少地表现出变化观的意识。

（四）"盐类的水解"观念建构教学设计

根据对教材中体现的化学基本观念以及学生知识基础的分析，确定了本节课的教学目标，并对驱动性问题的设计进行了整体规划，力求通过问题的引领和积极的探究思考，帮助学生建立新旧知识的联系，理解相关的概念，促进化学基本观念的形成。

1．教学目标设计

（1）通过从微观粒子的角度分析 CH_3COONa、NH_4Cl 溶液中的水解过程，总结归纳出盐类水解的定义，并感受物质的微粒性和微粒之间的相互作用。

（2）在分析 CH_3COONa、NH_4Cl、$NaCl$ 溶液酸碱性的过程中，逐步建立分析电解质溶液问题的思路，同时促进"宏观－微观－符号"三重表征思维方式的形成。

（3）通过测试 CH_3COONa 溶液的 pH、阅读资料中的水解度和水解平衡常数，体验水解反应和水解平衡的客观存在，并从反应方向、限度及能量变化角度认识盐类的水解反应，体验变化观的指导意义。

（4）通过书写不同盐溶液的水解反应离子方程式，进一步认识水解反应的实质及其特点。

2．驱动性问题设计

依据教学目标，结合对教材中化学基本观念的分析及学生相异构想的测查，设计了如下的四个驱动性问题，以问题为主线，引导学生开展探究活动，促进学生基本观念的形成。

驱动性问题1——盐的溶液是否一定呈中性？

探究活动：让学生用 pH 试纸测定 0.1 mol/L 的不同盐溶液的 pH。

驱动性问题2——为什么盐溶液显示不同的酸碱性？

这是本节课要解决的核心问题，为引导学生理解盐类水解的实质，学会从微观的视角去分析宏观现象，可以将其转化为问题组：

（1）盐溶液中存在哪些微粒？

（2）这些微粒之间可以发生哪些相互作用？

（3）相互作用的结果如何？

探究活动：分析 CH_3COONa、NH_4Cl、NaCl 溶液显酸碱性的实质。

驱动性问题3——盐类的水解反应有哪些特点？

探究活动：阅读教材，结合具体的盐类水解反应进行概括提炼。

驱动性问题4——如何表示盐类的水解反应？

探究活动：尝试用离子方程式表示盐类的水解反应。

3．教学过程设计

基于上述设计思路，形成了如图 13-3 所示的教学流程。

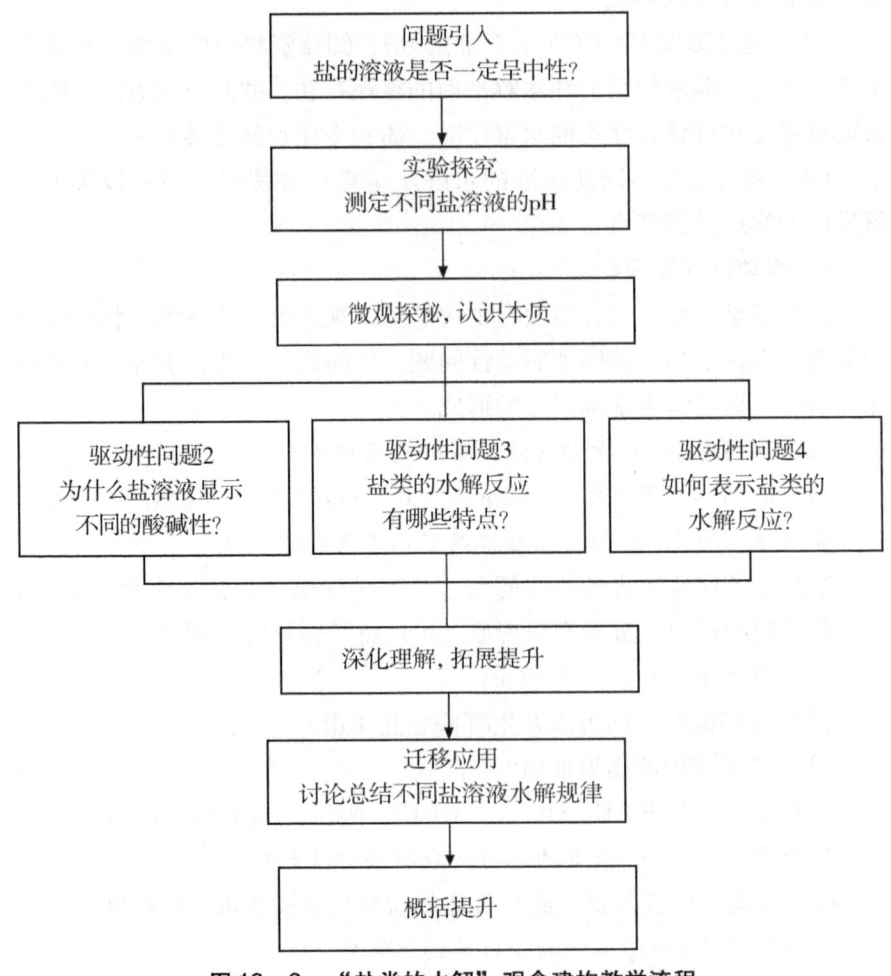

图 13-3 "盐类的水解"观念建构教学流程

(五)"盐类的水解"观念建构教学实践

为检验"观念建构"教学的效果,我们在某重点中学选取了两个自然班进行对比实验。两个班的教学进度一样,平时化学学习成绩基本相同,没有显著差异。在实验班,实施"观念建构"的教学,突出化学基本观念对学习的指导、统领作用。在对照班,以知识学习为主,实施常规的讲授式教学。实验班促进观念建构的"盐类的水解"教学过程实录如下。

1. 教学实践过程

【问题情境】同学们,通过之前对水溶液的学习,我们知道酸溶液显酸性,碱溶液显碱性,那么盐溶液是显酸性、碱性还是中性呢?

【实验探究】学生分小组用 pH 试纸测定不同盐溶液 [Na_2CO_3、CH_3COONa、$NaCl$、NH_4Cl、$Al_2(SO_4)_3$] 的 pH,并把变色后的 pH 试纸通过投影到大屏幕让全班同学观看。

盐溶液 (0.1 mol/L)	Na_2CO_3	CH_3COONa	$NaCl$	NH_4Cl	$Al_2(SO_4)_3$
溶液的 pH	12	8	7	6	2

【问题驱动】实验结果表明,不同的盐溶液显示出不同的酸碱性。大家想一下,溶液显示酸性或碱性的实质是什么?对,溶液显示酸性或碱性是因为溶液中 [H^+] ≠ [OH^-]。那么,盐溶液中的 H^+ 和 OH^- 浓度发生了怎样的变化,为什么不同的盐溶液显示出不同的酸碱性?

评析:问题"盐溶液是否一定呈中性"直奔主题,利用实验现象引发学生的认知冲突,激发学习兴趣。同时,通过对溶液酸碱性的微观本质的回忆,一方面帮助学生澄清已有的相异构想,另一方面也将学生的认识思路引向微观层面。

下面我们首先以 CH_3COONa 溶液为例来进行分析,请同学们分小组,围绕着下面这三个问题进行讨论。

【问题驱动】(1) CH_3COONa 溶液中存在哪些微观粒子?

(2) 哪些微观粒子之间可以发生相互作用?

(3) 相互作用的结果怎样?

【总结板书】CH_3COONa 电离产生的 CH_3COO^- 和水电离产生的 H^+ 结合生成了弱电解质 CH_3COOH 分子,消耗了溶液中的 H^+,使得水的电离平衡向右移动,最终导致溶液中 [OH^-] > [H^+],因此 CH_3COONa 溶液显碱性。

$$CH_3COONa = Na^+ + \boxed{\begin{array}{c} CH_3COO^- \\ + \\ H^+ \\ \Updownarrow \\ CH_3COOH \end{array}}$$

$$H_2O \rightleftharpoons OH^- + \quad\longrightarrow$$

请同学们发挥想象力，想象一下这个反应的微观过程：CH_3COO^- 夺走了水电离产生的 H^+ 结合成 CH_3COOH 分子，剩下孤零零的 OH^-，因此宏观上溶液表现出了碱性。这个反应过程的离子方程式可以表示为：

$$CH_3COO^- + H_2O \rightleftharpoons CH_3COOH + OH^-$$

【问题驱动】以同样的思路，从以下三个方面分析讨论 NH_4Cl 溶液、$NaCl$ 溶液酸碱性的原因。

（1）盐溶液中存在哪些微观粒子？
（2）哪些微观粒子之间可以发生相互作用？
（3）相互作用的结果怎样？

【总结板书】NH_4Cl 电离产生的 NH_4^+ 和水电离产生的 OH^- 结合生成了弱电解质 $NH_3 \cdot H_2O$ 分子，消耗了溶液中的 OH^-，使得水的电离平衡向右移动，最终导致溶液中 [H^+] > [OH^-]，因此 NH_4Cl 溶液显酸性。

$$NH_4Cl = Cl^- + \boxed{\begin{array}{c} NH_4^+ \\ + \\ OH^- \\ \Updownarrow \\ NH_3 \cdot H_2O \end{array}}$$

$$H_2O \rightleftharpoons H^+ + \quad\longrightarrow$$

这个反应过程的离子方程式表示为

$$NH_4^+ + H_2O \rightleftharpoons NH_3 \cdot H_2O + H^+$$

$NaCl$ 电离产生的 Na^+ 和 Cl^- 不能与水电离出的 H^+ 或 OH^- 结合，对

水的电离平衡没有影响，溶液中的［OH⁻］=［H⁺］，因此 NaCl 溶液显中性。

评析："为什么盐溶液显示不同的酸碱性"是本节课要解决的核心问题，以问题组的形式呈现既可以降低思维难度，也给学生分析溶液问题以思路引导。学生通过从微观角度分析 CH_3COONa、NH_4Cl、NaCl 溶液中的微观粒子并想象其微粒结合情况，体验物质的微粒性和微粒之间的相互作用，促进"微粒观"的形成，同时有助于建立分析电解质溶液问题的认识思路。

【问题思考】像 CH_3COONa、NH_4Cl 溶液中发生的反应叫作"盐类的水解"反应，请结合前面对盐溶液的分析过程，你能否为"盐类的水解"下个定义？

【板书】

$$\text{盐电离产生的离子}\begin{cases} \text{弱酸酸根} + H_2O\ (H^+) \longrightarrow \text{弱酸} + OH^- \\ \text{弱碱阳离子} + H_2O\ (OH^-) \longrightarrow \text{弱碱} + H^+ \end{cases}$$

在溶液中，由盐电离产生的离子与水电离产生的 H^+ 或 OH^- 结合生成弱电解质的反应，叫作盐类的水解反应，简称盐类的水解。

【问题驱动】盐类的水解反应有哪些特点呢？

【探究活动】活动 1：阅读资料一、二，分析 CH_3COO^- 的水解反应有什么特点。

资料一：25 ℃时，在 0.1 mol/L 的 CH_3COONa 溶液中，发生水解的 CH_3COO^- 仅占原有 CH_3COO^- 总数的 0.0075%。

资料二：25 ℃时，CH_3COO^- 的水解平衡常数数值为 5.9×10^{-10}，K 值小于 10^{-5}。

活动 2：阅读课本 85 页"拓展视野"栏目。

【总结归纳】水解反应的特点

（1）大多数水解反应程度很小，是可逆反应。

（2）吸热，是中和反应的逆反应。

评析：在掌握盐类水解反应定义的基础上，通过阅读补充资料，引导学生从水解反应的程度、方向、能量变化等方面思考水解反应的特点，加深对水解反应实质的认识，促进学生"变化观"的建构。

【问题驱动】如何用离子方程式表示盐类的水解反应？

【探究活动】请用离子方程式来表示下列盐溶液中发生的水解反应：CH_3COONa、NH_4Cl、Na_2CO_3、$Al_2(SO_4)_3$。

【总结板书】水解离子方程式的书写（单一离子）。

(1) 大多数水解反应程度很小，用"⇌"而不用"="。

(2) 多元弱酸酸根的水解分步表示，并以第一步为主。

(3) 多元弱碱阳离子的水解一般用总反应表示（尽管也是多步发生水解）。

评析：通过盐类水解反应离子方程式的书写，进一步促进学生"微粒观"和"变化观"的发展，同时帮助学生形成"宏观－微观－符号"三重表征的化学思维方式。

【迁移应用】请判断下列盐溶液能否发生水解。发生水解的原因是什么？如果能水解，溶液的酸碱性如何？你能否根据这些反应总结一下盐类水解的规律？

①KCN；②CH_3COONa；③Na_2SO_4；④NH_4NO_3；⑤$FeCl_3$。

【分析概括】弱碱阳离子水解使溶液显酸性；强碱阳离子、强酸酸根不发生水解，溶液显中性；弱酸酸根水解使溶液显碱性。

比较①②④⑤和③，得出"有弱才水解，无弱不水解"。

比较①和②、④和⑤，得出"越弱越水解"。

以 CH_3COONa、NH_4Cl 为例，得出"谁强显谁性"。

【总结板书】盐类水解规律口诀：越弱越水解，谁强显谁性。

评析：以应用练习的方式，从实例中总结盐类的水解规律，训练学生的归纳概括能力，同时进一步加深学生对盐类水解实质的理解，提高迁移应用能力。

【课堂小结】(1) "盐类的水解"的本质、特点、离子方程式书写、规律。

(2) 分析电解质溶液的基本思路。

(3) 从能量变化、反应方向、限度、速率等方面认识化学反应。

(4) 深化对物质的微粒性及微粒间相互作用的认识。

评析：对本节课进行总结升华，使学生对本节课的内容形成系统的认识，进一步促进学生微粒观、变化观的建构。

2. 教学实验结果

在全部授课结束后,对实验班和对照班进行了"盐类的水解"概念学习的测试。测试包括四个题目,见表 13-2。对试卷中的答案与选项进行赋分,应用 SPSS 16.0 进行数据统计分析。从实验班和对照班的平均分来看,两个班存在差异性。为了考察"观念建构"的教学与常规知识教学是否具有显著性差异,又对实验班和对照班的测试数据进行了独立样本 t 检验。t 检验结果表明,实验班和对照班的测试成绩不存在显著性差异。

表 13-2　"盐类的水解"测试卷

---

1. 在醋酸钠（CH_3COONa）溶液中,下列微观粒子之间的浓度关系表示正确的是_____。

    A. $[Na^+] > [CH_3COO^-]$,$[OH^-] < [H^+]$

    B. $[Na^+] > [CH_3COO^-]$,$[OH^-] > [H^+]$

    C. $[Na^+] < [CH_3COO^-]$,$[OH^-] > [H^+]$

    D. $[Na^+] < [CH_3COO^-]$,$[OH^-] < [H^+]$

2. 实验测定碳酸氢钠（$NaHCO_3$）溶液显碱性,下列说法中正确的是_____。

    A. 在水溶液中,HCO_3^- 仅发生水解

    B. 在水溶液中,HCO_3^- 仅发生电离

    C. 在水溶液中,HCO_3^- 的水解程度要大于电离程度

    D. 在水溶液中,HCO_3^- 的电离程度要大于水解程度

3. 请判断硫酸铜（$CuSO_4$）溶液的酸碱性,并写出你的判断过程。

4. 对 0.1 mol/L 的碳酸钠（Na_2CO_3）溶液进行以下连续操作:
第一步,加入两滴酚酞试液,你观察到的现象是_____,请尽可能详细地写出你对这个现象的解释:_____。
第二步,继续向该溶液中加入过量的氯化钡（$BaCl_2$）溶液,你观察到的现象是_____,请尽可能详细地写出你对这个现象的解释:_____。

虽然课堂测试的结果实验班和对照班没有显著性的差异,但通过对测试结果的深入分析发现,实验班学生更倾向于去分析溶液中的微粒和

这些微粒之间能不能发生相互作用,对化学反应限度的认识也比对照班要更深入、全面一些。

教学实验结果表明,对中学生化学基本观念的培养不是一蹴而就的,应循序渐进地将其贯穿中学化学教学的始终。要重视分析挖掘不同教材内容中蕴含的基本观念,在持续深入的学习和实践中,促进学生化学基本观念的不断形成和发展。

二、"氨"观念建构教学

"氨"属于元素化合物类内容,主要涉及从物质类别、元素价态、物质特性等视角认识氨的性质和用途,培养学生宏观与微观相结合的学科思维方式,促进学生元素观、微粒观、结构观、变化观的建构与发展。[①]

(一)"氨"知识价值分析

基于"科学知识价值分析模型"从信息价值、应用价值、探究价值、认识价值、情意价值五个方面对"氨"这一元素化合物的知识进行深入分析。

(1)信息价值。氨(NH_3)作为一种含氮化合物,是高中阶段学生需要深入学习和认识的一种重要的、有代表性的无机元素化合物。"氨"这一节的教材内容主要介绍了氨的分子结构、物理性质、化学性质及其应用,主要包括氨极易溶于水、氨水的碱性、氨能与酸发生反应生成铵盐、氨具有还原性以及氨在生活和工业生产中的应用。"氨"的学习设置在物质的分类与转化、氧化还原反应、元素周期律等理论性知识之后,承接钠、氯、铁等元素及其化合物性质的相关内容,与"硫及其化合物"为同一章节,旨在引导学生对元素化合物的认识从具体知识点提升到一般思路方法的新高度。

(2)应用价值。通过对"氨"的学习,学生可以利用氨的性质实现其转化,能够预测其他无机化合物的性质。此外,氨是生活中极为重

---

① 姜言霞、卢巍:《基于化学基本观念建构的"氨"的教学设计研究》,《化学教育》2015年第9期,第37-41页。

要的一种无机元素化合物,与生活密切相关,工业合成氨极大提高了化肥的产量,解决了世界多数人口的温饱问题。

(3)探究价值。本节课涉及的探究活动主要包括氨的喷泉实验、氨与氯化氢反应的实验。在氨的喷泉实验中,学生要从微观角度分析氨水中存在的微粒、微粒之间的相互作用,解释氨水显碱性的原因,还需要结合物理学的相关知识分析喷泉发生的原理;而在氨与氯化氢反应的实验中,学生要仔细观察实验的现象,学习基于证据推理氨的性质、预测反应产物等,这些都对激发学生的探究欲、发展学生的科学探究能力具有积极作用。

(4)认识价值。"氨"属于元素化合物类内容,这类内容表面看上去具有"杂而散"的特点。仅仅依靠具体知识点的记忆和背诵,学习容易停留在浅层水平,而难以建立知识之间的内在联系、实现迁移应用。对于"氨"的教学,应有意识地引导学生从物质类别、核心元素化合价、物质特性等角度去系统认识,如图13-4所示。基于这一认识框架,学生能够实现知识的结构化和系统化,掌握研究和预测元素化合物性质的思路方法,迁移应用解决相关问题,实现化学基本观念的建构和发展。

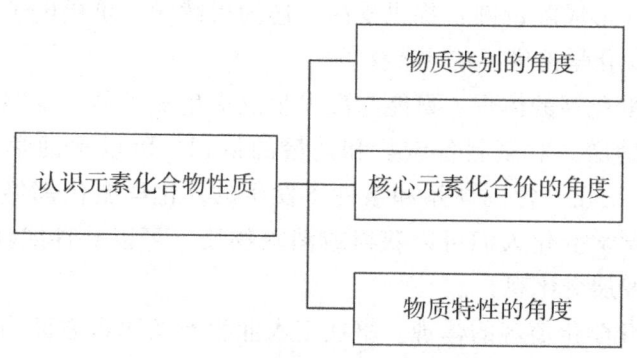

图13-4 认识元素化合物性质的思路框架

(5)情意价值。氨在生产生活中具有重要作用。通过对氨的性质和用途的学习,学生能够深化对"性质决定用途"规律的理解,深刻感受到利用化学反应实现物质转化的重要意义,赞赏化学在促进社会发展、提升人们生活质量方面的价值。与此同时,结合对氨用途的辩证思考,学生可以体会事物存在正反两方面的特性,树立科学合理应用化学反应的责任担当。

(二)"氨"化学基本观念抽提

"氨"涉及的化学基本观念主要包括微粒观、元素观、结构观、变化观和化学价值观等。

1．明确基本观念

(1) 微粒观的体现。氨极易溶于水，氨水呈弱碱性。通过探究氨与水的反应、产物组成及其中存在的微粒，可以加深对"物质是由分子、原子、离子等微观粒子构成的，微观粒子之间存在着相互作用"的理解，发展微粒观。

(2) 元素观的体现。氨具有还原性，能够被氧化。基于对氨中-3价氮元素的还原性的认识，及其他含-3价氮元素化合物的还原性的探究，能够发展学生对"物质的性质首先取决于其元素组成；物质在发生化学变化时元素保持不变，一种物质转化为另一种物质只是元素之间的重新组合"的认识，发展元素观。

(3) 结构观的体现。氨的三角锥结构及其中氮原子上孤电子对的存在，既为合理理解氨的物理性质（氨分子间及与水分子形成氢键）、化学性质（形成配位键）提供支持，还为后续学习价层电子对互斥理论以及配位化学提供了基础素材。

(4) 变化观的体现。氨能与酸发生反应生成铵盐，氨能通过催化氧化制备硝酸。对氨制备铵盐和硝酸的认识，可以帮助学生深化对"物质变化是在一定的体系和条件下发生的；化学变化都伴随能量变化；通过化学变化人们可以获得或消除物质，可以储存或释放能量"的理解，发展变化观。

(5) 化学价值观的体现。氨在工农业生产及军事方面均有重要应用。通过批判性认识氨的用途，培养辩证地认识和应用物质的意识，有利于帮助学生感悟"化学是推动人类文明不断向前发展的重要因素；所有的物质都是化学物质，都具有正、反两面性"，发展化学价值观。

2．形成基本理解

根据对"氨"所体现的微粒观、元素观、结构观、变化观、化学价值观的分析，将其用概括性的语言表达出来形成基本理解。进一步厘清本节内容中基本观念、基本理解、核心概念及具体知识之间的逻辑关系（图13-5），为教学设计提供支持。

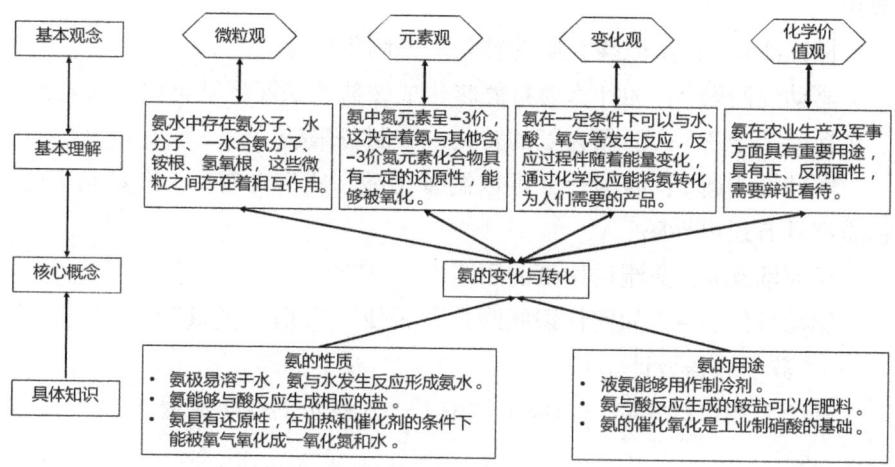

图13-5 "氨"知识层级

（三）"氨"观念建构教学设计

1．教学目标设计

（1）通过探究氨的喷泉实验认识氨易溶于水，能从微观的角度分析氨与水反应的产物，深化对物质微粒性的理解。

（2）通过探究氨与酸反应、氨的催化氧化反应，强化从物质类别和核心元素化合价的角度认识元素化合物的一般思路，感受化学反应对实现物质转化的重要作用。

（3）通过认识氨在生产生活中的应用，体会结构决定性质、性质决定用途，建立辩证地认识物质用途的科学价值观。

2．驱动性问题设计

化学对于人类的生活单从物质层面看有三方面的意义：认识物质、改造物质和应用物质。认识物质是改造物质和应用物质的基础，认识物质和改造物质的目的都是应用物质。本教学设计以引导学生认识物质、改造物质和应用物质为线索，通过四个探究活动进行串联，配合有思考价值的驱动性问题，引导学生在对氨有关性质、变化及其用途的深入探究和思考中，实现化学基本观念的建构与发展。

探究活动1：氨的喷泉实验

驱动性问题1：氨溶于水为什么可以产生喷泉？氨水中含有哪些微粒？

探究活动2：实验探究氨的转化——制备铵盐

驱动性问题2：为什么要将氨转化成铵盐？如何将氨转化成铵盐？

探究活动3：实验探究氨的转化——制备硝酸

驱动性问题3：氨为什么可以制备硝酸？所有含有-3价氮元素的物质都具有还原性吗？

探究活动4：交流讨论氨的用途

驱动性问题4：如何认识氨既是"天使"又是"魔鬼"？

3．教学过程设计

基于上述设计思路，形成了如图13-6所示的教学流程。

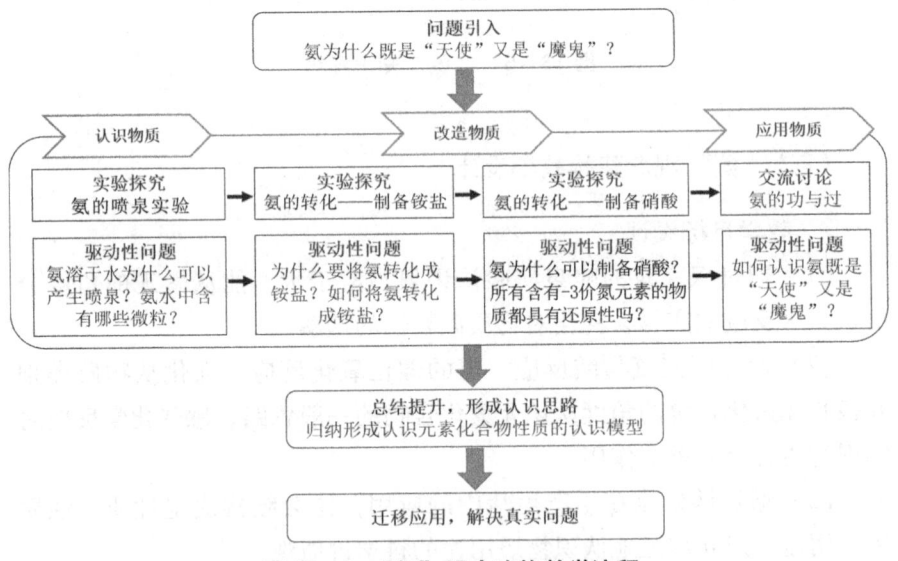

图13-6 "氨"观念建构教学流程

（四）"氨"观念建构教学实践

1．教学实践过程

【问题情境】有一种物质，可以说它既是"天使"，也是"魔鬼"。这种物质就是"氨"。人们将其奉为"天使"，主要是因为它为人类带来了香甜的面包，人们又将其称为"魔鬼"，则是因为它的诞生居然是出于人类战争的需要。"氨"为什么具有如此截然不同的应用？物质的性质决定其用途，下面就让我们一起来研究一下氨究竟具有哪些性质。

评析：新课引入部分，以"天使"和"魔鬼"这两个看似不可能同时用于描述同一事物的角色，激发学生好奇心，使学生对这一物质产生想要一探究竟的心理，同时为发展学生的化学价值观做铺垫。

【实验探究】氨具有非常优秀的"品质"——"滴水之恩，涌泉相报"。下面来观赏一下氨的这一"品质"。与学生共同演示氨的喷泉实验。

【问题驱动】（1）氨的喷泉实验说明了什么？

（2）氨溶解于水仅仅是物理变化吗？

（3）氨溶解于水后得到的溶液（氨水）中都存在哪些微粒？

【总结板书】根据氨的喷泉实验概括氨的物理性质：氨为无色、有刺激性气味的气体，极易溶于水。

氨溶解于水发生了化学变化。根据教师提供的方程式，分析氨水的微观组成：氨水中含有氨分子、水分子、一水合氨分子、铵根、氢氧根等。

【思维拓展】（1）喷泉实验的原理及操作要点是什么？

（2）装置中如果没有胶头滴管，喷泉实验怎么完成？

【交流讨论】氨极易溶于水，使用胶头滴管挤出水以后，瓶里的气压迅速减小，外界气压把水压上来形成喷泉。喷泉实验成功的关键是：装置气密性好且干燥，气体要收集满。如果没有胶头滴管，用热毛巾或用双手捂热烧瓶一会儿，将导管内空气排出，让氨与水接触，也可引发喷泉。

评析：通过对喷泉实验形象化的描述以及喷泉实验的真实情境，进一步激发学生深入探究氨的性质的兴趣。然后通过问题驱动学生分析氨水的微观组成，帮助学生深入理解氨溶于水显碱性的本质原因，培养学生从微观视角深入认识物质性质的意识，发展学生的微粒观。另外，喷泉实验是中学阶段非常重要的一个实验，体现了化学与物理学科的融合，有利于培养学生的系统思维能力，深入思考和分析喷泉实验也有助于深化学生对喷泉实验基本原理的认识。

【问题情境】氨水中含有铵根，植物是可以吸收铵根的，然而现代农业往往不直接使用氨水作为肥料，而是将氨转化成固态氮肥。这是为什么呢？如何实现氨的转化呢？

【实验探究】用一根玻璃棒蘸取浓氨水靠近另一根蘸有浓盐酸的玻璃棒，观察实验现象。

【问题驱动】（1）氨气与盐酸反应产生的白烟是什么？

（2）从物质类别的角度分析预测，氨气能与硝酸、硫酸等酸发生反应吗？反应产物是什么？请写出化学方程式。

【总结板书】氨易挥发，直接将氨水作为氮肥不仅容易降低肥效，还会造成环境污染；氨水呈碱性，易烧伤植物，使土壤碱化。

氨能与很多种酸发生反应，生成相应的铵盐。

氨与酸反应的实质可用离子方程式表示为 $NH_3 + H^+ = NH_4^+$，这就是铵态氮肥的制备原理。

评析：首先基于氨水转化的情境，激发学生的认知冲突，通过浓氨水与浓盐酸反应的演示实验，引导学生了解氨与酸反应的化学性质，认识氨易挥发的物理性质。在拓展酸与氨反应的基础上，引导学生深入认识由氨制备铵盐的基本原理，回应氨作为"天使"角色的解释，重点深化对物质转化观的理解。

【问题驱动】从化合价的角度来看，氨中氮元素的化合价是多少？氨还可能具有什么性质？

【情境展示】提供工业制备硝酸的事实。

【总结板书】氨中氮元素的化合价是 -3 价，是氮的最低化合价，只有还原性，它可以与具有氧化性的物质反应。

氨的催化氧化是工业制备硝酸的基础。硝酸是制备炸药的重要原料。

评析：通过设置问题提示学生分析物质化学性质的另一角度——核心元素的化合价，请学生预测氨还可能有什么性质，然后通过氨的催化氧化实验证明学生的预测是正确的，强化学生基于物质中核心元素化合价预测和研究物质性质的认识视角。

【思考讨论】展示氨的各类用途，并进而联系回应氨"天使"与"魔鬼"的双重角色，讨论氨的功与过。

评析：通过引导学生批判性地认识氨的用途，培养学生辩证地认识和应用物质的意识，发展化学价值观。

【概括提升】回顾总结本节课所学的主要内容。主要从氨的性质以及研究无机元素化合物性质的一般思路和方法两个方面整合提升学生的认识,进一步深化和发展本节内容要建构的化学基本观念。

【迁移应用】尝试预测一下,HNO_2 具有哪些化学性质?

评析:总结整理本节课所学内容,进一步体会合理应用物质的重要意义,同时掌握研究无机化合物性质的一般思路和方法,并进一步深化理解化学基本观念。同时通过设计一个类似情境的问题,检测学生对研究无机化合物性质的思路和方法的掌握情况,并促进这一方法的迁移,在应用中进一步强化观念的建构。

2．教学反思

本教学设计在多所高中实施,均反响良好,教师普遍认为应用本教学设计思路进行教学,具体知识、研究元素化合物的一般思路和方法、几种重要的化学基本观念均得到了有效落实,提升了元素化合物教学的价值。反思本教学设计,可以看出具有以下特色:

(1) 坚持"观念建构"的教学设计理念,围绕化学基本观念来设计和组织教学。本教学设计基于"氨"相关的具体内容的分析,抽提出微粒观、元素观、变化观和化学价值观等化学基本观念,并自始至终围绕这四个化学基本观念设计和组织教学。

(2) 教学设计中特别重视以问题为引导的探究活动,通过问题来调动学生的积极思维和探究。通过设计"氨的喷泉实验说明了什么?氨溶解于水仅仅是物理变化吗?氨溶解于水后得到的溶液(氨水)中都存在哪些微粒?氨为什么要转化成铵盐?氨为什么可以制备硝酸?是否所有含有 -3 价氮元素的物质都具有还原性?"等一系列有思考价值的问题,驱动学生进行探究实践,充分调动了学生的积极思维,既有效地落实了知识和方法,又很好地落实了帮助学生建构化学基本观念的目标。

(3) 教学设计中还注意尊重学生的认知特点与学习兴趣,紧密结合学生已有的知识经验和社会生活常识,创设了"天使与魔鬼""氨的喷泉""玻棒生烟""工业制硝酸"等学生喜欢和容易接受的学习情境,有效地吸引了学生的注意力,激发了学生的学习兴趣,并为探究性问题的提出提供了有效的支撑。

第二节 促进"观念建构"的化学复习课教学

温故而知新。复习是对学习过的内容进行串联整合、概括提升和迁移应用的过程,有利于学生从整体上把握所学内容的基本结构,挖掘其中所蕴含的学科思想,促使学生的认知水平和价值观念达到更高的层次。下面我们以"探秘水世界"单元和"认识微观粒子"主题复习教学为例,展现促进"观念建构"的化学复习课教学的设计和实施。

一、"探秘水世界"单元复习教学

(一)"探秘水世界"单元内容及学情分析

1. 单元内容分析

"探秘水世界"教材单元[①],以常见的物质——水为主线,主要通过水的三态变化、水的天然循环、水的人工净化、水通电分解及水的合成等情境引导学生认识分子、原子等微观粒子的基本特征,构建从微观视角认识物质及其变化的化学思维方式,初步形成微粒观和变化观。而科学的元素概念及元素周期表相关知识又为元素观的发展奠定了基础,有利于学生从元素组成的视角认识物质的分类,形成分类观。此外,本单元还蕴含着一些科学思想方法,例如净化天然水可以提炼出混合物分离和提纯的思路方法,相对原子质量的内容可以提升对科学计量方法的了解。可以说,本单元内容在初中化学学习中起到一个基础引领的作用,对学生初步形成微粒观、元素观、变化观、分类观等化学基本观念有着举足轻重的作用,能够启发和引导学生从化学的视角开展后续的学习,激发学生积极探索物质世界的欲望。

2. 学生学情分析

在新授课中,学生已经初步掌握了本单元具体知识的起源、概念原理和应用等,初步形成了相关的化学基本观念和学科思想,具备了一定

---

① 毕华林、卢巍:《义务教育教科书·化学》(九年级上册),济南,山东教育出版社,2012年,第21-56页。

微观思维能力、想象能力、运用化学用语进行表达的能力等。但学生获得的相关知识具有一定的浅显性、孤立性，不系统，学生对核心概念的理解不够深入，还不能对众多的知识进行有意义的组织。同时，学生对化学基本观念的认识还比较模糊，不能自主地对知识进行结构化整理以及提炼出化学基本观念，从化学基本观念的视角去分析和解决问题方面也存在一些障碍。

为了帮助学生对化学基本观念有更深入的认识和提升，使其能够从观念的视角整合具体零散的知识，加强化学基本观念和具体知识之间的联系，本节课以化学基本观念为主线，通过设置问题组和学生探究活动，激发学生积极思考知识间的内在联系，引导学生从观念和学科思想的角度对单元内容进行总结提升。

（二）"探秘水世界"单元化学基本观念抽提

通过单元内容分析，明确本单元蕴含的化学基本观念主要包括微粒观、变化观、元素观和分类观等。进一步厘清单元基本观念、基本理解、核心概念及具体知识之间的逻辑关系（图13-7），从而为单元复习教学设计提供支撑。

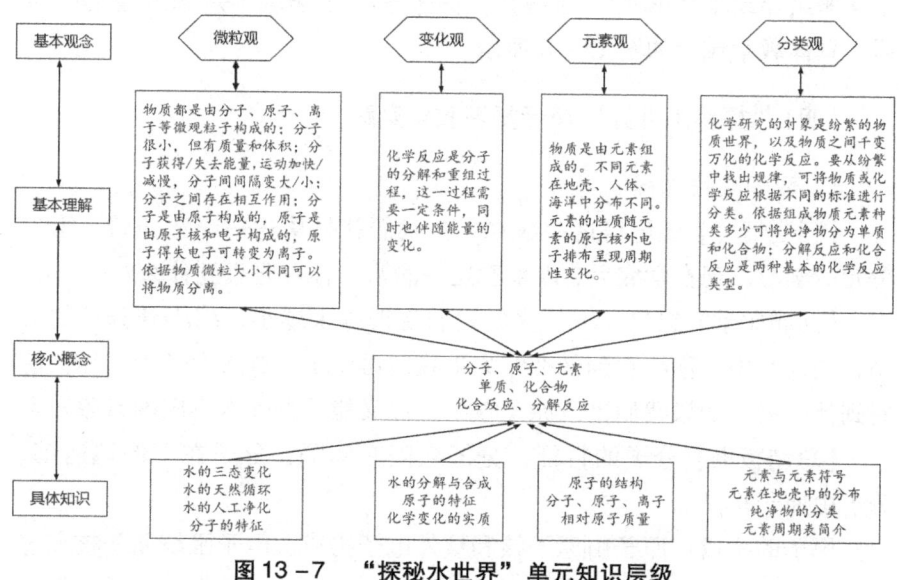

图13-7 "探秘水世界"单元知识层级

(三)"探秘水世界"单元复习教学设计

1. 教学目标设计

(1) 通过对分子、原子和离子相关知识的回顾,理解三者之间的联系,丰富对物质微粒性的认识,深化相对原子质量中体现的化繁为简的思想。

(2) 回顾、整合有关分解和化合两种反应的知识,并借助对两种反应的微观示意图的思考,深刻认识化学变化的实质,发展从宏观与微观相联系的视角认识物质变化的思路方法。

(3) 综合相关知识解释水实现天然循环的过程,深化对微粒观和变化观的理解;同时,利用天然水的净化丰富对物质分类以及混合物分离提纯的认识。

(4) 通过证据推理、讨论交流,帮助学生更全面地理解元素,建立原子、元素和物质之间的有机联系,同时体会科学是不断发展的,感悟批判质疑、求实创新的精神。

2. 教学过程设计

依据教学目标,本复习课以"一滴水"为范例贯穿始终,通过五个问题组驱动学生开展活动探究,促进学生化学基本观念的建构与发展。具体教学流程如图13-8所示。

(四)"探秘水世界"单元复习教学实践

1. 教学实践过程

【问题情境】还记得这一滴水吗?我们就是从这一滴水开始了第二单元的学习,现在学完后,再来看这一滴水,你首先想到什么?

【问题驱动】想象一下,假如我们变得越来越小,缩小到分子的大小,进入水中,你能看到什么?如果我们再变小,进入原子中,你又能看到什么呢?如果我们进入原子核中,你又能看到什么不同的景象?

【总结板书】分子的特征:分子之间有间隔,分子在不停地运动,分子由原子构成。

原子的构成:原子由原子核和核外电子构成,电子围绕原子核高速运转,原子核由质子和中子构成,质子带正电,中子不带电。原子核中质子数等于电子数。

第三编 促进"观念建构"的化学教学

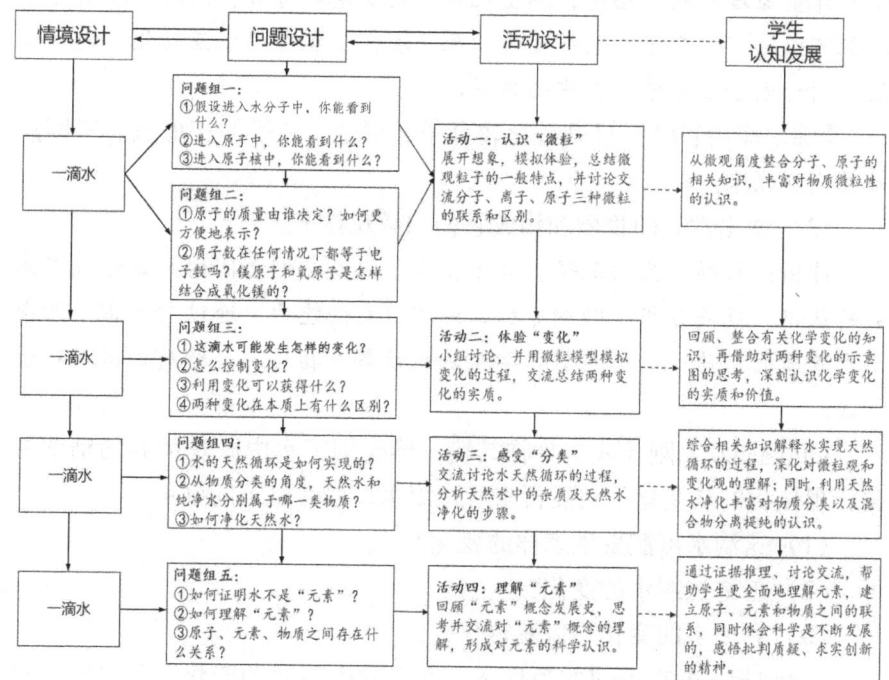

图13-8 "探秘水世界"单元复习教学流程

评析：通过创设问题组让学生展开丰富的想象，逐步引导学生从微观层面展开对分子、原子相关知识的复习，深化微粒观的建构。

【问题驱动】从定量的角度进行科学研究是化学中常用的思想方法，我们在进行研究的时候就要时刻想到物质在质量和数量上的关系。思考以下问题：①在原子的结构中，谁决定原子的质量？如何更方便地表示和比较不同原子的质量？②质子数在任何情况下都等于电子数吗？

【探究讨论】基于镁在氧气中燃烧的反应，思考氧原子和镁原子是如何结合形成氧化镁的。

【总结板书】原子的质量集中在原子核，为了方便表示原子的质量，可以用一个碳12原子的实际质量的1/12为基准，计算出其他原子的相对质量，即相对原子质量。

原子既可以构成分子，也可以通过得失电子形成离子。离子也是构成物质的一种微观粒子。

评析：引导学生从定量的视角进行思考，重温以大比小、使数值变

189

小的计量原理和简化思想，感受化学中的智慧和奇妙；同时，理解原子不但可以结合成分子，同一元素的原子和离子也可以相互转化，进一步认识到价电子在化学反应中的作用。

【练习应用】（1）试列表比较分子、原子、离子的相似点、不同点及其相互联系。

（2）说出常见的物质和构成它们的微观粒子。

评析： 帮助学生对原子、分子、离子以及它们之间的关系形成整体性的认识，提高分析、归纳等加工处理信息的能力。通过对日常生活中熟悉物质的讨论，进一步引导学生认识世界是物质的，物质由微观粒子构成。

【问题驱动】刚才我们身临其境，感受到了水中微观世界的动感神秘，现在我们从变化的角度再来看这滴水，思考以下问题：

（1）这滴水可能发生怎样的变化？

（2）怎么控制水的变化？

（3）利用水的变化可以获得什么？

【总结板书】在不同的条件下，水会发生不同的变化。可以通过控制条件来改变变化的方向，利用变化就能为人类造福。

评析： 通过提问水能发生什么变化、怎样控制变化、如何利用变化等问题组帮助学生系统地认识化学变化，对有关化学变化的知识进行系统化的整理，促进有关化学变化观基本理解的建立，同时体现出化学价值观的思想。

【问题驱动】为了更好地利用变化，我们需要知道变化的实质。"水通电分解"与"水加热沸腾"这两种变化在本质上有什么不同？

【活动探究】用水分子、氢原子、氧原子模型模拟两种变化的过程。

【总结板书】物理变化中分子不变，变化的是微观粒子的间隔或排列方式；化学变化中分子变成原子，原子重新组合成新分子，原子不可再分。

【练习应用】阅读下列资料，回答问题。

糖类旧称"碳水化合物"，蔗糖属于糖类。①当结晶蔗糖加热到160 ℃时，就会熔化为液体，冷却时又重新结晶。②在潮湿的条件下，蔗糖在100 ℃时会分解，生成水和碳单质。③蔗糖在消化道经过消化会生成葡萄糖。④葡萄糖在生物体的呼吸作用中与氧气反应，产生二氧化碳和水。

（1）变化①属于物理变化还是化学变化？

（2）写出变化④的文字表达式：＿＿＿＿＿＿＿＿＿＿。

（3）由变化②的生成物可判断，蔗糖分子中含有哪些原子？

评析：借助模型模拟变化的过程引导学生深刻理解化学变化的本质，同时帮助学生建立模型和真实情景间的联系，促进从宏观与微观相联系的视角认识物质及其变化。在此基础上，对知识进行拓展、迁移与应用。

【问题驱动】再来看这滴水，想象一下，这滴水可能会变成白云，可能会化作细雨，可以汇入江河，也可以渗入土壤。大自然借助水循环，给我们提供了宝贵的淡水资源。思考以下问题：

（1）水的天然循环是如何实现的？

（2）从物质分类的角度，天然水和纯净水分别属于哪一类物质？

（3）如何净化天然水？

【总结板书】水的天然循环是通过其三态变化实现的。

依据物质组成的多少，可以将物质分为混合物和纯净物。纯净水属于纯净物，而天然水属于混合物，其中含有许多杂质。可以通过沉降、过滤、吸附、蒸馏等方法分离混合物。

评析：借助水的天然循环检测学生对分子特点的理解，同时让学生体会到水的重要性，树立节约用水、保护水资源的价值观。此外，通过回顾物质分类和混合物分离的方法，帮助学生深化对分类观的认识。

【问题驱动】还记得这滴水吗？我们再换一个角度，你还能想到什么？古人曾将水视为构成世界万物的基本成分——元素，如今我们知道，水由氢元素、氧元素组成。思考以下问题：

（1）为什么水不是"元素"？

（2）你怎样理解"元素"的概念？

（3）原子、元素以及物质之间存在什么关系？

【总结板书】水的分解及合成实验证明水不是一种不可再分的基本成分。

元素是组成物质的基本成分，是具有相同质子数的一类原子的总称。不同元素在自然界中的分布不同。

依据组成元素的多少，可以将物质分为单质和化合物。

评析：通过创设一系列问题，激发学生积极思考，引导学生对元素形成整体而科学的认识，建立物质、元素和原子的关联，增进对元素观的理解。同时，回顾单质与化合物的相关知识，进一步深化对物质分类的认识。

【练习应用】（1）由碳元素、氢元素、氧元素中的一种、两种或三种可以形成的物质有哪些？

（2）用元素的观点解释，为什么水会变成氢气和氧气，而不会变成氮气？

（3）尽可能多地找出元素周期表中11号和17号元素的相关信息。

【总结板书】 物质是由元素组成的，相同的元素能够存在于不同的物质中，相同或不同的元素按照一定的规则和结合方式进行组合，因此100多种元素构成了我们纷繁复杂的物质世界。在化学变化中，元素的种类不变。

评析：进一步引导学生认识元素之间存在相互联系，元素之间内在联系的规律性表现为元素周期律，物质发生变化时元素的种类不变，深化对元素观的理解。

【拓展提升】 再回到这一滴水，一滴水就是一个晶莹的世界。现在看这滴水，我们能从哪些角度来认识它？

评析：在复习课结束时，又回到了这一滴水上，与导入相呼应，使整个教学过程浑然一体；同时，引导学生从化学基本观念、化学思想方法的角度回顾整节课，深化对具体知识背后蕴含的本质规律的认识，不断发展化学基本观念体系。

2. 教学反思

相比于新授课，复习课所涉及的知识内容较多。仅仅追求具体知识的记忆和背诵，学生将难以在知识间建立起有机联系，更难以深刻理解知识和发展观念。"范例"是事物本质特征的典型代表[①]，精选"范例"能够摒弃教学中细枝末节的非重点，突出核心概念，引导学生对核心概念进行整合和深入思考，这样既能帮助学生深入理解核心概念，又在知识之间建立了本质的联系。学生头脑中可以清晰地呈现出核心概

---

① 毕华林：《化学课程中"范例"的内容特征与学习价值》，《化学教育》2012年第9期，第41-43页。

念的网络结构,有效提炼出更完善、更全面的基本理解,从而提升化学基本观念。

本节复习课以"一滴水"为范例,引导学生从四个不同的角度审视这滴水,通过问题驱动和学生活动,依次让学生来认识"微粒"、体验"变化"、感受"分类"、理解"元素",将微粒观、变化观、分类观、元素观融为一个观念体系。在化学基本观念这一主线的引导和统帅下,创设情境让学生积极地思考、交流,帮助学生深刻理解核心概念,系统化具体知识,促进知识的迁移。在这一过程中,又逐步提升与完善化学基本观念,形成从观念的角度分析和解决问题的科学方法。最后,重新回到这一滴水上,让学生思考和整理本节课所学的化学基本观念和思想方法,使整个教学过程浑然一体。

二、"认识微观粒子"主题复习教学

中学化学教学的主要目标是帮助学生从微观层面认识一些宏观现象,形成对物质及其变化的科学认识,因此在化学基本观念中,"微粒观"居于核心地位。以微粒观作为复习课的主导思想,围绕这一主线开展教学活动,能帮助学生提升对物质微粒性的认识,深化对微观知识的理解。

(一)"认识微观粒子"教材内容与学情分析

1. 教材内容分析

山东教育出版社出版的《义务教育教科书·化学》(以下简称"鲁教版")以微粒观为主线贯穿全书内容,每一单元都有涉及微粒观的内容,例如在九年级上册第一单元第一节"化学真奇妙"中让学生知道了物质是由分子、原子等微粒构成的;第二单元"探秘水世界"是发展微粒观的主体部分,通过水的三态变化、水通电分解、氢气在氧气中燃烧等事实帮助学生认识分子、原子及其特征,理解化学变化中分子可分,原子不可分;第三单元第一节"溶液的形成"从物质溶解的角度认识水分子和溶质分子的相互作用;第四单元第二节"物质组成的表示"以及第五单元"化学反应定量研究"又进一步深化了微粒观。

2. 学生学情分析

通过新授课的学习，学生已经掌握了一定的关于物质微粒性的知识，也初步形成了微粒观，具备一定的微观想象力和分析能力，但是头脑中储蓄的知识以及形成的观念还都是碎片化的、零散的，还不能自主地从微粒的角度分析和解决与化学有关的实际问题。为此，本节复习课以微粒观贯穿始终，通过设计驱动性问题激发学生的高阶思维，帮助学生在解决问题的过程中实现知识的结构化和系统化，促进知识向观念的转化。

（二）"认识微观粒子"化学基本观念抽提

通过对鲁教版九年级化学上册教材内容的分析，明确以微粒观为该复习课最核心、最重要的观念，进一步厘清基本观念、基本理解、核心概念及具体知识之间的逻辑关系（图13-9），为教学设计提供支撑。

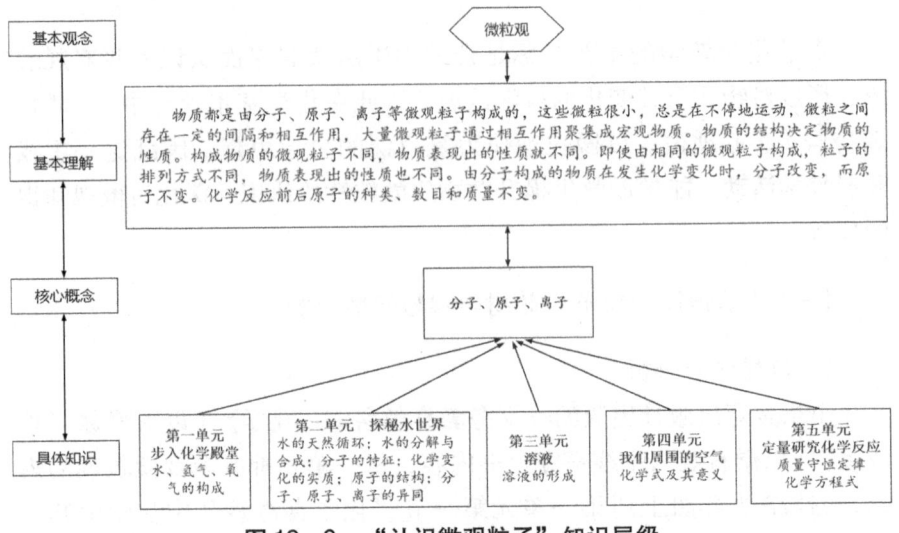

图13-9 "认识微观粒子"知识层级

（三）"认识微观粒子"主题复习课教学设计

1. 教学目标设计

（1）通过对不同时期原子结构模型的了解，体会科学家敢于质疑、坚忍不拔的科学态度，巩固微粒的基本特征及不同微粒之间的联系，深化对微观粒子本身的认识。

(2) 通过分析推理构成不同物质的微观粒子，理解宏观物质是由大量微观粒子相互作用聚集而成的，能基于微观视角分析并用化学符号表示一些熟悉物质的构成。

(3) 通过对比分析金刚石、石墨等的微观结构，理解物质的性质与其微观结构息息相关，深化从微观视角认识物质宏观性质的思维方式。

(4) 借助模拟水加热蒸发和水通电分解的微观过程，理解化学反应的微观本质，同时利用化学方程式书写，能从微观视角解释质量守恒定律的原因，进一步发展微粒观。

2. 教学流程设计

依据教学目标，本节复习课共设计了四个学习任务，从"认识微粒""由微粒看物质的构成""由微粒看物质的性质"到"由微粒看物质的变化"，每个任务都通过驱动性的问题引导学生开展活动探究，不断深化学生微粒观的建构和发展。具体教学流程如图13-10所示。

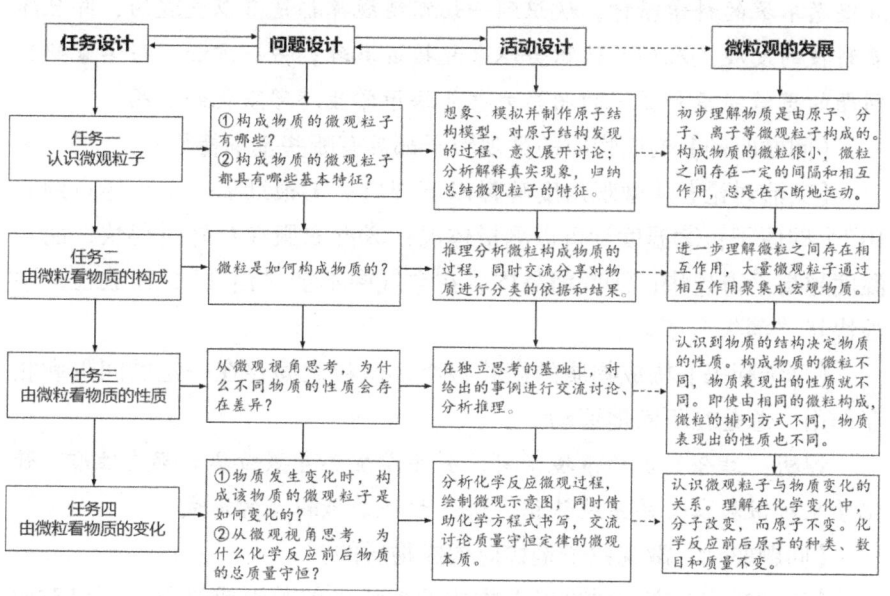

图13-10 "认识微观粒子"主题复习课教学流程

（四）"认识微观粒子"主题复习课的教学实践

1. 教学实验过程

【活动探究】课前查阅原子结构发展史的相关资料，独立或小组合作完成不同时期原子结构模型的制作,课上交流科学家们认识原子结构的主要过程和观点。

【问题驱动】(1)结合原子结构发展史,你对原子有哪些认识?

(2)除原子外,构成物质的微观粒子还有哪些?它们与原子有怎样的联系?

【总结】人类对原子结构的认识是科学家们不懈追求、不断创新的过程。原子是由居于原子中心、带正电的原子核和核外带负电荷的电子构成的,原子不显电性。

分子、原子、离子都是构成物质的微观粒子。

分子是由原子构成的,原子得到或失去电子后转变为离子。

评析:以化学史作为情境,不仅可以引出对原子结构相关知识的复习,促进微粒观的形成,还可以帮助学生提升化学价值观,增进对科学本质的理解。一方面,能够让学生体会科学家敢于质疑权威的科学态度和坚忍不拔的科学精神,认识到一切客观规律都是可以发现的,并且随着科技的发展,人们的认识会越来越接近真理;另一方面,科学家研究问题的思维视角和敏锐的洞察力也能给予学生潜移默化的影响。

【问题驱动】构成物质的微观粒子都具有哪些基本特征?

【交流讨论】从微观角度解释以下现象:①报纸上一个小墨点约有10^{18}个碳原子;②温度计可以测量体温;③湿衣服在户外干得快,而且温度越高干得越快;④蔗糖晶体放在空气中不会"消失",而放在水中很快就"消失"了。

【总结板书】构成物质的微粒很小,微粒之间存在一定的间隔和相互作用,总是在不断地运动。

评析:结合真实的情境素材,引导学生思考微粒具有哪些性质,强化学生对微粒本身的系统认识,进一步促进微粒观的形成。

【问题驱动】微观粒子是如何构成物质的?

【活动探究】交流讨论以下物质的构成微粒及形成过程。写出对应的化学式并对这些物质进行分类。

①金刚石;②金属铜;③氧气;④水;⑤二氧化碳;⑥氯化钠溶液。

【总结】微观粒子之间存在相互作用,大量微观粒子通过相互作用聚集成宏观物质。

依据组成物质成分的多少可以将物质分为混合物和纯净物。纯净物又可依据组成元素的种类多少分为单质和化合物。

溶解就是在溶剂分子的作用下，溶质分子或离子均匀分散到溶剂中的过程。溶液是溶质的粒子分散在溶剂中形成的均一、稳定的混合物。

评析： 由学生熟悉的物质入手，设置驱动性的问题，结合有关物质分类、溶解过程及化学式意义的相关内容，引导学生从微观视角思考物质的构成，增进对物质微粒性的认识，密切宏观与微观之间的联系，促进化学学科思维方式的形成。

【问题驱动】我们回顾了有关微粒特征的知识以及从微粒的角度认识了物质的构成。除此之外，我们还可以从微粒的角度更好地认识物质的性质。下列事实分别体现了物质的化学性质还是物理性质？从微观角度思考，为什么不同物质的性质会存在差异？

【交流讨论】（1）二氧化碳能够灭火，而氧气可以使燃烧更剧烈。

（2）金刚石是自然界中硬度最大的物质，而石墨质软，且有滑腻感。

【总结】构成物质的微观粒子不同，物质表现出的性质就不同。即使由相同的微观粒子构成，粒子的排列方式不同，物质表现出的性质也不同。物质的结构决定物质的性质。

评析： 结合实例引导学生从微观角度思考物质性质差异的本质原因，深化对物质微粒性的认识，建立结构决定性质的化学学科思想。

【问题驱动】我们知道化学性质是物质在化学变化中表现出来的性质。只有生成新物质的变化才叫作化学变化，没有生成新物质的变化叫作物理变化。从微观角度思考，物质发生变化时，构成该物质的微观粒子是如何变化的？

【活动探究】用模型模拟"水加热蒸发"与"水通电分解"的微观过程。

【总结】水加热后，水分子获得能量，运动速率加快，克服了水分子之间的相互作用，离开液体表面，水就会变成水蒸气。而水在通电的条件下，水分子本身会发生改变，变成氢分子和氧分子。

在化学变化中，分子改变，而原子不变。

评析： 让学生用模型模拟"水加热蒸发"与"水通电分解"的微观过程，能够促进学生想象力的发展，同时引导学生从微粒角度认识物质的变化,帮助学生深刻理解化学变化和物理变化的不同,加深对微粒观的理解。

【问题驱动】在定量研究化学变化时我们学习了一个重要的规律——质量守恒定律。从微观角度分析,为什么化学反应前后物质的总质量守恒?

【活动探究】写出下列反应的化学方程式:

(1) 过氧化氢在催化剂作用下分解生成水和氧气;
(2) 铁丝在氧气中燃烧,生成四氧化三铁;
(3) 白磷在空气中燃烧,生成五氧化二磷。

【总结】化学变化的过程实质上是原子重新组合的过程,化学反应前后原子的种类、数目和质量不变,因此反应生成的各物质的质量总和必然等于参加反应的各物质的质量总和。

评析:复习回顾质量守恒定律与化学方程式的相关内容,引导学生从微观、定量的视角认识化学反应,进一步理解微观粒子与物质变化的关系,深化对微粒观的理解。

【总结提升】通过复习,我们可以从哪几个方面深入理解微观粒子?你能尝试用图画的形式表示出来吗?

评析:在复习课最后引导学生对微粒的相关内容进行系统化、结构化整理,以便于形成总括性认识,进一步促进微粒观的建构。

2. 教学反思

化学是研究物质的组成、结构、性质、转化及应用的一门基础学科。其特征是从分子层次上认识物质,通过化学变化改造物质。本复习课基于对微粒观的建构,围绕"对微粒特征的认识""由微粒看物质的构成""由微粒看物质的性质""由微粒看物质的变化"将有关微观粒子的核心知识串联起来,通过驱动性的问题引导学生从微观的视角思考宏观物质的构成、性质和变化,能够有效帮助学生建立起知识间的内在联系,形成宏观与微观相结合的化学学科思维方式,深化学生对微粒观的理解。实践证明,基于"观念建构"的主题复习课有利于减轻学生的学习负担,增进学生对相关知识的联系和深刻理解,学生不仅在专题考试中取得了较好的成绩,还能够自觉地从微观视角去分析、推理和解释与化学相关的一些实际问题,切实实现了微粒观的发展和提升。

第十四章　化学基本观念评价的理论与技术

评价作为教学系统不可或缺的组成部分，具有诊断教学效果、激励学习动机、促进学生发展等重要功能。化学基本观念作为对学科特征与本质规律的总观性认识，是否能够进行评价？如何进行评价？这些都是令许多老师十分困惑，亟须从理论和实践两方面进行澄清的问题。本章将从化学基本观念的本质、特征、形成过程出发，对上述问题进行阐释，旨在构建一个合理有效的化学基本观念评价体系，明确化学基本观念评价的理论与技术，从而充分发挥评价的促进观念建构的功能价值。

第一节　化学基本观念评价的学理分析

化学基本观念的提出旨在引发对化学学科育人价值的深刻思考，明确化学教育的核心目标，并转变化学教学思维和教学模式。为了评价化学基本观念，需要全面理解其作为人类属性体现出的特征，从学理上明确基本观念评价的理论依据及评价需要关注的关键问题，从而构建起合理的评价框架，实现对基本观念的有效评价。

一、化学基本观念评价的可行性分析

教育测量的意义在于提供客观、可靠和有效的数据，以评价学生的学习成果、识别个体差异，并指导教学决策和改进教育实践。教育测量学认为，具有测量意义的人类属性可概括为三类：人格特征、学习风格和智力[1]。人格特征是个体相对稳定的心理构造，涵盖了个体的个性、

---

[1] Bond T. G., Fox C. M.: *Applying the Rasch model: Fundamental measurement in the human sciences*, Routledge, 2007, 2nd ed., pp. 1 - 3, 7 - 15, 45 - 47.

态度、价值观等方面；学习风格描述了个体在接受和处理信息时的偏好方式和策略，包括个体在感知、组织、理解和表达方面的策略；智力是个体在不同认知领域的优势和倾向，比如空间能力、数学能力、科学能力等[①]。

可以看出，能够进行评价的人类属性需具备以下特征：首先是稳定性，即在一段时间内这种属性可以保持稳定，这意味着该属性在一定程度上是持久的，并且能够长期影响个体行为和表现。其次是客观性，只有当被评价的人类属性与个体主观感受无关，而是可以基于可观察的行为、表现或其他客观指标进行判断的时候，评价才能有效。最后是差异性，即被评价的人类属性应该能够被准确地识别和区分。不同个体之间在该属性上的差异应该能够显著地被测量工具或方法捕捉到，以便进行比较和分析。

化学基本观念是否具有上述特征？从稳定性看，大部分研究者都认为学生头脑中的观念是以稳定的框架形式存在的。学生通过对化学课程的学习，在深入理解化学学科特征、概念、理论和方法的基础上，获得了对化学学科的总观性认识。这种认识是通过多个学习经验和实践活动积累而成的，并且在个体的认知系统中得到巩固和稳定，即将所学的具体知识和概念整合为一个综合性的认知框架。基于该认知框架，学生在问题情境中会主动地应用化学概念、原理和模型来分析和处理问题，逐渐形成一种自觉意识或思维习惯，进而将其转变为个体稳定的心理特质。

从客观性看，化学学科是一个独立的知识领域，其研究对象和规律存在于客观的物质世界中。化学基本观念是在深入理解化学学科特征和本质规律的基础上形成的，它是基于化学学科的客观性而建立的。换句话说，学生表现出的自觉意识和思维习惯并不是基于天马行空的想法，而是基于对学科深刻的理解。化学基本观念植根于具体学科知识中，同时它作为一种观念性的认识又为个体如何使用学科知识解决实际问题提供思想方法指导。这决定了学生的化学基本观念可以通过学生解决具体化学问题时的思想、方法、策略等表现出来，也就是说，化学基本观念

---

① Furnham A., Jensen T., Crump J.: "Personality, Intelligence and Assessment Centre Expert Ratings", *International Journal of Selection and Assessment*, 2008, 16 (4), pp. 356-365.

具有客观性。

从评价的差异性方面看，因为学科观念源于学生对学科的深刻理解，学科包括一系列事实、概念、原理、方法、态度等内容。研究者认为学科观念可以在不同的年级传授，不同年龄段的学生都能够学习。[①]在刚接触化学的时候，学生对化学学科的理解比较表面和直观，主要偏重对具体知识的掌握和应用。而随着知识学习的深入和年龄的增长，学生会逐渐形成对化学学科内部关系和本质规律的更深层次理解，能够运用化学核心概念和原理思考和分析具体问题。这意味着学生的化学基本观念会因知识经验、认知水平等的不同而呈现出差异性。

综上所述，化学基本观念具备稳定性、客观性和差异性等特征，是一种可以进行评价的人类属性。

二、化学基本观念评价的本质与特征

化学基本观念是一种多层次、能动的、复杂的人类属性，它与一般意义上的能力有明显的差异，因此化学基本观念的评价与一般的能力评价有所不同。

（一）化学基本观念评价是一种真实性学业成就评价

化学基本观念是经过思维加工后在学生身上形成的学识素养。这种素养一旦确立，会主导和影响学生在知识获取和问题解决时所采用的思维方式和方法。换言之，基本观念对于学生在学习和解决问题时的思考和行动具有支配性作用，它构建了学生在化学领域的认知框架。从评价的角度看，化学基本观念属于真实性学业成就（authentic academic achievement）。所谓真实性学业成就，是指学生在学科课程学习中获得的真实的、有意义的学习结果。[②] 这种学习结果具有两个外显化的特征，一是学生能基于扎实的专业知识开展学科性探究，对学科问题进行深入

[①] Tammi T.: "Discipline or contain?: The struggle over the concept of harm reduction in the 1997 Drug Policy Committee in Finland", *International Journal of Drug Policy*, 2005, 16 (6), pp. 384 – 392.

[②] Archbald D., Newmann F.: "Beyond standardized testing: Assessing authentic academic achievement in the secondary school", *National Association of Secondary School Principals*, 1992, pp. 15 – 28.

的理解，对碎片化的知识可以有效组织并生成新知识；二是学生能进行知识整合，将不同领域或片段的知识整合到一个统一的框架或概念中，以获得更全面、深入的理解。真实性学业成就不只是习得事实性的学科知识和概念，而是能够运用这些知识和概念解决现实世界中的复杂问题。它重视不同知识方法或态度在深层意义上的整合和运用，关注学生在复杂的开放性问题情境中的综合表现①。换句话说，真实性学业成就强调将学习与实际应用结合起来，是学生解决实际问题的能力。

真实性学业成就评价需要建立复杂的理论框架，这对化学基本观念的评估提出了挑战。传统的评价方法和策略难以有效评估化学基本观念，因为化学基本观念是对具体知识、技能的概括提炼和反思内化，具有较高的抽象性和综合性。其评价不仅要关注学生对这些知识概念的理解深度及所展示出的思维水平，还要关注学生运用化学思维解决实际问题的能力。也就是说，化学基本观念指向个体在解决复杂化学问题时的思维和能力表现，它无法被直接观测，但可以通过学生在解决真实化学任务时的思维倾向和实际表现来推断。

（二）化学基本观念评价是以"结构-证据"为核心的评价

教育评价是一种基于证据的推理过程。在教育评价中，我们使用收集到的证据（evidence）来进行推理和判断，以了解学生的学习成果、能力和发展情况。结构（construct）是指评价要考察的属性，也就是说，评价不是仅仅关注学生在不同项目、试题或任务中的表现，而是要关注引发这些表现的结构。② 以结构为中心和以证据为中心是真实性学业成就的评价取向，与传统的评价在思路上有很大差异。传统的评价侧重于对学生整体能力或知识的综合评估，而以结构为中心的评价方法关注的是对学生特定结构的理解情况。以结构为中心的评价方法需要在评价前界定被测结构，需要选择能够揭示结构的行为指标和评价任务，强调通过多

---

① 杨向东：《指向学科核心素养的考试命题》，《全球教育展望》2018 年第 10 期，第 39 - 51 页。

② 杨向东：《理论驱动的心理与教育测量学》，上海，华东师范大学出版社，2014 年，第 251 - 253 页。

种方式收集关于学生在结构上的证据。①

化学基本观念评价是以"结构—证据"为核心的评价,关注引发学生真实表现的观念结构以及对应的表现证据。因此,化学基本观念的评价要明确三个问题:①化学基本观念的内涵、形成过程及其结构关系;②化学基本观念的发展水平及其表现特征;③能够有效引发化学基本观念表现的典型任务情境及其与观念结构的对应关系。围绕上述问题,构建切实有效的评价框架,是评价化学基本观念的前提。

第二节 化学基本观念评价框架的构建

化学基本观念的评价需要与之匹配的评价框架,这是开展科学有效评价的前提。本节将在系统分析基本观念形成过程中学生的行为特征和引发这些行为表现的任务类型的基础上,确定化学基本观念的评价框架,从而为评价工具的设计提供指导和依据。

一、基本观念形成过程中学生的行为特征

学习评价就是评价者依据收集到的学生学习过程和结果的相关证据,通过逻辑推理得出关于学生学习状况的结论。开展化学基本观念评价,首先要了解学生在观念形成过程中的行为表现特征。在第三章中我们分析了化学基本观念的形成过程,包括具体知识的选择、核心概念的理解、认知结构的完善和基本观念的形成四个阶段。下面分别分析学生经历这四个阶段时的行为表现特征。

(一) 具体知识的选择阶段

在教学单元中,通常会确定一个主题作为单元的核心内容。这个主题可以是概念性主题、社会性主题或方法性主题等。为了突出这个主题,教学单元都会涉及不同类型的知识,包括事实性知识、理论性知识和策

---

① 杨向东:《指向学科核心素养的考试命题》,《全球教育展望》2018 年第 10 期,第 39 - 51 页。

略性知识等。在中学化学课程中，这些不同类型知识的学习过程及主要内容见表14-1。

表14-1 不同类型化学知识的学习过程和主要内容

类型	学习过程	主要内容
事实性知识	侧重于记忆和理解，能够引用和使用这些知识解释简单的问题	特定的化学事实、物质性质、用途等
理论性知识	侧重于理解和应用，能够解释化学现象并运用概念和原理进行分析	化学基本概念、原理、规律和理论
策略性知识	侧重于掌握科学探究过程和方法，能够设计并实施实验探究活动	实验探究过程、探究物质性质的思路方法、实验技术等

因此，在观念建构"具体知识的选择"阶段，学生的行为特征主要表现包括：①能够准确地识别和记住化学基本事实，例如常见物质的名称、化学式和主要性质，常见化学反应的方程式等；能够理解化学基本概念的含义，并能运用这些基本概念分析和解释简单的化学问题。②能够运用所学的基本概念和原理分析和解释较复杂的化学现象，能够根据给定信息预测化学反应的产物、设计简单的实验探究方案等。

（二）核心概念的理解阶段

通过核心概念可以把相关的知识技能联结起来，形成具有内在联系的系统化的知识结构。对核心概念的深入理解，将促使学生的思维从对知识字面意义的理解向深层的可迁移的基本理解发展。

在这一阶段，学生的行为特征主要表现包括：①能够解释和说明核心概念的涵义、特征和意义，能够描述不同概念间的关系，能够说明这些概念间的相互作用和影响；②能够运用核心概念进行分析和推理，通过高级思维活动解决较复杂的化学问题；③能够将核心概念应用于解释和预测化学现象，并能够将其灵活运用于实际情境中。

（三）认知结构的完善阶段

学生在以核心概念为主要认识对象的探究活动中形成自己的认识和看法，与同学之间的交流、讨论会使这些认识变得更为全面、合理和深刻。这些基于个人思考与同伴交流形成的认识和看法就是对化学基本观念的基本理解。基本理解的产生使学生的思维活动达到较高的抽象概括水平，同时也使不同知识间的联系更加紧密，不断丰富和完善认知结构。

在这一阶段，学生的行为特征主要表现包括：①能够形成关于化学概念和原理的整体性理解，不仅知道这些概念和原理的定义，还能够理解它们之间的相互关系和作用机制；②能够找出不同概念间的共同点和相互关联，能将不同的化学概念和原理联系起来，形成一个相互关联的知识结构；③能够在探究性任务和项目中，利用所学的化学概念和原理进行科学思考、提出假设、设计实验并验证结果，展示出对化学基本理解的综合运用能力。

（四）基本观念的形成阶段

基本理解、认知结构和化学基本观念之间仍然存在认识层次上的差别，需要经过实践的检验和学习者的自我反思与内省，才能上升为具有世界观、方法论功能的化学基本观念。

在这一阶段，学生的行为特征主要表现包括：①能主动运用化学思想方法认识身边事物，解释身边的化学现象和物质变化；②具有解决化学问题的自觉意识，能够识别和确认与化学有关的问题，并能选择合适的方法策略积极地解决问题；③形成运用化学学科思维分析和解决问题的习惯。

通过上述分析，我们厘清了化学基本观念形成过程中各个阶段的学生表现特征，如图 14-1 所示。它为科学、有效地评价学生的化学基本观念提供了基本框架。

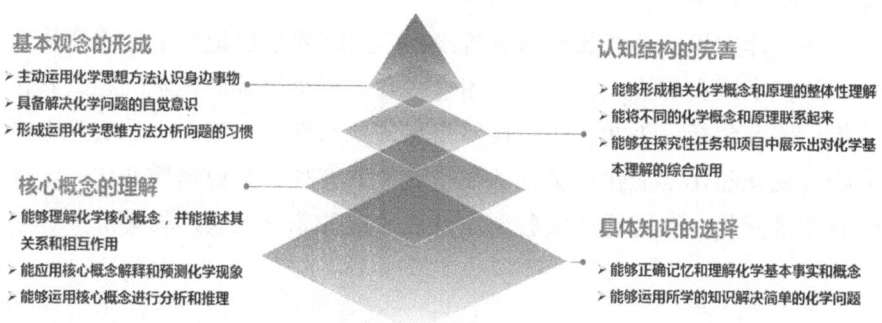

图 14-1　基本观念形成阶段学生的表现特征

二、化学基本观念评价指标体系的构建

中学阶段学生要建构发展的化学基本观念主要包括元素观、微粒观、变化观、结构观、实验观、分类观和化学价值观。每一种观念都遵循着上述形成过程,因此在确定评价标准时,要将学生在化学基本观念不同发展阶段的表现特征与不同观念的基本内涵相结合,重新构建其评价标准,从而形成相应的评价指标体系。下面我们以"变化观"为例,构建不同发展阶段的评价指标体系。

(一) 变化观发展的具体知识选择阶段

通过对中学阶段变化观所统摄的相关学习主题、具体内容的分析梳理,发现在初中阶段,变化观统摄的相关内容主要集中在"物质的化学变化"这一学习主题[①],该主题以"物质的变化与转化"这一大概念统领课程与教学内容,具体包括化学变化的特征、化学变化的基本类型、化学反应的定量关系、质量守恒定律、认识化学变化的思路方法、化学反应的应用价值及化学反应的调控等内容。在"科学探究与化学实验""物质的性质与应用""物质的组成与结构""化学与社会·跨学科实践"等主题中也有部分与变化观相关的知识内容。在高中阶段,变化观统摄的知识内容主要集中在常见的无机物及其应用、物质结构基础与化学反应规律两个学习主题,具体内容包括元素与物质、氧化还原反应、电离与离子反应、物质性质及物质转化的价值、化学键、化学反应的限度和快慢、化学反应与能量转化等。

在具体知识的选择这一形成阶段,学生需要正确记忆上述与变化观相关的基本事实和概念,能够运用这些知识解释简单的化学问题。其评价指标体系包括:①能认识到物质变化的永恒性、层次性,从宏观上区分物理变化和化学变化;②认识化学变化的特征,知道物质变化一定伴随着能量变化;③能通过实验现象推断反应的条件及其产物等。

---

① 中华人民共和国教育部:《义务教育化学课程标准(2022年版)》,北京,北京师范大学出版社,2022年,第26-30页。

(二) 变化观发展的核心概念理解阶段

通过对中学阶段变化观所统摄的具体内容的分析，我们可以从"物质变化的基本特征""化学变化的微观本质""化学变化的基本原理"三个维度，梳理出其涵盖的如"物理变化""化学变化""分子""原子""质量守恒定律""化学反应速率"等核心概念，见表14-2。

表14-2 变化观涉及的化学核心概念

物质变化的基本特征	化学变化的微观本质	化学变化的基本原理
物理变化、化学变化、分解反应、化合反应、复分解反应、置换反应、离子反应、氧化还原反应、放热反应、吸热反应	分子、原子、化学键、离子键、共价键、金属键	质量守恒定律、化学反应速率、化学反应方向、化学平衡、电离平衡、水解平衡、沉淀溶解平衡、原电池、电解池

在核心概念理解这一阶段，学生要能够理解变化观中涉及的化学核心概念，并能描述其关系和相互作用；能够将核心概念应用于解释和预测化学现象、能够准确运用核心概念进行分析和推理。其评价指标体系包括：①能从化合价及电子转移的角度认识和分析化学变化，解释和预测常见物质间的相互转化；②能从微观上理解化学变化的本质是化学键的断裂和生成；③能从定量的角度分析化学变化，认识到化学反应的可逆性；④知道通过调控反应的条件，可以使反应朝不同的方向进行。

(三) 变化观发展的认知结构完善阶段

基本理解的产生使学生的思维活动达到较高的抽象概括水平，同时也使不同知识间的联系更加紧密，形成更加丰富和完善的认知结构。在这一阶段，学生可以联系物质变化的多个认识方面，建立起相关的认知结构，并利用认知结构进行推理、解释和预测等。其评价指标体系包括：①能从化学反应速率的动力学视角和化学反应方向和限度的热力学视角动态认识化学变化，并分析其影响因素；②能利用化学反应速率、平衡常数、焓变、转化率等定量地分析化学变化及其伴随的能量变化；③初步掌握通过控制变量来控制化学反应的方法，能利用微观化学键模型分析预测有机化合物的反应等。

(四) 变化观的形成阶段

在变化观形成时，学生对物质变化的理解更加深入、系统。在面对陌生情境问题时，学生能从物质变化、能量变化、反应条件、反应现象、反应类型和元素守恒等不同的角度去认识化学变化，形成认识化学变化的系统思维意识。在解释、预测新物质变化，解决生产生活实际问题时都能体现出这种思维意识和习惯。其评价指标体系包括：①能从多种视角认识化学变化，能基于真实情境解释和预测物质可能发生的化学变化；②能综合运用物质变化的宏观特征、化学变化的微观本质、化学反应的原理和规律等多角度系统分析并解决实际问题。

综上所述，基于化学基本观念的外在表现，结合变化观的具体内涵，我们构建了变化观的评价指标体系，见表14-3。

表14-3 变化观的评价指标体系

变化观形成过程	评价指标
具体知识的选择	①能认识到物质变化的永恒性、层次性，从宏观上区分物理变化和化学变化；②认识化学变化的特征，知道物质变化一定伴随着能量变化；③能通过实验现象推断反应的条件及其产物等
核心概念的理解	①能从化合价及电子转移的角度认识和分析化学变化，解释和预测常见物质间的相互转化；②能从微观上理解化学变化的本质是化学键的断裂和生成；③能从定量的角度分析化学变化，认识到化学反应的可逆性；④知道通过调控反应的条件，可以使反应朝不同的方向进行
认知结构的完善	①能从化学反应速率的动力学视角和化学反应方向和限度的热力学视角动态认识化学变化，并分析其影响因素；②能利用化学反应速率、平衡常数、焓变、转化率等定量地分析化学变化及其伴随的能量变化；③初步掌握通过控制变量来控制化学反应的方法，能利用微观化学键模型分析预测有机化合物的反应等

续上表

变化观形成过程	评价指标
基本观念的形成	①能从多种视角认识化学变化，能基于真实情境解释和预测物质可能发生的化学变化；②能综合运用物质变化的宏观特征、化学变化的微观本质、化学反应的原理和规律等多角度系统分析并解决实际问题

第三节　化学基本观念评价工具的设计

化学基本观念的形成是一个复杂的建构过程，其形成发展的不同阶段表现出不同的行为特征。化学基本观念评价工具的设计需紧紧围绕观念形成的基本过程，既要基于不同阶段的特点加强过程性评价（process assessment），也要重视对学生基本观念进行综合性的结果性评价（outcome assessment），以全面评价学生化学基本观念的发展水平。

一、基本观念评价工具设计的基本思路

化学基本观念是一种真实性学业成就，传统、常规的考察知识和技能的试题难以作为化学基本观念的评价工具，因为这些试题只能在认知层面考查学生是否记住和理解相关的概念原理，不能评价学生是否能灵活地掌握和运用这些概念原理，更无法评价学生是否形成了化学基本观念。基本观念是学生在特定情境下运用知识和思维解决实际问题的综合表现。这意味着基本观念评价工具的设计需要努力创设一个反映现实世界中的复杂性和多样性的情境。在这个情境中，学生能够在基本观念的指导下灵活运用所学知识和技能来分析、解决真实的问题。这种基于真实任务和真实情境的评价方式称为真实性评价（authentic assessment）。与传统的测试题目相比，真实性评价的任务更具挑战性和开放性，鼓励学生主动探索和发现，并追求多样化的解决方案。真实性评价有助于识别处于不同观念发展层次学生的具体情况。基于化学基本观念各形成阶段学生的行为特征，结合评价目标的差异，真实性评价的难度、形式也

必然存在显著的差异，需要分别进行讨论。

（一）具体知识的选择阶段评价工具设计思路

具体知识的选择阶段是化学基本观念形成的基础性阶段，该阶段的特点是学生需要掌握较多的化学具体事实和基本概念，并能够应用这些知识解决简单的化学问题。适合评价具体知识的选择阶段的情境任务要能促进学生巩固所学知识，同时还能测试学生是否能够应用这些知识解决简单的问题。

因此，该阶段评价工具的设计不需要复杂的推理、分析或实验数据，而是要针对学生掌握的基础知识和基本概念，提出基础性、常规性的问题，主要考查学生对基础知识的记忆和简单应用。情境不应过于复杂，可仅含有单一的基本信息，考查学生是否能够正确地选择和应用具体化学知识。

（二）核心概念的理解阶段评价工具设计思路

化学核心概念是化学学科结构中最基本、最重要的概念。在化学基本观念的形成过程中，学生需要理解这些概念之间的内在联系，同时能够在真实情景中运用核心概念来解释现象、预测结果或设计实验。适合评价这个阶段的情境任务要考查学生对核心概念的理解程度，还需要检验他们将核心概念应用到实际情境中的情况，以及在不同情境下转化和灵活运用核心概念的能力。

也就是说，该阶段评价工具的设计要让学生能够整合他们所学的核心概念，并将其应用到实际问题的解决中。情境任务需要学生深入理解核心概念的本质和作用，在实际问题中深度思考、分析和运用核心概念，而不仅仅是表面性的记忆。这意味着情境需要更复杂，涉及更多的细节、条件和关系。

（三）认知结构的完善阶段评价工具设计思路

处于这个阶段的学生不仅能够理解化学核心概念的内涵，更重要的是能够将这些概念的相互关系和作用整合起来，形成对化学学科的整体性认识。他们能够深入思考概念之间的联系，理解其内在逻辑和相互影响。同时，学生能够找出不同概念间的共同点和相互关联，能够将不同的化学概念和原理联系起来，形成一个相互关联的知识结构。这就需要情境任务能提供足够的挑战和复杂性，真实地模拟学生在解决实际问题时所面临的困难和需要进行深入思考的问题。

因此，该阶段评价工具的设计需要在情境任务中引入多个变量，让学生同时考虑和应用多个变量、条件、概念和原理进行推理并解决问题。通过面对多个变量和条件的挑战，学生不仅可以展现出对知识的深刻理解，还能够完善自己的认知结构。这种任务促使学生在真实情景中进行思考和决策，将不同的概念相互联系起来，理解它们之间的相互作用和关系。

（四）基本观念的形成阶段评价工具设计思路

化学基本观念的发展与学生认知结构的丰富密切相关，需要长期的学习过程和反复实践。化学基本观念一旦形成，学生就会具备运用化学思维方法来分析和解决问题的自觉意识和思维习惯。这就需要极具综合性、复杂性的情境任务来进行评价。该阶段的情境任务要涉及多个变量、因素或条件，涉及化学在日常生活、工农业生产、环境保护等领域的广泛应用，并要求学生理解和分析它们之间的复杂关系，做出预测和判断。这就要求评价情境是能够涵盖多个方面的知识、概念、思维和情感的问题情境，能够全面地考查学生在知识掌握、概念理解、思维能力和情感态度等方面的情况。它应提供更真实的、现实世界中的化学应用场景，学生需要综合运用所学的知识技能和方法，展示他们综合分析、推理和解决实际问题的高阶能力。

二、基本观念评价工具设计的具体技术

在明确评价工具设计的基本思路后，结合本章第二节构建的评价框架，我们便可以进行情境选择和任务设计。为了进一步确保评价工具的有效性和可靠性，还必须掌握科学规范的情境化命题技术。在教育评价领域，国际学生评估项目（Programme for International Student Assessment，PISA）所使用的命题技术被誉为"情境化命题的标杆"，涵盖了从情境选择、任务设计到试题组织等重要模块的设计方法，对化学基本观念评价工具的研制有着重要的借鉴意义。

(一) 制定情境选择标准

在情境选择方面,PISA 将情境的类型分为个人的、区域的和全球的三类,并结合健康、自然资源、环境质量、材料和科学前沿技术等主题进行分类和解读。将情境分为个人的、区域的和全球的三个类型,考虑到了不同情境在规模和影响力上的差异,个人情境可能更为简单直接,而区域和全球情境则更加复杂多变,同时设定的这些主题在现实世界中具有一定的复杂性,可以更准确地衡量学生在复杂情境下解决问题的能力。借鉴 PISA 的情境选择标准,结合化学学科的具体内容,我们制定了"三层次四维度"的情境分类标准(表 14-4),用于引领评价工具的设计。

表 14-4 评价情境选择标准

标准	个人层面	区域层面	全球层面
化学与生活健康	健康饮食的重要性;身体需要的营养物质	食品生产中的化学技术;食品检验与检疫中的化学技术	全球食品安全问题;全球粮食产量问题
化学与自然资源	践行"碳中和"理念,在生活中合理使用和节约自然资源,减少能源浪费和环境污染	我国保护自然资源的策略;可再生能源的开采利用方式	可持续发展策略;化学技术创新促进资源的可持续利用
化学与工业材料	新型材料(如纳米材料)、功能性材料等在日常生活中的应用	推动我国发展,为人民谋求福祉的新材料产业工艺、技术和发展	世界范围内新型材料生产工艺的创新,促进高效、节能的材料生产方式和流程
化学与科技前沿	个人积极参与科技活动和研究,科学技术方面的兴趣爱好	我国开展化学领域的前沿技术研发;推动科技创新成果转化为生产力的前沿成果	通过科技预测和战略规划,引领世界各国在化学科技前沿的发展方向

情境选择标准的设定具有重要意义,它明确了情境的范围,通过将

化学情境按照个人、区域和全球三个层面进行分类，可以明确命题的考查范围和目标，既能避免命题范围过于笼统或者过于片面，又可以保证考试内容与学习内容之间的紧密关联。

（二）明确任务设计方法

在任务设计中，情境中涵盖的问题和评价目标间的一致性是任务设计的核心要求，一般需要依托命题框架进行一致性匹配。在目前的任务设计方法中，通常使用双向细目表，通过一个横向的二维表格将评价目标和测查问题对应起来。这种方法决定了每一个问题都只能对应单一的目标。在考察孤立的知识点或技能时，双向细目表是一种合适的方法。但在测查学生的思维能力和综合品质时，双向细目表则难以发挥作用。PISA借助了威斯康星大学韦伯教授提出的"知识深度"（depth of knowledge，DOK）概念，将评价目标抽象的表述转化为学生对特定知识概念理解和运用的详细表述，再与学生解决情境问题的表现相对应，从而实现"结构-证据"的一致性匹配。基本流程见表14-5。

表14-5 试题研制基本流程

基本流程	具体描述
细化评价目标	将抽象评价目标具体化和详细化。将评价目标转化为有关学生应掌握的特定知识和概念的明确描述，确保评价目标能够被量化、测量，并且能与学生实际表现相联系
设计情境问题	设计与细化评价目标相关联的情境问题和任务。问题应该反映出真实世界中可能会遇到的挑战，要求学生运用他们所掌握的特定知识和能力来解决问题
匹配度检验	分析学生在解决情境问题时的表现（有条件可以进行预测试），比较学生在解决情境问题时的表现与细化的评价目标描述，以验证学生的表现是否符合预期的评价目标

化学基本观念评价工具的设计可以遵循上述流程，将评价目标与学生的实际表现紧密结合起来，通过设计情境问题来激发学生在实际情境中的具体表现，同时通过匹配度检验来验证学生的表现是否符合预期要求。这种评价方法和技术能保证情境、任务与目标的一致性，进而保证

评价工具具有良好的信效度。

第四节　化学基本观念评价工具设计示例

基于上述分析，根据化学基本观念不同形成阶段的特点，我们从过程和结果两方面对化学基本观念的建构情况进行评价。本节以"变化观"为例，针对不同教学活动的评价需求，分别展示不同阶段化学基本观念评价工具的研制过程。

一、指向观念建构过程的评价工具设计

面向观念建构过程的学习评价，其目的是了解学生学习过程中基本观念的发展情况，以便针对性地提供指导和支持。

（一）具体知识的选择阶段的评价工具设计

以该阶段评价指标体系"能认识到物质变化的永恒性、层次性，从宏观上区分物理变化和化学变化"为例，首先要对该指标进行细化分析：①考查学生能否区分具体情境中的物质变化是物理变化还是化学变化；②考查学生能否根据元素守恒推断出化学变化的产物；③考查学生能否认识物质发生化学变化的特点和原理。上述考察目标要求情境不能过于复杂，情境主体应该给出一些基本信息，物质发生化学变化的过程应该是学生比较熟悉的。

为此，选择化学与功能材料情境（区域情境）中的生石灰凝胶材料进行命题，例题1共设计三个子问题：问题（1）基于生石灰的生产工艺，让学生判断物理变化和化学变化；问题（2）给出特定信息，让学生分析石灰石分解产物；问题（3）阐述实验现象，让学生自己提取有效信息，思考化学变化的特点和原理。学生若不能正确回答这三个问题，则说明学生没有达到变化观的第一层次。

例题1：石灰又称为生石灰（氧化钙），是人类最早使用的无机胶凝材料，其原料分布广泛，生产工艺简单且成本低廉，至今仍为用途广泛的建筑材料。气烧石灰工艺中，首先将主要成分为碳酸钙的天然岩石

（石灰石）粉碎为 35～75 mm 粒度小块，从窑顶加入，将预热的燃料（煤气）和空气从窑的中部及底部喷入，经 1000 ℃以上煅烧后，生产出的生石灰从窑底排出，燃烧废气从窑顶排出。建筑工地上，工人们在生石灰中加水进行熟化，根据加水量的不同可得到消石灰粉、石灰膏或石灰浆（氢氧化钙），与沙子等混合便可用于建筑。

（1）在上述石灰的生产与使用过程中，属于物理变化的是（　　）。

①天然岩石粉碎为小块　②煤气在空气中燃烧　③高温煅烧石灰石　④生石灰加水熟化　⑤石灰浆与沙子混合

A. ①④　　　　B. ②③　　　　C. ④⑤　　　　D. ①⑤

（2）窑顶排出的燃烧废气中部分由石灰石分解产生的是（　　）。

A. 水蒸气　　　B. 二氧化碳　　C. 二氧化硫　　D. 氢气

（3）在实验室中，取少量生石灰于烧杯中，再加入适量蒸馏水，触摸烧杯外壁感受到发热，滴入几滴酚酞试液，烧杯中出现红色，由上述现象得出的结论中错误的是（　　）。

A. 酚酞试液变红说明氧化钙是一种碱

B. 酚酞试液变红说明氧化钙与水反应生成了一种碱

C. 烧杯外壁发热说明氧化钙与水的反应是一个放热反应

D. 氧化钙和水的反应是一个化合反应

接下来进行匹配度分析，在该试题中，对于问题（1），学生需要区分出物质变化的本质。物理变化往往只是物质的外观或形态发生了变化，而化学变化则以新物质的生成为标志。这要求学生理解物质不同变化的本质区别，体现了物质变化层次性的认识。问题（2）的推理过程展示了对物质变化背后层次结构的理解，以及物质变化中元素的永恒性。问题（3）引导学生从实验现象中提取关键信息，并将其概括总结。这种综合分析，能够体现学生对物质变化的认识，试题匹配度良好。

（二）核心概念的理解阶段的评价工具设计

以该阶段评价指标体系"能从微观上理解化学变化的本质是化学键的断裂和生成"为例，对该指标进行细化分析：①考查学生是否理解化学键的内涵，如能否描述化学键的定义、能否区分共价键和离子键的特征及形成原理；②考查学生对化学键断裂和生成过程的认识，包括能否说明在化学反应中化学键是如何断裂和生成的，能否根据具体反应情境描述不同类型化学键的断裂和生成过程。

为将上述表现融入一个情境之中，选择化学与前沿科技情境（区域情境），设计相互独立的四个选项，选项 A 提到该反应前后分子的种类和数目都发生变化，这涉及学生是否理解反应前后物质组成的变化。选项 B 讨论用加热来破坏化学键，需要学生知道能量与键的断裂之间的关系。选项 C 涉及给出化学方程式，学生需要根据反应情境描述不同类型化学键的断裂和生成过程。选项 D 提及 C—O 键和 H—H 键断裂，形成新的化学键，要求学生理解反应中化学键的转化过程。具体例题如下：

例题2：中国空间站配备的二氧化碳还原子系统，可以让电解制氧产生的氢气和人体产生的二氧化碳进行反应产生水，以提升空间站的物质循环能力。下图是该反应的微观示意图，下列选项错误的是（　　）

A. 该反应前后分子的种类和数目都发生变化
B. 加热所提供的能量用来破坏 C=O 键和 H—H 键
C. 该反应的化学方程式为 $CO_2 + H_2 \xrightarrow[\Delta]{催化剂} CH_4 + H_2O$
D. 该反应中 C=O 键和 H—H 键断裂，形成 C—H 键和 O—H 键

接下来是匹配度分析，该试题通过提供一种具体的化学反应情境，要求学生结合所学化学键概念，分析反应过程中的化学键的断裂和生成，以及预测产物的生成。其中，选项 A 和选项 B 考查学生是否理解化学键的基本概念，选项 C 和选项 D 考查学生对化学键断裂和生成过程的认识。学生需要运用对化学键概念的理解，推演反应机理，并能辨别哪些说法符合化学键的性质和变化特点，从而检验其是否符合"从微观上理解化学变化的本质是化学键的断裂和生成"的描述。该试题较好地考察了学生对相关概念的理解和应用水平。

（三）认知结构的完善阶段的评价工具设计

以该阶段评价指标体系"能从化学反应速率的动力学视角和化学反应方向和限度的热力学视角动态认识化学变化，并分析其影响因素"为例，该指标可细化为三个主要方面：①动力学视角，包括解释化学反应速率的定义与意义，描述影响化学反应速率的因素，如温度、浓度、催化剂等，利用速率常数等概念描述不同反应的动力学特征；②热力学视角，包括理解化学反应的热力学平衡、通过热力学分析某一反应的可逆性等；③能分析具体的影响因素和影响机制。

由于该指标涉及的内容复杂，为了完成对指标的全面考察，应在情境中设计多个变量，提供多种隐含信息，期望学生综合考虑热力学和动力学从而做出决策。为此选择化学与自然资源情境（全球情境）中海洋岩石构成及演变作为情境素材，主要考查学生能否从情境信息中根据物质变化的宏观特征分析其反应原理，进而运用化学变化的热力学和动力学视角解释原因，进行综合性的阐述。例题如下：

例题3：现代海洋中碳酸盐岩主要包括石灰岩和白云岩，石灰岩的主要成分为碳酸钙，大多在浅海环境沉积形成，也受洋流作用、生物作用的影响。已知，深海水通常比浅海水更富含二氧化碳。在较深的海洋区域，水压较大，二氧化碳会更容易溶解于水中形成碳酸。同时海洋中存在大量的生物，其中包括许多能够利用碳酸钙来构建它们的外壳或骨骼的生物，比如珊瑚、贝类等。这些生物在浅海水域更为丰富，它们吸收水中的碳酸钙来形成它们的外骨骼或壳体。此外，海洋中存在着各种洋流，它们在不同区域之间运输水和溶解物质，浅海水域通常受到更多洋流的影响。

请结合上述信息解释，为什么浅海处相对于深海处往往有更为明显的石灰岩沉积层，并总结地质地貌的形成过程可能受到哪些因素的影响。

接下来是匹配度分析，海水中二氧化碳的溶解度随温度的升高而减小，随压力的增大而增大。在浅海地区，海水层压力较小，同时水温比较高，因而二氧化碳的浓度较小，即游离的二氧化碳增多。根据平衡移动原理，上述平衡向生成碳酸钙方向移动，产生石灰石沉积。能够思考海水中二氧化碳的溶解度随温度和压力变化而减小或增大，表明学生明白影响化学反应速率的因素之一是溶质的浓度；压力变化也会直接影响涉及二氧化碳溶解和生成碳酸钙的反应速率，学生能思考这一点，表明其明确动力学因素对于化学反应过程的影响。而能够通过思考平衡移动的原理，指出二氧化碳的浓度变化导致平衡向生成碳酸钙方向移动，则说明学生了解在特定条件下热力学因素对反应方向的影响。学生能够从这种分析中同时理解化学反应速率和方向受到温度、压力等动力学和热力学因素的影响，从而实现对化学变化的动态认识。因此，该试题可以全面评价学生对于化学反应动力学和热力学两个视角的理解能力，以及他们是否能够分析不同因素对化学反应速率、方向和平衡移动的影响。

二、指向观念建构结果的评价工具设计

在学习结果评价中，根据评价的功能可分为学业质量测试和选拔性考试两类。两类测试虽然都重视化学基本观念的评价，但学业质量评估主要关注学生是否达到预期的学习目标，选拔性考试则需要甄别具有特定能力或潜力的学生。前者更注重客观性，后者还需要注重全面性、标准化和公平性，因此在评价设计的思路上存在差异。

（一）学业质量测试中观念评价工具设计

变化观形成后，学生对化学变化的认识和理解达到了新的高度，基于评价框架，表现为能综合运用物质变化的宏观特征、化学变化的微观本质、化学反应的原理和规律等多角度系统分析并解决实际问题。也就是说，学生对物质变化形成了全面系统的认识。为实现对上述指标的测量，试题应该对"系统理解物质变化""解释和预测新物质变化"和"应用变化规律解决实际问题"三个方面进行考查，并以真实、复杂的情境激发学生的表现。

为此选择化学与生活健康情境（个人情境）中 ATP 水解为生物体供能作为情境素材，从这三个方面出发共设计四个问题。在系统地理解物质变化方面，通过要求学生从微观机理上解释 ATP 水解释放大量能量的原因，考查学生对于生物分子水解过程背后的化学本质的理解。这需要学生将肌肉运动中的能量转换过程与 ATP 水解联系起来，并解释其能量释放机制。在解释和预测新物质变化方面，要求学生在虚线框内

画出 ATP 合成 RNA 反应可能的断键部位。这一要求涉及预测新物质变化中的化学键断裂位置和方式，学生需要描述这些化学键的类型和断裂方式，并解释其中伴随的能量变化，从而确定学生深入理解了 ATP 在细胞内的生物功能。最后两个问题指向应用变化规律解决实际问题，要求解释细胞如何通过调节 ATP 水解反应的速率来满足大量能量需求，要求学生将所学知识应用到实际情境中，考虑细胞内能量转换的调控机制。提供剧烈运动和药物作为问题线索，要求学生结合知识解释细胞如何适应这些情况并满足能量需求，结合对变化的系统理解考虑 ATP 合成和水解反应过程的动态平衡、干扰因素对这个平衡的影响以及这种干扰对生物体可能产生的影响。例题如下：

例题 4：人们在日常生活中的各项运动都是经由肌肉收缩和舒张所达成的，而肌肉收缩和舒张所需能量由肌肉细胞内 ATP（三磷酸腺苷）分解为 ADP（二磷酸腺苷）所产生，分解过程如下：

（1）从微观机理上看，ATP 水解释放大量能量的原因为_____。

（2）ATP 同样是合成 RNA（核糖核酸）的底物，请用短划线在上图的虚线框中画出 ATP 合成 RNA 反应可能的断键部位。请描述这些化学键的类型和断裂方式，并解释其能量的变化。

（3）ATP 水解反应是生物体内能量释放的关键过程之一。在某些特定情况下，细胞可能需要大量能量迅速供应，例如在进行剧烈运动或应对紧急情况时。请解释一下细胞可能如何通过调节 ATP 水解反应的速率来满足这种能量需求，并提供一个实际例子支持你的观点。

（4）ATP 合成和水解是一个动态平衡的反应过程。假设有一种药物或化合物可以干扰这个平衡，使 ATP 合成或水解偏向某一方向。请说明这种药物或化合物发生作用的原因，并说明这样的干扰对生物体会产生怎样的影响，这种药物对人类健康有怎样的优点和缺点。

整个试题的设计涵盖了从微观到宏观的多个层面，要求学生不仅理解生物分子的基本功能和相互作用，还要能够运用这些知识解释生命现象和解决与生物能量转换相关的实际问题。学生需要全面理解生物体内化学变化的机理与应用，形成系统认识，进而具备预测、解释和应用化学变化规律解决生物体内能量转化问题的能力。

（二）选拔性考试中观念评价工具设计

我国的选拔性考试历经多次变革，越来越注重对学生关键能力和高阶思维的考察。以高考为例，近五年，高考试题情境的真实性、复杂性和前沿性越来越丰富，涉及多个知识点的交叉应用。由于高考是我国极为重要的选拔性考试，在试题设计上要求更加严格。在满足前面的设计思路基础上，还要考虑区分度、公平性、知识全面性等问题，对情境素材内容的选择、情境素材的地域差异、试题与考试大纲的对应等方面设计更为严谨。下面以某省 2018 年普通高校招生选考科目考试题第 30 题为例，分析选拔性考试在评价化学基本观念时的设计特点。试题如下：

试题：乙酸乙酯一般通过乙酸和乙醇酯化合成：

$$CH_3COOH \text{ (1)} + C_2H_5OH \text{ (1)} \underset{\triangle}{\overset{\text{浓}H_2SO_4}{\rightleftharpoons}} CH_3COOC_2H_5 \text{ (1)} + H_2O \text{ (1)}$$

$\Delta H = -2.7 \text{ kJ} \cdot \text{mol}^{-1}$

已知纯物质和相关恒沸混合物的常压沸点见下表：

纯物质	沸点/℃	恒沸混合物（质量分数）	沸点/℃
乙醇	78.3	乙酸乙酯（0.92）+水（0.08）	70.4
乙酸	117.9	乙酸乙酯（0.69）+乙醇（0.31）	71.8
乙酸乙酯	77.1	乙酸乙酯（0.83）+乙醇（0.08）+水（0.09）	70.2

请完成：

（1）关于该反应，下列说法不合理的是_____。

A. 反应体系中硫酸有催化作用

B. 因为化学方程式前后物质的化学计量数之和相等，所以反应的 ΔS 等于零

C. 因为反应的 ΔH 接近于零，所以温度变化对平衡转化率的影响大

D. 因为反应前后都是液态物质，所以压强变化对化学平衡的影响可忽略不计

（2）一定温度下该反应的平衡常数 $K=4.0$。若按化学方程式中乙酸和乙醇的化学计量数比例投料，则乙酸乙酯的平衡产率 $y=$ _____ ；若乙酸和乙醇的物质的量之比为 $n:1$，相应平衡体系中乙酸乙酯的物质的量分数为 x，请在右图中绘制 x 随 n 变化的示意图（计算时不计副反应）。

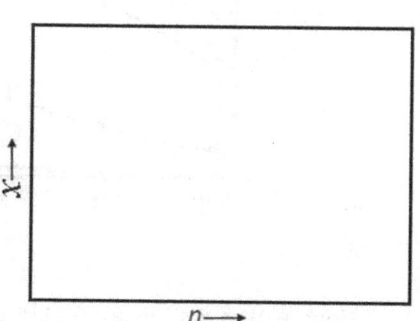

（3）工业上多采用乙酸过量的方法，将合成塔中乙酸、乙醇和硫酸混合液加热至 110 ℃ 左右发生酯化反应并回流，直到塔顶温度达到 70～71 ℃，开始从塔顶出料。控制乙酸过量的作用有 _____ 。

（4）近年，科学家研究了乙醇催化合成乙酸乙酯的新方法：

$$2C_2H_5OH \text{ (g)} \xrightleftharpoons[\Delta]{\text{催化剂}} CH_3COOC_2H_5 \text{ (g)} + 2H_2 \text{ (g)}$$

在常压下反应，冷凝收集，测得常温下液体收集物中主要产物的质量分数如下图所示。关于该方法，下列推测合理的是 _____ 。

A. 反应温度不宜超过 300 ℃

B. 增大体系压强，有利于提高乙醇平衡转化率

C. 在催化剂作用下，乙醛是反应历程中的中间产物

D. 提高催化剂的活性和选择性，减少乙醚、乙烯等副产物是工艺的关键

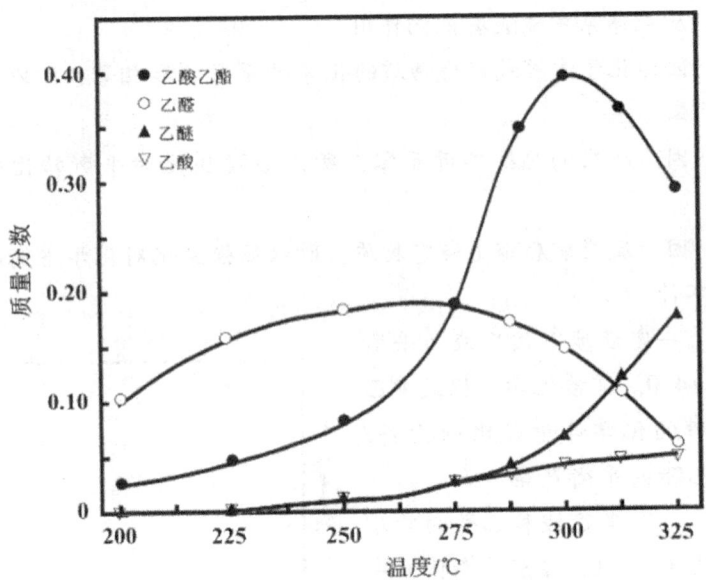

该试题以考查学生是否形成变化观为目的，主要表现在对"从多种视角认识化学变化的多样性"和"综合运用宏观特征、微观本质、原理和规律解决实际问题"两方面的考察，情境涉及化学与工业材料、化学与科技前沿等方面。试题将这两方面内容具化为两个问题组，分别为：①理解化学反应的热力学特点、掌握化学平衡常数的计算方法、理解平衡常数与反应物物质的量之比和平衡产率之间的关系、理解恒沸混合物的概念及其组成的影响、熟悉有机化学的基本原理。②能够判断催化剂和温度等因素对反应平衡转化率的影响，进而分析不合理的选项；理解平衡常数与反应物物质的量之比和平衡产率之间的关系，能够运用平衡常数计算反应产率；能够分析恒沸混合物的沸点与组成之间的关系，进而推断出恒沸混合物中的物质；能够根据有机反应的物质组成分析出副反应产物的类型和生成机理。

从匹配程度看，该试题清晰地呈现了对变化观的考察，这些问题考察了学生对反应热力学和平衡常数的理解，以及在实际工业过程中如何选择条件以促进特定反应的进行。学生需要从不同的角度考虑温度、压强、催化剂等对反应的影响，以全面理解化学反应的多样性。对应考查能从多种视角认识化学变化的多样性，能解释和预测物质可能发生的化学变化；学生需要通过计算、推理和实际工业情境分析等方式，综合运用对变化的系统理解来回答问题。

除遵循上述评价思路外，近年高考试题在评价学生化学基本观念方面具有以下特点：

第一，试题涉及对多个核心概念的理解，增强了全面性。如上述这道试题涉及化学反应速率、化学平衡常数、化学平衡产率、酯醇酸的相互转化关系、酯化反应的原理、反应条件控制、恒沸混合物等知识，通过上述知识的整合，综合考查学生能否将多个领域的知识整合应用，从不同角度对化学反应进行分析并解决实际问题。如某省2022年化学高考试题第17题以"两种清洁能源制氢技术的原理和实验条件"为情境，涉及对化学热力学、电化学、化学平衡、元素周期律、离子反应方程式、化学反应机理和资源综合利用等多个内容的考查，重点考查学生变化观的发展水平。

第二，试题涉及具有挑战性的理论计算和分析，提升了区分度。试题中包含了对化学反应热力学参数（ΔH）、平衡常数（K）等数据的利用和计算。学生需要通过分析反应条件、反应方程式、物质性质等多个因素，来判断不合理说法、预测平衡体系中物质的数量变化等情况，需要较高的理解和分析能力。对于有机化学领域的问题，要求学生能够综合运用有机化学知识和实验技术，通过计算和分析来解决与有机物合成和转化相关的复杂问题。该试题在完成对变化观发展水平考查的同时，还保证了选拔性考试的区分度要求。如某市2023年化学高考试题第24题，以"含铜电路板"为情境，涉及电化学、物质的分离和提纯、滴定的操作和误差、离子的平衡计算、水解的原理和计算等多个知识和概念，并需要高水平的计算能力，主要考查学生微粒观的发展水平。在近五年的理科高考试题中，存在大量的综合复杂情境试题，这些试题的设计以特定学科观念的表现为主线，选择工业生产或科技前沿情境，整合诸多核心概念，全面有效地实现了对化学基本观念的评价。

附 录[①]

化学基本观念：内涵分析与教学建构

摘要：随着课程改革的深入推进，人们越来越明确地认识到实施"观念建构"的化学教学是促进学生科学素养发展的重要途径。通过对国内外有关学科观念研究的梳理，我们对学科思想与学科观念、学科基本观念与 big ideas 等术语进行了辨析，深入论述了化学基本观念的含义和内容体系，并对化学基本观念是否可教以及实施"观念建构"的化学教学的意义作进一步阐释。

学校科学教育在公民科学素质建设中具有基础性、战略性地位，提高学生的科学素养是科学教育的根本宗旨。化学是一门中心的、实用的和创造性的学科，在基础教育阶段开设化学课程，既是社会发展对未来公民素质的基本要求，又是促进学生科学素养全面发展的必然需求。1859 年，英国教育学家斯宾塞（H. Spencer）提出"什么知识最有价值"的著名命题，引发了对课程内容选择的思考。而在知识信息迅速增长，"终身教育""以人为本"等理念成为世界教育思潮的今天，这一哲学命题又带给化学教育以新的思考和启迪：在时间有限的学校教育中，基础化学课程更应该教给学生什么？回答这一问题或许可以从德国著名物理学家、诺贝尔奖获得者马克斯·冯·劳厄（Max von laue）曾经说过的一句话中获得启示，他说"教育所给予人们的无非是当一切已学过的东西都忘记后所剩下来的东西"。的确，记忆的遗忘几乎可以认为是一种不可抗拒的规律，那么，知识的养分落定之后，在学生头脑

[①] 课题研究过程中陆续发表多篇论文，其中三篇论文对老师们理解化学基本观念、实践观念建构教学具有较高的价值，我们将其单独列出以方便读者更好地了解本书的主要观点。

中"所剩下来的东西"到底是什么呢？对于基础化学课程教学来说，就是学生通过化学知识的学习，所形成的从化学的视角认识事物、解决问题的思想、观点和方法，即植根于学生头脑中的化学基本观念。

新一轮基础教育课程改革对"化学基本观念"给予充分的重视。《义务教育化学课程标准（2011年版）》指出"引导学生认识物质世界的变化规律，形成化学的基本观念""根据课程标准选取核心知识，重视化学基本观念的形成"；《普通高中化学课程标准（实验）》在课程目标中明确要求"了解化学科学发展的主要线索，理解基本的化学概念和原理，认识化学现象的本质，理解化学变化的基本规律，形成有关化学科学的基本观念"。化学基本观念的研究和实践已成为当前中学化学教育研究的热点，成为化学教学的一个基本价值取向和实践追求。为增进对化学基本观念内涵的深入理解，明晰化学基本观念的教育教学意义，本文拟从词源学和哲学的视角出发，结合我们对化学基本观念的已有研究，对相关概念进行梳理和辨析，同时对促进学生"观念建构"的化学教学作进一步阐释，为化学教学实践提供科学的理论指导。

一、"观念"的词源释义和哲学含义

"观念"一词是现代汉语中一个常用的词汇或短语，源自希腊词 ειδος 和 ιδεα，与动词 ιδεῖν（看）及 εἶδος（形式）同根，字根意是指目力所及的事物的外在形象，后引申为表示内在于事物的能被人所"看到"（通过心灵的"眼睛"）的形式和本质[1]。从词源分析可以看出，"观念"一词代表了个体对周围事物的存在形式和本质的感知，是一种主观体验。英语中的"观念"（idea）是希腊语的音译，经由近代日本人翻译而来，随后中国人将其引进改造成现代汉语的外来词[2]。

在哲学史上，"观念"也是一个久为人知的词汇，可以说整个西方哲学史就是一部观念史。虽然"观念"在哲学著述中的界定尚不清晰，但在哲学领域内对"观念"的关注悠久而深刻。西方哲学史上可查考使用这一词汇最早也最著名的是柏拉图，"观念"成为一个名副其实的哲学术语是与柏拉图的本体学说息息相关的[3]。在柏拉图哲学中，"观念"（译作"理念"）是超越感性的、永恒不变的、普遍的和绝对的实在。中世纪哲学的代表人物奥古斯丁等受柏拉图的影响，认为"观念"

（理念）是现象世界的完善的模型。经过近千年的发展，笛卡尔彻底抛弃了"观念"的本体论概念，将其回归到认识论的术语，他提出"我思故我在"，将"观念"定义为表达或表象，可惜的是，笛卡尔认为观念是由上帝植入灵魂之中，相信"天赋观念"，这又与认识的规律背道而驰。英国经验论代表人物洛克提出"精神可以在自身中观察到的一切，或是感觉、思想、理智最直接的对象，我都称之为观念"[4]119，他反对"天赋观念"，认为心灵原是一张白纸，心灵的"观念"来源于两类不同的经验：外在的感官知觉和内在的自我知觉，后者关系到思想、意志、信仰等行动。18世纪，德国思想家康德对"观念"另有一番见解，他认为"观念"是来自概念的概念，即理性的概念，他认为"人类所有的认识都是以观察为起点，然后成了概念，最后以观念作为终站"[4]137，观念的职能在于对经验事实的联合与整合，只有理性的"观念"才能将经验事实整合到完善的境界，"观念"是知识理想形态即最高形态的综合体现。黑格尔进一步发展和完善了康德的看法，认为观念是"主观与客观的绝对统一"，是表达真理的客观形式。近代美国实用主义哲学家杜威继承了康德的思想，同时赋予观念以工具主义色彩，认为"观念是指导我们行为的工具，它对感觉做出反应，而不是感觉本身"。马克思主义哲学从正确解决物质和意识、思维与存在的哲学基本问题出发，认为"观念"是客观存在于人脑中的反映。马克思指出"观念的东西不外是移入人脑并在人脑中改造过的物质的东西而已""观念不仅反映客观现实，而且还能根据客观现实的反映为实践创造观念的对象，以作为实践的目的"。[5]

  以上从词源学和哲学的角度对"观念"的发展及含义做了简要梳理，从论述中可以看出人们对"观念"的认识经历了从本体论到认识论的认知转换，最终落脚于辩证唯物主义认识论。具体地，我们可以从中形成对"观念"的以下几点认识：①观念是客观事物在人脑中的反映，但它绝不是一般意义上的概念，是概念的概念；②观念的形成是一个过程，是对经验事实的联合与整合，在个体认知发展过程中，观念与客观事物的本质特征和发展规律日趋一致；③观念反映客观事物，同时又反作用于客观事物，即观念具有预测、指导、改造客观存在的强大反作用力。上述对"观念"的理解为"化学基本观念"的提出和建构奠定了基础，提供了依据。

二、"学科基本观念"相关概念辨析

观念绝不是一般意义上的概念,那么"观念"与"概念"两者之间有何不同?"学科思想"与"学科观念"之间的区别与联系是什么?"学科基本观念"与目前国外提出的"big ideas"又有怎样的联系?正确认识并辨析这些术语的异同对理解"化学基本观念"具有重要意义。

1. 观念与概念

首先,我们来探讨一下"观念"和"概念"在英文表述中的不同。国外以英文发表的期刊中,通常用"concept""conception""idea"或者这些单词的复数形式来表示"概念"或"观念"。根据研究过程中研究者使用这些相似术语的情况,可以看出当在表述学科本体的概念时,一般采用"concept"这个单词,而在描述学生头脑中形成的概念或观念时,侧重于使用"conception"和"idea"这两个单词①,因此从表述学生科学概念学习结果的角度来看,"conception"和"idea"一直被国外研究者通用,并被认为是两个具有相同涵义的单词。然而,这两个英文单词被国内研究者使用时,"conception"一般被翻译成"概念"②,而"idea"一般被翻译成"想法"或"观念"③,这种语言文化的差异在某种程度上阻碍了国际上对"学生学习科学概念"研究的交流。

从以上论述中可以看出,"观念"一词与英文中的"idea"是一致的,而学科中的本体概念与"concept"相对应。在这里需要说明的一点是,近几年随着越来越多国外研究者在不同研究情境下使用"idea",也有一部分国内研究者将"idea"翻译成"概念",例如"big ideas"

---

① 例如20世纪70—80年代研究者表述学生头脑中的科学概念时使用的术语有"misconception""preconception""alternative conceptions""spontaneous ideas"等,研究者认为学生的观念(students' idea)以一种概念架构(conceptual framework)的形式存在,当他们使用"conception"这个词时,一般都承认学生头脑中的观念是以稳定的框架形式存在的,因此"students' idea""alternative conceptions"与"alternative frameworks"在建构主义理论背景下,是可以通用的几个术语。

② 例如错误概念(misconception)、前概念(preconception)、相异概念(alternative conception)等。

③ 如"儿童的想法""自发的想法",以及佘星南等人翻译的奥苏贝尔(D. P. Ausubel)的经典著作《教育心理学——认知观点》中多处将"idea"翻译成"观念"。

被翻译成"大概念","core ideas"被翻译成"核心概念"。然而,就学生的科学概念学习来说,国外研究者在使用"idea"这个术语时,强调的是学生个体;而国内研究者在使用"概念"时,一般是从学科立场出发的。因此,国外所提出的"idea"与我们所描述的学生的"观念"具有一致性。因此,我们更倾向于将"idea"翻译成"观念",同时这种翻译与词源学中的"观念"也相吻合。

从"观念"和"概念"内涵上分析,"概念"是反映客观事物本质属性的思维形式,属于理性阶段的认识[6],学科概念更多是学科本体的东西。而通过前面对"观念"的分析可以看出,"观念"是从认识论的角度出发,是客观事物在人脑中的反映,是个体主观的感知与思维。因此,我们认为与"概念"相比,"观念"一词能更全面地体现和涵盖个体对知识的感知、体验与领悟。

2.学科思想与学科观念

学科思想,是由学科专家提出的对尔后学科发展和学科学习最具影响力的那些观点、思想和见解。从另一种意义上说,学科思想更多是科学共同体从学科本体的角度出发,提出的某学科在特定时间内最具代表性的、最科学的具有相对完整体系结构的思想。具体到化学学科思想,就是化学学科在认识物质、改造物质和应用物质过程中所体现出的具有化学学科特征的最具影响力的思想集合体。例如,化学学科中的物质变化思想、质量守恒思想,以及物质结构决定性质的思想等。学科思想与学科方法有密切的联系,学科方法是根据学科内在的规律和特点,总结和归纳出来的思维方法、研究方法和学习方法。一般而言,学科思想对学科方法起着指导作用,学科方法则是学科思想的具体化反映。通常,学科思想与学科方法并没有确定的界限,比如在化学学科中,"分类"既是一种学科思想,又是一种学科方法,因此人们通常将学科思想与学科方法统称为"学科思想方法"。

学科观念,是个体对学科研究对象的本质特征和内在规律做出的概括反映。因此,学科观念是有层次的,对于学科专家或科学共同体而言,他们所形成的观念在一定的时空域内是相对科学的、有代表性的,具有一定的客观存在性,这在一定程度上等同于"学科思想";而对于学生来说,学科观念是指他们在深入理解学科本质特征的基础上所形成的对物质世界的基本看法和态度,常表现为学生能自觉地从学科视角看问题的思维习惯。可以看出，学科观念植根于具体学科知识中，同时它作为一种观念性的认识又为个体如何使用学科知识解决实际问题提供思想方法指导。而化学学科观念就是个体对化学研究对象、化学研究过程以及化学学科价值的本体的见解或意识，具有超越具体事实的持久价值和迁移价值。在本文中，我们讨论的是学校教育教学，因此"学科观念"以及之后提出的"学科基本观念"的认识主体主要指的是学生。

基于以上分析，我们可以从不同的角度对学科思想和学科观念做一下区分。我们认为学科思想更多是从学科本体的角度，指那些成体系、有影响力、反映学科知识本质、学科思维特点和学科学习规律，对分支学科发展和学生学科综合素养发展起着决定性作用的思想方法。而学科观念更多是从认识论的角度出发，指个体将外在的学科知识与自身经验进行反思、对比、自省的产物。也就是说，相对于学科观念，学科思想在一定程度上更加客观独立于认识主体，学科观念是认识主体主动建构的，从某种意义上说，科学共同体在头脑中构建的学科观念等同于学科思想，而科学教育的目标是期望学生通过对科学内容的学习达成与学科思想相一致的观念。因此，在教学中，我们可以通过学科思想来促进学生学科观念的科学建构。另外，学科观念对认识主体具有能动作用，它更多地是以一种自觉意识或思维习惯的方式外显，指导着认识主体的行为实践。需要说明的是，这样的解释并不意味着学科思想和学科观念的层级关系，这是从两个不同的角度来阐述的。

3. 学科基本观念与"big ideas"

学科基本观念是学生通过课程学习对学科形成的一种总观性的认识，它是学生自主建构的，是学科特征、学科内容在学生头脑中的概括提升，这些观念是学科观念体系中最基础、最本质的，对学生的学习和未来工作生活有着重要影响。而深入分析目前国外提出的"big ideas"可以发现，国内所提倡的学科基本观念与国外的"big ideas"具有很大的一致性。具体分析，主要体现在以下三个方面：

首先，"学科基本观念"与"big ideas"都是为解决相同的教育问题提出的。当今世界范围科学教育存在的主要问题是为了让学生掌握更多的科学知识，科学课程承载的内容超负荷，科学课程变成了孤立事实的堆积，而学生的学习则主要是记忆和背诵，难以建立知识间的内在联系，难以灵活地运用所学知识解决实际问题。为此，国外科学教育研究者提出让学生将所学习到的科学知识凝聚起来，形成"big ideas"，这些"big ideas"能帮助学生在科学知识之间建立起联系，最终使得学生形成一幅关于科学的全景图[7]，以便他们从科学的视角有效地处理在日常生活中遇到的问题并做出决策。我们认为科学学习不是事实性知识的量的积累，而是思维能力的提升，学生通过科学课程的学习不是去记忆更多的科学知识，而是通过对具体知识的学习掌握从学科的视角认识世界、解释世界的思想方法，获得对学科的总观性的认识。因此，从培养学生达成科学素养的目标来看，国外提出的"big ideas"和我们倡导的"学科基本观念"都是为了让学生形成对学科的总体性认识，从科学的视角解释自然现象和认识自然规律。

其次，国外研究者选择"big ideas"和我们确定"学科基本观念"所遵循的原则是一致的。不管是"big ideas"还是学科基本观念都反映了学科最基本的思想和原理，这些学科基本思想被国外研究者称为是"根本原理"（essential principles）或者"基本概念"（fundamental concepts）[8]。同时，国外研究者在表述"big ideas"时采用的是命题的表达方式，是期望学习者最终形成与学科基本思想相一致的观念，在不同学习阶段，这些"big ideas"具有不同的表述方式。例如，2011年美国国家研究理事会颁布了新一轮K-12科学教育框架，2012年10月参与此框架制定的Joseph Krajcik教授在北京师范大学介绍《科学教育框架》时指出，学科间的"crosscutting concepts"和学科内的"core ideas"统称为"big ideas"，化学学科具有三个"big ideas"，即"物质"（matter）、"变化"（change）和"能量"（energy），它们又分别被进一步表述成"物质是原子通过多种方式排列而构成的""变化与原子的重排紧密相关""能量发生在变化之中"[9]。而我们倡导的"学科基本观念"，是指学习者在反思体验和实践应用中，将蕴含于具体知识中的学科思想、观点、方法等抽象概括出来的一些观念性认识，这些观念性认识以语言的形式表达出来就构成知识形态的基本观念，称其为"基本理解"，它是学科基本观念的具体表达。例如，化学基本观念包括"元素观""微粒观""变化观"等，"元素观"的具体内容（基本理解）表达为"物质是由元素组成的，在化学反应中元素不变……"。由此可见，"big ideas"与"学科基本观念"的基本内涵是一致的，都体现了对学科基本思想、观点、方法的概括性认识。

最后,"big ideas"与"学科基本观念"都具有发展性。随着学生年龄的增长和知识学习的深入,学生对学科本质规律的认识也在不断变化。国外研究者认为这些"big ideas"可以在不同的年级讲授,不同年龄的学生都能够学习[10],并提出用"学习进阶"(learning progression)来表示 K-12 年级学生"big ideas"的发展。对于"学科基本观念",其形成并不是一蹴而就的,而是渐进发展的,学校要求学生学习的具体知识不同,所形成的学科基本观念的内涵丰富程度也就不同,即学科基本观念是有层次的,具有阶段性和渐进性特点[11]。

三、"化学基本观念"的含义与内容体系

对上述相关术语的辨析,说明了化学基本观念的提出具有合理性与科学性。而教育培养人的终极目标决定了化学基本观念培养的必要性和重要性。如何理解和认识化学基本观念?通过化学教学应促进学生形成哪些化学基本观念?

1. 化学基本观念的含义

观念是客观事物在人脑中的反映,个体对化学学科的见解或意识即化学学科观念。而在这些化学学科观念中,存在着对学生发展和公民生活来说最基础、最本质的观念,这些观念是学生通过化学课程的学习能够建构发展的,即我们所倡导的"化学基本观念"。因此,所谓化学基本观念是指学生通过化学课程的学习,在深入理解化学学科特征的基础上所获得的对化学的总观性认识,具体表现为个体主动运用化学思想方法认识身边事物和处理问题的自觉意识或思维习惯。

化学基本观念的"基本"二字主要体现在三个方面。首先,化学基本观念是化学学科观念体系中最基础、最本质的,它反映了化学学科的基本特征和规律,个体具备这些基本观念,可以初步形成对化学学科的概括性认识;其次,化学基本观念是学生通过化学课程学习所能形成的观念,这些基本观念是具有中等文化程度的公民所必须具备的,只有具备这些基本观念,才能从化学的视角理解所观察到的自然界并切实有效地开展化学认识和实践活动,从而表现出一个现代公民所应具有的化学科学素养;最后,化学基本观念从化学学科的角度论证了辩证唯物主义关于物质世界存在、发展、变化的哲学判断,有利于丰富并加深中学

生对物质世界的认识，促进学生科学世界观的形成。

化学基本观念的形成不是空中楼阁，它来源于具体的化学知识，是化学知识在学生头脑中的概括、提炼与升华。学习者在积极主动的探究活动中，深刻理解和掌握有关化学知识和核心概念，在迁移应用中探索知识之间的内在联系，不断提高知识的概括性水平；在这一过程中，学习者积极体验、感悟化学知识所蕴含的化学学科思想方法，通过不断的反思内化，形成化学基本观念。我们用图1表示化学基本观念与核心概念、具体知识间的关系。

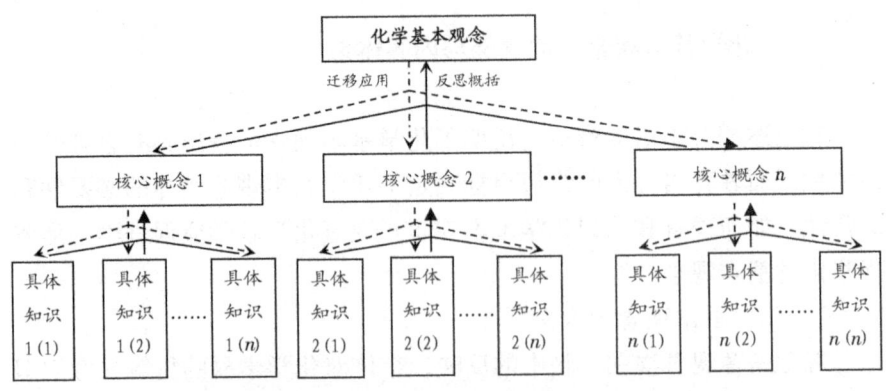

图1 化学基本观念与核心概念、具体知识间的关系

由图1可看出，化学课程中的核心概念及其所涵盖的具体知识充实、发展着化学基本观念的内涵，它们是形成化学基本观念的基础和源泉。可以说，没有具体化学知识的深入学习就不会有化学基本观念的形成，化学基本观念借助于具体的化学知识由浅入深地揭示出来，是具体化学知识提炼升华的产物；同时化学基本观念对化学知识具有自上而下的引领作用，它赋予具体知识一定的能动性和灵活性，若缺乏化学基本观念的引领，化学知识就难以发生有效的迁移和应用。二者之间是相互依存、相互促进的。

2．化学基本观念内容体系的确立

英国科学教育专家温·哈伦（W. Harlen）著的《科学教育的原则和大概念》一书指出"在科学教育中教授的大概念（big ideas）应该反映科学中的大概念，并需要以适合于学习者不同认知发展阶段的方式来表达"[12]18。可以看出，国外对大概念的选择既考虑了学科本体特征，又考虑了学生的学习需求。结合国外选择大概念的启示，根据化学基本观念的内涵和形成过程，化学基本观念内容体系的确立要兼顾两个方面：一方面，要从学科本体出发，选择那些体现化学学科本质特征和规律的思想、观点和方法，以确保学生所形成的化学基本观念的完整性、统领性和科学性，这是化学基本观念内容体系确立的基础；另一方面，从学生建构化学基本观念的过程出发，应充分考虑学生的化学学习活动及其对所学内容的反思内化，这是学生化学基本观念得以顺利形成的前提。

（1）科学具有多个方面，包括有关世界的知识和有关获得这些知识的过程的知识。化学是一门在分子水平上研究物质的组成、结构、性质和变化的学科，化学变化是化学学科研究的核心内容，宏观与微观的联系是化学不同于其他学科的最独特的思维方式。因此，从学科本体出发，化学基本观念须体现有关物质的组成、变化规律以及微观本质等方面的内容。同时，在化学学科的发展过程中，化学实验是化学学科研究的基本方法和途径，分类是人类认识物质的一种重要思维方法和手段，而科学地改造物质、应用物质，实现自然与社会的可持续、和谐发展则是化学科学的终极目的。所以对化学实验、分类等科学方法以及对化学科学价值的认识也应属于化学基本观念所包含的内容。

（2）化学基本观念是学习者在学习实践中，对蕴含于具体知识中的化学思想、观点和方法的初步认识，是对化学学科内容深入思考和反思体验的结果。在学校教学中，学生对化学学科内容的反思主要包括三个方面：一是对化学学科知识的反思概括，主要形成知识类的化学基本观念，包括对于物质的组成、结构和变化规律的概括性认识；二是对化学探究过程和学习方法的反思，主要形成化学方法类的基本观念，包括对于化学实验的认识、对分类方法和分类思想的意识；三是对化学科学本质及其在社会发展中作用的认识和反思，主要形成化学情意类的基本观念，即化学价值观。这三个方面的基本观念相互影响、共同作用构成化学基本观念这一有机整体。

基于以上分析，我们认为化学基本观念的内容体系应包括元素观、微粒观、变化观、结构观、实验观、分类观和化学价值观。这些基本观念不仅指导人们认识、改造和应用物质，也促进了化学学科的发展。

四、促进学生"观念建构"的化学教学

宋心琦教授曾精辟地指出:"学生能否牢固地、准确地、哪怕只是定性地建立起基本的化学观念,应当是中学化学教学的第一目标。"[13] 那么,在化学教学中是否可以通过一定的教学方式来促进学生化学基本观念的建构?这种促进"观念建构"的化学教学是否会增加学生的学习负担?在化学教学中实施"观念建构"的教学有何重要意义?

1. 化学基本观念的可教性

从"化学基本观念"的提出开始,就有一些教师质疑:"观念是可以教给学生的吗?"要回答这个问题,首先要界定"教"的涵义,我们所谓的教,并不是"灌输",并不是机械地让学生接受,而是"引导",引导学生通过对化学知识、核心概念的学习,促进化学基本观念的形成。无论是国内对学科观念的相关研究[14],还是国外对大概念(big ideas)的提出和研究,都说明了可以通过教学来促进学生学科观念的形成。

首先,化学基本观念可以具体表述为化学基本理解,这是可以通过教学培养学生化学基本观念的前提。化学基本观念并不是凭空想象的产物,也不是可望而不可即、只可意会不能言传的"遥远星空",它是可以认知的,以"基本理解"的形式进行具体呈现,通过基本理解,可以将原本处于意识的形态的化学基本观念从字面意义上揭示出来,以达成为学习者理解的对象。"基本理解"就是结合具体教学内容和学生认知水平将基本观念的含义用概括性的语言表达出来,它是基本观念在认知层面的具体表达,是期望学生在学习活动中逐渐形成的基本认识,及对具体事实和核心概念本质的深刻理解。例如,对于"元素观"的基本理解可以有:世界上的物质都是由元素组成的,元素是组成物质的基本成分,100多种元素组成了世界上的数千万种物质;每一种元素对应于一类原子,因为原子不容易发生变化,所以元素不容易发生变化;通常我们见到的物质千变万化,只是化学元素的重新组合,在化学反应中元素不变(种类不变、质量守恒);元素的性质随原子核外电子排布呈现出周期性变化的规律,元素周期表是这一规律的具体体现形式。"元素观"以这种直观形式具体呈现,使得观念的建构具有可操作性,可

以帮助教师更有针对性地进行教学设计，引导学生在深刻思考和反思体验中形成化学基本观念。需要注意的是，对化学基本观念的"基本理解"应以命题的形式呈现，因为研究者们一致认为，为了确保大概念（观念）的完整性，应该用叙述的方式来阐述大概念（观念）所包含的内容，而不可用孤立的知识点列表来表述[12]19。

其次，化学基本观念不是具体的化学知识，也不是化学知识的简单积累，学生单纯记忆大量的化学知识并不能自发地形成化学基本观念；化学基本观念是学生基于自己的认知基础，对化学学科特征和学科知识的深刻理解，是学习者深入思考和内心体验的结果，这意味着通过化学教学来促进学生基本观念的建构是可行的。教师在促进学生"观念建构"的教学中发挥着不可替代的作用，教师可以通过选取典型的化学知识、设计有思考价值的问题等来引导学生深入思考、积极反思，不断提高化学知识的概括性水平，体验其中所蕴含的学科思想方法，以促进化学基本观念的形成。教学实践充分证明了这一点，参与我们教学试验的韩荣伟老师在课后反思中写道："我深深地感受到，成功地落实化学基本观念教学不是空话连篇、空中楼阁，它是在原来教学的基础上，站得更高一层，以学科知识为载体、以学生活动为形式、以引发思维为过程，在教师引领之下，学生通过化学知识的理解运用，自觉建构化学观念。"

2．实施"观念建构"教学的意义

在化学课程中重视学生化学基本观念的形成，是精简教学内容、减轻学生过重的学习负担、提高学生问题解决能力的重要途径。中学化学教学必须超越对具体知识本身的追求，从传授事实、掌握知识转变为使用事实、发展观念，即要从"知识为本"的教学转向"观念建构"的教学。

（1）实施"观念建构"教学是精简教学内容的重要途径。在教学中，不少教师面对庞大的化学知识体系变得不知所措，以致企图通过尽可能多地向学生传授化学知识的途径来解决问题，这种做法归根结底是由于教师无法抉择"在繁多的化学知识中到底应该选择哪些东西来教给学生"。而"观念建构"的化学教学为这一问题带来了妥善的解决途径。学生化学基本观念的形成需要以典型的化学知识和重要的核心概念为载体，因此在促进学生"观念建构"的教学中，一方面应强调精选典型的事实性知识作为"范例",另一方面应重视选择化学学科的核心概念,重视对核心概念的理解和核心概念之间的相互联系。这样做既避免了机械地罗列庞杂的化学知识体系,也避免了大量化学概念的割裂孤立呈现,不仅能够精简化学教学内容,而且能够促使学生通过典型知识和核心概念之间的联系而深入理解所学知识。

(2)实施"观念建构"教学有利于提高教师的专业素养。促进"观念建构"的化学教学把教师从知识的束缚下解放出来,教师不必再为如何使学生记忆大量具体琐碎的知识而绞尽脑汁,但这同时又把教师推上一个要求更高的平台,实施"观念建构"的化学教学要求教师有高水平的专业素养。首先,教师自身要有化学基本观念的意识。这是进行"观念建构"教学的先决条件,因为如果教师自己都没有意识到化学基本观念的存在,那么引导学生形成化学基本观念的教学就无从谈起。其次,教师应具备引导学生形成化学基本观念的能力。学科观念不同于具体知识,它难以在教材中以静态的方式直观呈现,需要教师成为一名思考者和发现者,深入挖掘教材中所体现和蕴含的观念,充分利用学习素材,精选典型知识,确定核心概念,设计有思考价值的问题,引导学生积极主动地参与活动并进行观念建构。因此,"观念建构"化学教学在对教师提出更高的专业要求的同时也促进了教师专业素养的提高,促进了教师向专家型、学者型教师的成长。

(3)实施"观念建构"教学能促进学生学习方式的转变。化学基本观念是化学知识背后所蕴含的思想、观点和方法,是对化学知识的深层次挖掘,它具有体验性和内隐性;化学基本观念的形成不可能通过机械记忆的学习来获得,它需要学习者展开深层次的思维活动和付出持续的心智努力,最终通过反思自省内化而成。学生在建构化学基本观念的过程中,通过对学科领域中那些最具有化学学科特征的事实、概念和原理进行深入的探究和思考,不仅对相关概念形成深入理解,而且还建立起这些核心概念之间的相互联系,极大地提高了学习化学的认识水平。因此,促进"观念建构"的化学教学能够使学生的学习方式从被动地记忆知识、储存知识向主动地理解知识、应用知识转变,这将是实施"观念建构"教学所带来的最大变化,这种转变是从根本上对"知识本位"教学模式下的接受式学习的超越。

最后,需要强调的是,我们倡导"观念建构"的化学教学,并不意味着在实践中不考虑具体内容的特点,将"观念建构"的教学形式化、刻板化,甚至是采用贴标签的方式。在实际教学中,并不是任何一节课、任何知识内容都能够而且必须建构某种化学基本观念。在中学化学教学中倡导"观念建构"的教学,更重要的是引导教师在教学中要从整体出发,把握本质,而不要过分关注细节;要超越具体事实,关注不同概念间的实质性联系,引领学生通过深刻思考和积极反思,从本质上认识和理解所学的化学知识,形成化学学科的思想、观点和方法。

参考文献

[1] 李东冰. 新观念,新道路——启蒙语域下的洛克观念论研究 [D]. 上海:复旦大学,2005.

[2] 高明凯,刘正埮. 现代汉语外来词研究 [M]. 北京:文字改革出版社,1958.

[3] 季国清. 观念论 [J]. 求实学刊,1987(3):28-34.

[4] 昆兹曼,布卡特,魏德曼. 哲学百科 [M]. 黄添盛,译. 南宁:广西人民出版社,2011.

[5] 马克思,恩格斯. 马克思恩格斯选集(第二卷)[M]. 北京:人民出版社,1972.

[6] 冯契. 哲学大辞典·马克思主义哲学卷 [M]. 上海:上海辞书出版社,1990.

[7] BOO H K. Teaching the big ideas in chemistry [J]. Teaching and learning,2001,22(1):43-47.

[8] University Corporation for Atmospheric Research. Atmospheric Science Literacy:Essential Principles and Fundamental Concepts of Atmospheric Science [J/OL]. Boulder,CO:Author [2013-11-01]. http://eo.ucar.edu/asl/pdfs/ASLbrochureFINAL.pdf.

[9] CLAESGENS J,SCALISE K,WILSON M,et al. Mapping student understanding in chemistry:The perspectives of chemists [J]. Science education,2009,93(1):56-85.

[10] National Research Council. A framework for K-12 science education:Practices,crosscutting concepts,and core ideas [M]. Washington,D. C.:The National Academies Press,2011.

[11] 毕华林, 亓英丽. 高中化学新课程教学论 [M]. 北京: 高等教育出版社, 2005.

[12] 哈伦. 科学教育的原则和大概念 [M]. 韦钰, 译. 北京: 科学普及出版社, 2011.

[13] 宋心琦, 胡美玲. 对中学化学的主要任务专论和教材改革的看法 [J]. 化学教育, 2001 (9): 9-13.

[14] 张乃达, 过伯祥. 张乃达数学教育——从思维到文化 [M]. 济南: 山东教育出版社, 2007.

(原文刊发在《课程·教材·教法》2014 年第 4 期)

附 录

中美科学教育标准中化学核心观念的表述分析

摘要： 核心观念在学生的学习中起着重要作用。本文以中国化学课程标准和美国下一代科学标准中关于"物质"和"过程"核心观念的表述为基础，对这两个文件的化学核心观念在呈现内容、表述方式、概念水平和学习进阶等方面进行了比较，并探析了出现这些差异的原因，为化学课程标准研制和化学教学实践提供指导和建议。

化学核心观念①作为一种具有解释力量的总结学科核心知识的陈述，在过去几十年的科学教育研究中得到广泛的关注。研究者们在理论上系统地阐述化学核心观念的内涵[1-2]，在实践中围绕这些核心观念组织化学课程[3-4]。例如，美国的《K-12科学教育框架》[5]和相关的《下一代科学教育标准》[6]强调对核心观念的深入理解，将"学科核心概念""跨学科概念"和"科学与工程实践"共同作为构成框架和标准的三个维度；中国的《义务教育化学课程标准（2011年版）》[7]和《普通高中化学课程标准（2003年版）》[8]也都强调"重视选取化学核心知识，形成化学的基本观念"，并在课程内容部分对化学核心观念提出了明确要求。

化学核心观念对学习的重要性以及科学教育标准对教学的权威性决定了分析科学教育标准中化学核心观念具有重要意义。2014年，维森特·塔兰克（Vicente Talanquer）教授对美国国家科学教育标准与K-12科学教育框架和下一代科学标准中的化学核心观念进行了比较分析研

---

① 国内外关于"学科核心观念"的提法较多，如国内提倡的基本观念（fundamental ideas）、核心概念（key concepts），国外提出的 big ideas（大概念）、core ideas（核心观念）、fundamental concepts（基本概念）、major concepts（主要概念）等，这些词的意义几乎相近，其内涵基本相同。为研究和阅读的方便，本文在行文阐述上统一用"核心观念"一词。

究[9]①。那么,中国化学课程标准(简称 CCCS)② 是如何呈现化学核心观念的?中美两国科学教育标准中对化学核心观念的阐释有何异同?是什么原因使这些差异产生?在经济、科技、教育日益全球化的今天,这些问题在理论和实践上都具有重要意义。特别地,这种比较分析和批判性反思可以深化我们对化学核心观念的理解,从而为我国化学课程标准的修订、化学教材的编写以及化学教学改革提供有价值的建议和指导。

一、分析框架和 CCCS 中化学核心观念的表述

《美国科学技术百科全书》中指出"化学是研究物质的性质、组成和结构,物质结构和组成如何变化,以及随之产生的能量变化的科学"[10]。同时,化学也是被众多哲学家强调的一门技术科学。化学家不仅对解释和预测物质的化学性质感兴趣,而且对改变它们和创造具有潜在应用价值的新化学物质感兴趣。在这种对化学本质认识的基础上,我们确定了本研究的分析内容,建立了本研究的分析框架。

化学的本质告诉我们,有关"物质"和"变化过程"的研究是化学学科的两个中心主题。因此,本研究选择 CCCS 和下一代科学标准中与物质和过程有关的化学核心观念进行分析。在我们的分析框架中,学科核心观念是居于学科中心的概念性知识,包括了对重要概念、原理和方法的基本理解和解释。

不同学习阶段的学生对化学概念理解水平的差异,必然会影响学生对化学核心观念的理解和建构。因此,概念维度和概念水平在本研究中被用来分析化学核心观念。我们参考延森(Jensen)[11]、克莱森斯(Claesgens)[12]以及刘知新[13]对化学概念的相关研究,从"物质状态、物质组成、物质性质、物质结构、组成–结构–性质关系"维度对与"物质"相关的化学核心观念进行分析,从"变化、能量、时间"维度

---

① 本文有关美国《下一代科学教育标准》中化学核心观念的分析,都是基于塔兰克教授的这项研究成果,限于篇幅,本文不再具体呈现这项研究的内容,详见参考文献。
② 为行文写作方便,我们将中国《义务教育化学课程标准(2011年版)》和《普通高中化学课程标准(2003年版)》两个标准简称为"中国化学课程标准"(Chinese Chemical Curriculum Standards),用 CCCS 表示。

对与"过程"相关的化学核心观念进行分析；同时，我们借鉴塔兰克关于概念水平的界定[14]，从宏观水平、分子水平、亚原子水平来分析化学核心观念的呈现。

上述分析框架有利于我们对 CCCS 中呈现的化学核心观念进行深入细致的分析，同时也能够很好地与塔兰克的研究框架进行匹配，从而有利于对中美科学教育标准的比较。依据此框架，我们对 CCCS 中与"物质"和"过程"相关的化学核心观念进行了分析，整体的呈现结果见表1。限于篇幅，我们无法将全部的具体分析结果详细呈现，在表2中列出的主要是与后面讨论部分相关的一些化学核心观念的具体呈现情况。

表1 CCCS 中化学核心观念的整体呈现情况

维度	物　质								
	7～9年级			10年级			11～12年级		
	宏观	分子	亚原子	宏观	分子	亚原子	宏观	分子	亚原子
状态									
组成									
性质									
结构									
组成—结构—性质关系									
维度	过　程								
	7～9年级			10年级			11～12年级		
	宏观	分子	亚原子	宏观	分子	亚原子	宏观	分子	亚原子
变化									
能量									
时间									

注：表中灰色区域代表 CCCS 中相关化学核心观念在该年级、该维度、该水平上出现。

表2 CCCS中化学核心观念的具体呈现内容

维度	物质 7~9年级 宏观	7~9年级 分子	7~9年级 亚原子	10年级 宏观	10年级 分子	10年级 亚原子	11~12年级 宏观	11~12年级 分子	11~12年级 亚原子
状态	认识物质的三态							举例说明分子间作用力对物质状态的影响	
组成	能进行溶质质量分数的简单计算;能从元素组成上认识氧化物	能用化学式表示物质的组成;用相对原子(分子)质量进行物质组成的简单计算		能根据物质的组成对物质进行分类			知道烃及其衍生物、合成高分子等的组成	初步了解测定有机化合物元素含量、相对分子质量的一般方法,并能据此确定分子式	
性质	认识常见金属、酸、碱的主要性质		能根据元素的原子序数在周期表中找到指定元素	能根据物质性质对其进行分类			能根据物质性质设计分离和提纯物质的方案		
结构		知道分子、原子、离子等是构成物质的微粒	知道原子由原子核和核外电子构成		了解有机物中碳成键的特征	了解原子核外电子的排布	能列举金属晶体的基本堆积模型		了解原子核外电子运动状态

续上表

维度		物质							
		7~9年级			10年级			11~12年级	
		宏观	分子	亚原子	宏观	分子	亚原子	宏观	分子	亚原子
组成-结构-性质关系		知道在金属中加入其他元素可以改变金属材料的性能	能用物质微粒的观点解释某些常见的现象				了解原子结构与元素性质的关系		能用键能、键长、键角说明简单分子的某些性质	

维度		过程							
		7~9年级			10年级			11~12年级	
		宏观	分子	亚原子	宏观	分子	亚原子	宏观	分子	亚原子
变化		认识质量守恒定律，能说明反应中的质量关系；认识燃烧发生条件；能说明加聚和缩聚反应的特点；了解自然界中的氧循环和碳循环		初步认识核外电子在化学反应中的作用	通过简单实例了解高分子材料的合成反应		知道酸、碱、盐在溶液中能发生电离，认识离子反应；了解氧化还原反应本质是电子转移	能解释金属发生电化学腐蚀的原因；描述化学平衡建立的过程；能描述沉淀溶解平衡，知道沉淀转化的本质		能说明离子键的形成	知道原子核外电子在一定条件下会发生跃迁

243

续上表

维度	过程								
	7～9年级			10年级			11～12年级		
	宏观	分子	亚原子	宏观	分子	亚原子	宏观	分子	亚原子
能量	知道物质发生化学变化时伴随有能量变化			了解化学能与热能的相互转化	知道化学键的断裂和形成是反应中能量变化的主要原因		了解反应热和焓变的涵义；能进行有关反应热的简单计算	知道晶格能可以衡量离子晶体中离子键的强弱	
时间	知道催化剂对化学反应的重要作用			认识化学反应有快慢之分			知道活化能的涵义及其对反应速率的影响		

从表1和表2可以看出，CCCS中有关"物质"和"过程"化学核心观念的呈现，整体上是比较全面丰富的，覆盖区域较多。具体分析，可以看出，CCCS中对化学核心观念的内容表述采用了行为目标的陈述方式，所包含的化学概念主要有三种类型：一类是理论性概念，如原子结构、电子能级排布、化学键、电离、盐类水解、电化学、化学平衡等；第二类是有关元素化合物的概念，如金属、非金属、酸、碱、有机化合物等；第三类是化学用语和化学计算的相关概念，涉及化学式、物质组成的计算、溶质质量分数的简单计算、反应热的简单计算等。这些化学概念是形成化学核心观念的基础，是学生在中学阶段需要深入理解的。在学习水平方面，CCCS中对化学核心观念的呈现整体上遵循着从宏观水平到分子水平，再到亚原子水平的学习进阶，即引导学生在探索物质宏观的性质和行为的基础上，通过分析物质的微粒模型，从分子和亚原子水平来进行描述、解释和做出预测，这样的进阶遵循学生学习的认知规律，有利于促进学生的化学学习。

二、CCCS与下一代科学标准中化学核心观念的对比分析

中美科学教育标准中对化学核心观念的关注，不仅体现了化学核心观念的发展动向，更意味着化学核心观念正广泛地影响着化学课程与教学，在化学课程改革中发挥着越来越重要的作用。下面我们从化学核心观念在中美科学教育标准中的内容呈现、表述方式、概念水平和学习进阶方面进行深入的比较分析。

（一）化学核心观念的呈现内容分析

通过分析表2可以发现，CCCS中有关"物质"和"过程"的化学核心观念，其内容包括了化学理论性概念、元素化合物概念、化学用语和化学计算等概念。相比而言，下一代科学标准中只呈现了化学理论性概念，没有涉及元素化合物、化学用语和化学计算等相关概念[9]，特别是CCCS中呈现了某些特定物质类型与特定化学反应的概念，如氧化物、金属和非金属、酸、碱、烃及其衍生物、合成高分子，氧化还原反应、加聚反应等，而在下一代科学标准中却没有呈现这些概念[9]。化学理论性概念在化学学习中具有非常重要的作用，能促进学生更深入地

认识现象的本质，解释某些事实和现象的原因，同时对其他化学概念的学习起到统领作用，因而 CCCS 和下一代科学标准都给予了足够的关注。而元素化合物概念是培养学生未来成为合格社会公民所必须具备的知识，是学生学习化学的基础；化学用语和化学计算等相关概念是进行化学交流、定量研究化学的重要工具和手段。这些概念同样有助于学生对化学核心观念的理解，需要在课程标准中予以充分重视。

虽然 CCCS 中与"物质"和"过程"相关的化学核心观念所包含的具体内容相比下一代科学标准较为丰富全面，但在下一代科学标准中也出现了一些 CCCS 没有出现的化学概念，尤其是与"过程"相关的概念，如分子碰撞、原子重组、电荷吸引和排斥、核过程等[9]，这些理论性概念都深入分子和亚原子水平，注重引导学生从微观本质探索和解释物质及其变化，说明下一代科学标准在化学学习中更加注重对建模、论证、逻辑思维和想象能力的培养，这需要引起我们的特别关注。

(二) 化学核心观念的表述方式分析

在 CCCS 中，对化学核心观念的表述采用的是"行为动词+内涵"的行为目标表述方式，"行为动词"规定了学生理解化学核心观念的基本水平，"内涵"是指化学核心观念的具体内容。CCCS 中对化学核心观念内涵的表述主要有两种情况：一种是较笼统的宏观表述，如"认识质量守恒定律，能说明化学反应的质量关系"，此处指明了"质量守恒定律"，但没有明确指出质量守恒定律的内容是什么，关系是什么；另一种是具体明确的表述，如"知道原子是由原子核和核外电子构成的"，这种表述将学生学习的最终结果明确表述出来。相比而言，下一代科学标准中对化学核心观念的表述方式与 CCCS 中的表述方式有较大不同。在下一代科学标准中，对化学核心观念的表述采用命题的方式，没有出现行为动词，直接完整地呈现了核心观念的具体内涵，如"在反应中，即使物质消失了，总质量不变；在反应中，不同类型的原子总数守恒，所以质量守恒"，"原子都有一个原子核，由质子和中子构成，被电子环绕"等[9]。

中美科学教育标准中对化学核心观念的表述方式，我们认为各有其特点和可取之处。在 CCCS 中，行为动词为教师和学生提供了学习化学核心观念的基本要求，为教学和评价提供了一定的依据，这是值得肯定的。但需要引起思考的是，某些表述化学核心观念的行为动词是认知性的，这种行为比较难以外显，如"认识""了解""知道""懂得"等词对教师来说很难在意义上做出区分和辨别，容易将教师和学生的注意力吸引到对这些词汇的关注上，却忽视了对核心观念内涵的深入理解。同时，CCCS 中某些化学核心观念只呈现了概念名称，并没有阐述其具体内涵，不同水平的教师对化学核心观念的认识和理解不同，必然影响学生对化学核心观念的认识和建构。而下一代科学标准中对化学核心观念的表述，将对化学核心观念的具体理解用科学的语言准确呈现出来，这种显性表述方式有利于教师明确相关概念的内容及其意义，有助于建立概念之间的相互联系，为教师的教学提供了清晰的指导。因此，我国化学课程标准的修订应充分借鉴下一代科学标准的表述方式，重视将化学核心观念的具体内涵外显化，为教材编写和教师教学提供明确具体的指导。

（三）化学核心观念的水平和进阶分析

CCCS 中对化学核心观念的呈现整体上遵循着从宏观水平到分子水平，再到亚原子水平的学习进阶。从表 1 中可以看出，与"物质"相关的核心观念，在 7～9 年级更加强调宏观水平，对于刚接触化学的中学生来说，从宏观的现象入手，更加有利于对化学的学习和学习兴趣的培养。与"过程"相关的核心观念，在三个年级段都比较重视对宏观水平的呈现，而分子和亚原子水平的呈现则稍显弱化，尤其是能量和时间维度。这与下一代科学标准中对"过程"相关的核心观念的呈现水平差异是比较大的。在下一代科学标准中，与"过程"相关的化学核心观念从 6 年级开始就没有涉及宏观水平，直接呈现概念的微观水平，在 6～8 年级全部集中在分子水平，在 9～12 年级则全部集中在分子和亚原子水平[12]。下一代科学标准对化学核心观念的呈现透露出这样一种信息，即在高年级应加强学生对化学核心观念微观领域的深入认识，从分子、亚原子水平对物质的组成与结构、变化、能量和时间等做出解释和预测。

在过去的几十年中，核心观念的学习进阶引起了教育研究者的广泛关注[15]。从表 1 中可以看出，CCCS 中化学核心观念的学习进阶，整体上可以说是比较清晰、连贯的，从一个水平到另一个水平之间的空白相对比较少；相比而言，下一代科学标准中对化学核心观念的呈现较侧重微观水平，其学习进阶并不是很理想[9]。需要引起注意的是，CCCS 和下一代科学标准中，对化学核心观念的"状态"和"时间"维度，都没有呈现出良好的学习进阶特点，这种忽视和不连贯呈现或许是引起学生学习困难的一个重要原因，如对化学核心观念"时间"维度的忽视可能导致学生化学平衡学习的困难[16]，教师在教学中应特别予以关注。

三、结果讨论

以上对比分析了化学核心观念在中美科学教育标准中的表述方式和呈现特点，可以看出，中美科学教育标准对化学核心观念的呈现，无论是在内容和表述方式，还是在水平和进阶方面，都存在一定的差异。深入探析出现这些差异的原因，能够帮助我们更好地认识和反思科学教育标准中的化学核心观念。具体地，我们认为中美教育研究者对科学教育的研究视角、对化学核心观念以及对学生学习过程及其本质的认识，是中美科学教育标准中化学核心观念呈现差异的重要因素。

（一）科学教育研究视角的差异

中美科学教育标准在化学核心观念内容选择上的差异，很大原因在于研究者们对科学教育的研究视角不同。美国教育研究者对化学学科课程的认识和研究是在科学教育的大背景下，如强调对学科交叉概念和通用概念的学习，重视科学、技术、工程和数学多学科相融合的科学教育等[17]。因此，美国科学教育标准中将化学作为"物质科学"领域的重要组成部分，而非一个独立的"化学科学"领域。在下一代科学标准中，与化学相关的核心观念主要出现在"物质科学"领域，在"生命科学""地球科学"等领域中有所渗透，这在一定程度上难以全面兼顾重要的化学核心观念，导致某些重要化学概念的缺失。

而中国学校课程目前仍然是采用分科课程的形式，化学作为一门独立的学科在学校教育中被教授。CCCS 作为独立的学科课程标准，对化学学科重要的核心观念可以阐释得更加全面系统。但是，也正由于 CCCS 中关于"物质"和"过程"相关的核心观念主要凸显化学学科的特征，其与其他学科的联系相对比较薄弱。因此，教师在教学中应注意概念的整合与联系，兼顾化学与其他学科的交叉和融合，指导学生在科学、技术和社会的大背景中学习和应用化学核心观念。

（二）化学核心观念的认识差异

中美科学教育标准中对化学核心观念的不同表述方式，反映了研究者对化学核心观念的认识有所差异。化学核心观念是一种具有解释力量的总结学科核心知识的陈述[18]，这是从学科知识本体的角度对化学核心观念的认识；而从学生学习的角度分析，化学核心观念也是学生将所学习到的科学知识凝聚起来，所形成的关于科学的全景图[19]。

下一代科学标准从学科本体的角度出发，更加注重化学核心观念的内涵表述，因此在下一代科学标准中没有行为动词的引领，主要是对化学核心观念的内涵进行了明确清晰的呈现。中国的教育研究者对化学核心观念的认识多是从学生学习的角度出发，更加侧重学生对化学概念和具体知识的理解，因此，CCCS中对化学核心观念的表述采用了"行为动词"引领的形式，行为动词强调了学生学习的结果，对学生化学核心观念的形成提出了最基本的要求；但对于化学核心观念的内涵，CCCS中对其的阐述较为弱化，很多化学核心观念采用了呈现概念名称的笼统的表述方式，这需要我们从学科的角度对化学核心观念的内涵进行深入系统的研究。

（三）教学过程本质的认识差异

CCCS和下一代科学标准在化学核心观念学习水平和学习进阶方面的差异，我们认为主要是源于中美学校教育对教学过程本质的认识各自有所侧重。中国的学校教育历来重视以认识论为指导，强调教学过程的本质是一个特殊的认识过程[20]，遵循由浅入深、循序渐进的认知规律进行教学，重视学生学习的阶段性和发展性。因此，CCCS整体上保持了较好的学习进阶，遵循了从宏观水平逐渐深入微观水平的呈现方式。但是相比于下一代科学标准，CCCS似乎更加侧重化学核心观念的宏观水平，而从分子、亚原子水平进行解释、建模方面稍显弱化，没有很好地体现出化学知识和化学思维方式所拥有的巨大的解释力量，这需要引起关注和思考。

而美国是一个多元化的国家，多种课程理论影响着学校教学内容的选择，其教学内容的系统性和连贯性较差。虽然近年来美国科学教育界重视学习进阶的研究，但其研究成果没能充分体现在科学教育标准中。从前面的分析可以看出，下一代科学标准中 6～12 年级化学核心观念的学习进阶并不是很系统，比较侧重学生对化学核心观念中分子和亚原子水平的内容的理解。虽然随着年龄的增长，学生抽象思维能力有了很大发展，但在高年级只侧重微观水平的教学仍是有缺陷的，研究表明，学生在理解和应用物质的分子和原子理论方面存在着很大的困难[21-22]，一些化学的核心观念，特别是微观层面的概念，如分子碰撞、原子重排和键能，即使是高年级学生也很难理解。因此，化学课程还应遵循学生的认识规律，从分析物质的宏观现象开始，逐渐深入微观世界的解释中。

总体而言，CCCS 较全面、科学地呈现了化学核心观念，具有良好的学习进阶性。然而，我们必须承认，CCCS 中化学核心观念的许多方面需要改进。在内容选择上，应注重化学核心观念与其他学科的衔接与融合；在表述方式上，应将化学核心观念的具体含义清晰完整地呈现出来；在概念水平上，在注重宏观层面的同时，也要加强对微观层面的理解；在学习进阶方面，尤其是关于"物质状态"和"时间"方面的化学概念，应深入挖掘其在不同年级段应达到的理解水平，注重化学核心观念的发展性和连续性。

参考文献

[1] GILLESPIE R J. The great ideas of chemistry [J]. Journal of chemical education, 1997, 74 (7): 862-864.

[2] 哈伦. 科学教育的原则和大概念 [M]. 韦钰, 译. 北京: 科学普及出版社, 2011.

[3] COOPER M, KLYMKOWSKY M. Chemistry, life, the universe, and everything: a new approach to general chemistry, and a model for curriculum reform [J]. Journal of chemical education, 2013, 90 (9): 1116-1122.

[4] TALANQUER V, POLLARD J. Let's teach how we think instead of what we know [J]. Chemistry education research and practice, 2010, 11 (2): 74-83.

[5] National Research Council. A Framework for K-12 Science Education:

Practices, Crosscutting Concepts, and Core Ideas [M]. Washington D. C.: National Academy Press, 2012.

［6］National Research Council. Next Generation Science Standards [S/OL]. (2013) [2014-5-24]. http://www.nextgenscience.org/next-generation-science-standards.

［7］中华人民共和国教育部. 义务教育化学课程标准（2011年版）[S]. 北京: 北京师范大学出版社, 2012.

［8］中华人民共和国教育部. 普通高中学课程标准（实验）[S]. 北京: 人民教育出版社, 2003.

［9］TALANQUER V, SEVIAN H. Chemistry in past and new science frameworks and standards: gains, losses, and missed opportunities [J]. Journal of chemical education, 2014, 91 (1): 24-29.

［10］中国自然辩证法研究会化学化工专业组,《化学哲学基础》编委会. 化学哲学基础 [M]. 北京: 科学出版社, 1986.

［11］JENSEN W B. Logic, history, and the chemistry textbook: I. Does chemistry have a logical structure? [J]. Journal of chemical education, 1998, 75 (6): 679-687.

［12］CLAESGENS J, SCALISE K, WILSON M, et al. Mapping student understanding in chemistry: the perspectives of chemists [J]. Science education, 2009, 93 (1): 56-85.

［13］刘知新. 中学化学教材教法 [M]. 北京: 北京师范大学出版社, 1983.

［14］TALANQUER V. Macro, submicro, and symbolic: the many faces of the chemistry "triplet" [J]. International journal of science education, 2011, 33 (2): 179-195.

［15］SEVIAN H, TALANQUER V. Rethinking chemistry: a learning progression on chemical thinking [J]. Chemistry education research and practice, 2014, 15 (1): 10-23.

［16］CHIU M H, CHOU C C, LIU C J. Dynamic processes of conceptual change: analysis of constructing mental models of chemical equilibrium [J]. Journal of eesearch in science teaching, 2002, 39 (8): 688-712.

［17］赵中建. STEM: 美国教育战略的重中之重 [J]. 上海教育, 2012

(11): 16-19.

[18] TALANQUER V. Chemistry education: ten facets to shape us [J]. Journal of chemical education, 2013, 90 (7): 832-838.

[19] BOO H K. Teaching the big ideas in chemistry [J]. Teaching and Learning, 2001, 22 (1): 43-47.

[20] 王策三. 教学论稿 [M]. 北京: 人民教育出版社, 1985.

[21] NAKHIEH M B. Why some students don't learn chemistry: chemical misconceptions [J]. Journal of chemical education, 1992, 69 (3): 191-196.

[22] TALANQUER V. On cognitive constraints and learning progressions: The case of "structure of matter" [J]. International journal of science education, 2009, 31 (15): 2123-2136.

(原文 "Representation and Aanlysis of Chemistry Core Ideas in Science Education Standards between China and the United States" 刊发在 *Journal of Chemical Education* 2016 年第 93 卷第 1 期)

附 录

基于大概念促进学生化学观念的建构

摘要：化学观念作为《义务教育化学课程标准（2022年版）》提出的核心素养之一，它与化学大概念、化学基本观念等术语有着紧密的联系。在对化学课程标准中关于大概念和化学观念内容梳理的基础上，分析了大概念与化学基本观念的联系，阐述了基于大概念促进学生化学观念建构的机制与路径，并提出了相应的教学建议。

《义务教育化学课程标准（2022年版）》（以下简称"新课标"）中明确提出了化学观念、科学思维、科学探究与实践、科学态度与责任等核心素养，其中化学观念反映了核心素养的学科特质。化学观念可以说是一个既熟悉又陌生的概念。一方面，国内研究者曾系统地阐述了化学基本观念的内涵及其内容体系[1]；另一方面，化学观念与化学大概念、化学基本观念间关系的模糊不清又阻碍了核心素养的落地。本研究梳理了新课标中对相关概念的描述，并提出了基于大概念促进学生化学观念建构的机制、路径以及教学建议。

一、新课标中有关大概念、化学观念的描述

新课标在多处都对大概念、化学观念等有所描述和要求，在分析它们之间的内在逻辑关系之前，我们先对新课标中的相关描述进行梳理。

1. 有关大概念的相关描述

新课标在"课程理念""课程内容""课程实施"等部分对大概念的价值功能、具体内涵、教学要求等进行了较为全面、系统的阐述，见表1，这也间接说明了大概念对于促进核心素养由理论转化为实践的潜在价值。

表1　新课标中大概念的相关描述

所处位置	相关描述	描述类型
课程理念	构建大概念统领的化学课程内容体系。明确学习主题，凝练大概念，反映核心素养在各学习主题下的特质化内容要求；每个学习主题围绕大概念选取多维度的具体学习内容，充分发挥大概念对实现知识的结构化和素养化的功能价值。 重视开展核心素养导向的化学教学。基于大概念的建构，整体设计和合理实施单元教学	应用要求 价值功能
课程内容	每个学习主题由五个维度的内容构成，包括大概念、核心知识、基本思路与方法、重要态度、必做实验及实践活动，围绕大概念构建学习主题的内容结构，将课程目标具体化为各学习主题的内容要求。 大概念反映学科本质，具有高度概括性、统摄性和迁移应用价值。结合学习主题特点，明确了"化学科学本质""物质的多样性""物质的组成""物质的变化与转化""化学与可持续发展"等大概念及其具体内涵要求	具体内涵
课程实施	大概念可以帮助学生建构化学观念，形成化学学科思维方式和方法，树立正确的价值观，落实课程目标。 教师应注重基于大概念来组织单元教学内容，发挥大概念的统摄作用。 教师应秉持化学课堂教学的核心素养导向理念，积极探索大概念引领的课堂教学改革	价值功能 教学要求

2．有关化学观念的相关描述

化学观念是化学课程要培养的核心素养之一，新课标着重在"课程目标"部分对化学观念的内涵和目标要求进行了阐述。

第一，新课标在"核心素养内涵"部分对化学观念核心素养的内涵、形成过程和价值功能进行了描述。"化学观念是人类探索物质的组成与结构、性质与应用、化学反应及其规律所形成的基本观念"，对化学观念的内涵进行了界定,即化学观念是人类认识物质世界所形成的基本观念。化学观念"是化学概念、原理和规律的提炼与升华",即阐明了化学观念形成的基础与机制。化学观念"是认识物质及其变化,以及解决实际问题的基础",即明确了化学观念对于认识物质世界以及解决问题的价值和功能。

第二,新课标在"目标要求"部分提出了"形成化学观念,解决实际问题"的课程目标,明确了初中化学课程要形成的化学观念及其价值功能。

"初步认识物质的多样性,能对物质及其变化进行分类",可以认为是对"物质多样性"大概念的概括性认识;"能从元素、原子、分子视角初步分析物质的组成及变化,认识'在一定条件下通过化学反应可以实现物质转化'的重要性",可以认为是对"物质的组成""物质的变化与转化"大概念的概括性认识;"初步学会从定性和定量的视角研究物质的组成及变化,认识质量守恒定律对资源利用和物质转化的重要意义"是对"物质的变化与转化"大概念的概括性认识;"能通过实例认识物质的性质与应用的关系,形成合理利用物质的意识;能从物质及其变化的视角初步分析、解决一些与化学相关的简单实际问题,发展辩证唯物主义世界观",可以认为是对"化学与可持续发展""化学科学本质"大概念的概括性认识。

二、基于大概念促进化学观念建构的机制与路径

新课标在"课程实施"部分的"教学建议"中明确提出,"基于大概念可以帮助学生建构化学观念,形成化学学科思维方式和方法,树立正确的价值观,落实课程目标"。那么,大概念与化学观念是什么关系?大概念是怎样促进化学观念建构的呢?

1. 化学大概念与化学观念的内在联系

大概念是一个舶来品,因其强调"少而精"的教学理念而备受国内外教育研究者的关注。通过对国内外化学大概念相关研究的梳理,我们依据认识主体指向的不同,从化学学科、化学课程、化学学习三个层面构建了化学大概念的内容体系,分别是化学学科大概念、化学主题大概念和化学基本观念[2],其具体内涵见表2。

表2 化学大概念的类型及其内涵和构成要素

类型	内涵	构成要素
化学学科大概念	是以化学家为代表的科学共同体,在认识和研究化学世界的过程中逐渐积淀和凝练形成的,关于化学学科本质特征、学科发展规律以及化学问题解决的思想观点	物质微粒性、化学变化、能量
化学主题大概念	是化学学科大概念与特定的化学学习主题内容的融合,即以化学学科大概念为统领,整合社会发展的需求和学生的认知发展规律,将内容主题中相关的知识、方法和态度等联系起来并赋予其一定的意义	化学科学本质、物质的多样性、物质的组成、物质的变化与转化、化学与可持续发展
化学基本观念	是学生通过对化学课程中主题大概念的学习,在深入理解化学学科大概念中关于化学学科本质特征的要素的基础上,在头脑中自主建构形成的有关化学学科的总观性认识	元素观、微粒观、变化观、结构观、能量观、实验观、分类观、化学价值观等

从新课标对化学观念的内涵、形成过程及其价值功能的描述中可以看出,化学观念的本质就是化学基本观念,是学生通过对化学课程内容的学习、体验和反思,逐渐形成的对化学学科特征和本质规律的总观性认识。但化学观念作为核心素养之一,相比于化学基本观念,其更重视在解决实际问题的过程中得以形成和发展。另外,化学观念是人类探索物质世界时所积淀形成的思想观念在学生头脑中的反映,即以化学家为代表的科学共同体在认识物质及其变化时所形成的思路、方法和价值观念等为学生所理解和内化的水平。发展化学观念核心素养就是期望能够让学生像化学家一样思考,拥有像化学家一样的认识视角,以此来看待周围的物质世界。

2. 化学大概念促进化学观念建构的路径

根据新课标中对大概念的界定,我们认为新课标中提出的大概念属于化学主题大概念。化学主题大概念在化学大概念内容体系中发挥着承上启下的重要作用,是促进学生化学观念建构的关键。化学主题大概念具有使核心素养内容化和课程内容素养化两方面的功能,也就是将化学学科大概念转化为有助于学生理解的化学课程内容，以及将化学课程内容中隐含的素养要素通过化学教学活动促使其内化于学生的头脑之中。可见，化学观念核心素养要想从理论化的教育期望，转化为学生解决化学实际问题的能力，这个过程必须以化学主题大概念统领的化学课程内容为载体。具体分析，基于化学大概念促进化学观念建构的路径包括两个重要阶段，如图1所示。

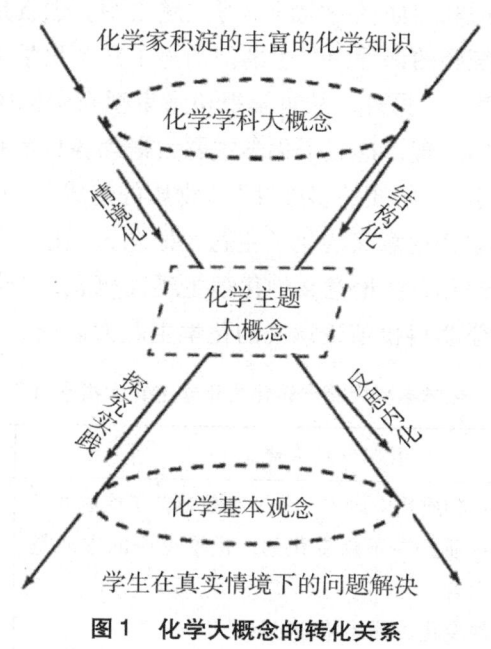

图1 化学大概念的转化关系

（1）化学学科大概念转化为化学主题大概念。化学学科大概念结合具体的化学主题，整合形成能够促进课程内容结构化，并且符合学生认知发展规律的化学主题大概念。从大概念的形成过程分析，对化学学科大概念的理解需要借助更多且更深入的化学科学知识。但在义务教育阶段，学生刚开始接触化学，缺乏丰富的化学知识积累。因此，化学学科大概念就要借助特定的化学学习主题形成化学主题大概念，从而将化学家的思想观念融入这些能够被学生所理解和接受的化学课程主题内容之中。从学生认知发展的角度来看，虽然化学学科大概念是反映化学学科本质的思想观念，具有重要的育人价值，但是化学学科大概念的高度抽象性、概括性也给学生的学习造成了较大的障碍。因此，化学学科大概念要结合义务教育阶段化学课程特定的主题内容,将这些抽象的思想观念融入基础性的学习主题之中,用化学主题大概念统领具体的化学课程内容。

每个化学学科大概念都包括知识、方法和态度三个维度,但在设计化学课程内容时难以全面体现所有的化学学科大概念及其包含的所有维度。因此,在设计课程内容时往往要侧重于不同化学学科大概念的某一个维度,将其渗透和穿插在特定的学习主题之中。也就是说,每一个由化学主题大概念统领的课程内容主题都凸显了几个化学学科大概念的一个关键维度,见表3。另外,从哲学视角来审视新课标中提出的五个化学主题大概念可以发现,这五个化学主题大概念各自都有其侧重和凸显的育人价值。其中,"物质的多样性""物质的组成""物质的变化与转化"是反映化学本体论意义的化学主题大概念,"化学科学本质"是反映化学学科认识论和方法论意义的化学主题大概念,"化学与可持续发展"则是反映化学学科价值论意义的化学主题大概念。

表3 化学学科大概念转化为化学主题大概念(部分)

维度	化学学科大概念	化学主题大概念
知识	物质微粒性:物质是由原子、分子等微观粒子构成的。 化学变化:物质是在不断变化的,化学反应的本质是原子的重新组合。 能量:物质的变化过程伴随着能量变化	物质的组成、物质的变化与转化
方法	物质微粒性:利用模型建构的方法来认识物质的微观世界。 化学变化:运用实验探究的方法来认识和研究物质的变化。 能量:通过建构定性或定量的心智模型的思维方法来认识能量的转移或转化	化学科学本质
态度	物质微粒性:结构决定性质在生产、生活中的应用和拓展。 化学变化:利用化学变化可以生成或消耗某些物质来满足人类生产生活的需要,推动现代社会文明和科技的进步。 能量:高效地利用或控制能量的转移或转化来满足人类生产、生活的需要,并意识到可持续发展的重要意义	化学与可持续发展

（2）化学主题大概念转化为化学基本观念。新课标确定的五个化学主题大概念，从不同的视角对化学学科特征和内容进行了统整和概括，形成了以化学主题大概念为统领的化学课程内容结构，包括核心知识、思路方法、情感态度和实验探究活动。学生在学习化学课程时，通过实验探究和实践活动，对每个主题所包含的核心知识、思路方法和情感态度的学习、反思和应用，获得对特定主题内容的概括性认识，进而整合形成对化学学科的总观性认识，即学生头脑中的化学基本观念。[3]例如，"化学学科本质"主题大概念将实验探究的核心概念、基本思路和方法，以及科学探究的态度等课程内容统整于"科学探究与化学实验"学习主题之中，使学生在这个特定主题的学习中，能够超越具体的实验事项和实验操作步骤等知识技能，从对科学探究的体验和反思中凝练出"实验观"等化学基本观念，即形成对化学实验探究方法和思路的总观性认识。

三、基于大概念促进化学观念建构的教学建议

如何促进化学基本观念的建构？我们可以采取以基本观念统领具体知识教学、突出化学学科的思维方式、深入挖掘化学知识的内涵、设计具有思考价值的问题以及引导学生进行探究体验和反思等教学策略。[4]在此基础上，结合新课标的特点，以及对大概念促进化学观念建构路径的分析，我们提出以下培养化学观念核心素养的教学建议。

1. 挖掘知识价值，转变学习方式

深入挖掘知识的多重价值是利用大概念促进化学观念建构的基础和前提。科学知识存在多方面的价值，如信息价值、应用价值、探究价值、认识价值和情意价值等[5]。化学教师应深入挖掘知识的多重价值，这样才能真正理解化学课程内容中所蕴含的知识、方法和情意等多个维度的化学学科大概念内涵。而要使学生理解知识的多重价值，并将其进一步转化为学生头脑中的观念性认识，则需要转变其学习方式。化学学习不是对事实性知识的机械记忆，而需要教师创设情境或机会让学生充分运用化学知识、思路方法和情感态度综合解决科学问题或进行科学实践活动。只有在这样真实的学习活动中，才能充分发挥"做中学"的

育人价值，从整体性、系统性的视角来理解化学知识、方法和态度，从而促进化学观念核心素养的发展。

2. 树立整体视角，组织单元教学

大概念的"大"强调的是具有高度概括性、统摄性和广泛迁移价值的思想观念，而不是针对特定问题或特定概念理解的化学知识。这就要求教师从整体出发，理解学科知识间的内在联系，以单元教学的方式组织化学教学内容。一方面，要重视化学学科的整体性，即对化学知识的学习要厘清其来龙去脉，从微观本质、宏观性质、变化与转化以及实际应用等学科逻辑出发来设计和组织教学。另一方面，核心素养是一种运用知识满足复杂情境需要、成功解决问题的能力，是一种面对复杂、陌生情境时，个体知识、技能、态度的综合表现。[6]从学生核心素养发展的角度出发，要以化学主题大概念为统领，从整体上将零散的化学知识、思路方法和情感态度整合在一起，设计具有综合性和统摄性的教学单元。传统的课时教学过于关注具体知识点的学习，难以建立起化学主题大概念与其统领下的核心知识、方法和态度之间深入的联系，在一定程度上阻碍了化学观念的建构。

3. 以思维统领教学，重视迁移和反思

林崇德教授曾指出，落实核心素养，关键是思维教学。化学观念核心素养的建构，需要以思维统领化学教学。贯穿于化学观念建构始终的思维活动主要包括两个方面，分别是彰显化学学科本体特质的化学科学思维和指向观念建构的反省性思维。其中，化学科学思维是指像化学家一样认识、思考和解决问题的具有学科特质的思维方式和思维方法[7]。如果说化学大概念将化学知识和思想编织成网络，那么贯穿其中的就是化学学科思维。教师应注意引导学生在面对真实的化学问题情境时，自觉地应用宏观与微观相联系的化学科学思维方式审视问题，利用证据推理和模型推理等化学科学思维方法解决问题，从而引导学生像化学家一样思考，体验化学学科大概念所蕴含的反映学科本质的思维方法和思想观念。

而化学观念的建构离不开对核心知识的归纳概括和总结反思，在这个过程中需要引导学生充分运用反省性思维。不仅要反思对核心知识理解的水平，还要积极反思解决问题的思路方法，以及其中隐含的情感态度等各个维度的变化与提升，从而在解决化学问题时，形成超越化学知识本身的思维方式和思想观念，并在不断反思中逐渐修正、完善和丰富其观念体系。

参考文献

[1] 毕华林，万延岚．化学基本观念：内涵分析与教学建构［J］．课程·教材·教法，2014，34（4）：76－83．

[2] 胡欣阳，毕华林．化学大概念的研究进展及其当代意蕴［J］．课程·教材·教法，2022，42（5）：118－124．

[3] 毕华林，卢巍．化学基本观念的内涵及其教学价值［J］．中学化学教学参考，2011（6）：3－6．

[4] 毕华林，辛本春．促进"观念建构"的化学教学策略［J］．中学化学教学参考，2011（7）：3－5．

[5] 亓英丽，毕华林．科学教育中科学知识的价值分析［J］．全球教育展望，2012，41（2）：81－86．

[6] 毕华林．对高中化学学科核心素养的认识和理解［J］．化学教学，2021（1）：3－9．

[7] 胡欣阳，毕华林．化学科学思维的内涵及其发展路径——让学生像化学家一样思考［J］．化学教育（中英文），2022，43（5）：1－7．

（原文刊发在《中学化学教学参考》2022年第6期）

后　　记

　　学校教育是传递人类知识和经验的重要途径，学生通过学校课程的学习，系统接受人类所积累的知识经验获得身心的全面发展，从而更好地适应社会发展的需要。随着人类社会的进步特别是近代科学技术的飞速发展，知识更新的速度越来越快，人类所积累的经验越来越丰富，在有限的学校教育时间内，选择哪些知识经验传递给下一代，直接影响了学校的课程教学质量和育人效果。

　　1997年暑假，我在太原市参加人民教育出版社高中化学教材培训时，面对新教材内容的修订调整，头脑中一直在思考：中学化学课程要教给学生哪些知识？化学课程对学生终身发展的独特价值是什么？学生为什么要学化学？学什么样的化学？这些问题驱动着我对化学课程的价值和目标进行思考。2001年清华大学宋心琦教授在《化学教育》杂志发表的文章《对中学化学的主要任务和教材改革的看法》给了我极大的启发。文章中明确提出："学生能否牢固地、准确地，哪怕只是定性地建立起基本的化学观念，应当是中学化学教学的第一目标。"中学化学课程要帮助学生建立哪些化学观念？这些化学观念是如何建立的？它与具体化学知识的学习是什么关系？从此，我开始了对化学基本观念的系统深入研究。

　　2002年应山东教育出版社的邀请，我主持编写义务教育化学课程标准实验教科书。在研讨教科书的内容选择要求时，我明确提出要"重视化学基本观念的主导作用"（《化学教育》，2004年第6期），努力将具体化学知识和概念的学习与基本观念的形成有机地融合在一起。2004~2010年，结合义务教育化学新教材的使用，我们在山东省开展了化学基本观念教学的教研活动，通过教学实践转变教师的教学理念，并不断深化相关的理论研究。2011年应《中学化学教学参考》杂志主编王军翔的邀请，我们撰写并发表了《化学基本观念的内涵及其教学价值》等三篇论文，从化学基本观念的内涵、教学价值以及促进观念

后 记

建构的教学设计、教学策略等方面全面阐述了我们在化学基本观念的理论和实践探索中所取得的系列研究成果，形成了比较系统的理论体系。2014年，《初中化学实施"观念建构"教学的理论与实践研究》获得首届基础教育国家级教学成果奖二等奖，在全国基础化学教育界产生较大影响。

在这里还想特别说明的是，我们为什么采用"化学基本观念"而不是"化学观念""化学学科观念"或"化学核心观念"的表述。我们认为，化学观念是在具体化学知识学习的基础上不断形成和发展的，是具体化学知识所蕴含的更为本质的学科思想方法在学生头脑中的提炼与升华。随着学生化学知识的不断丰富，化学观念的内涵也在不断地深化、发展和提升，就是说，化学观念的形成具有阶段性、层次性和渐进性的特点。基础教育阶段学生通过化学课程的学习所形成的化学观念是化学观念体系当中最基础，也是最基本的认识，因此我们将它界定为"化学基本观念"。

在20多年的研究与实践中，我们围绕着化学基本观念的内涵、形成过程、内容进阶、教学设计、教学实践、教学评价等方面开展了持续深入的探索。我指导的研究生杜明成（2003）、辛本春（2005）、黄琼（2006）、邵霞（2007）、万延岚（2010）、宋德洋（2010）、靳卫霞（2010）、刘梦溪（2011）、孔繁静（2014）、迟岑迪（2018）、王雨（2019）、张羽（2021）、李朝（2021）等参与了课题的研究工作。可以说，本书是我们团队多年研究成果的总结。参与本书最后撰写的是毕华林（前言、第一、二、三章）、辛本春（第四、五、六、七、八、九、十章）、王雨（第十一、十二、十三章）、张羽（第十四章）。全书由毕华林统稿并定稿。

山东省教育科学研究院二级研究员卢巍自始至终参与了课题的研究工作，并具体组织和指导教学实践研究；北京十一学校化学特级教师王笃年审读了本书初稿，并提出了富有建设性的意见，在此表示衷心的感谢。本书的出版得到了全国哲学社会科学工作办公室、中山大学出版社的大力支持，一并表示深深的感谢！

毕华林
2024年11月